KB123158

일할 자격

일할 자격

게으르고 불안정하며 늙고 의지 없는…
'나쁜 노동자'들이 말하는 노동의 자격

희정 지음

갈라파고스

일러두기
- 이 책에 등장하는 인터뷰이(구술자)들의 이름 일부는 당사자의 의사를 반영
  하여 가명으로 처리하였다. 실명과 가명이 혼재되어 있음을 밝힌다.
- 구술 인용 등 본문 일부에 입말체를 살리기 위해 비표준어가 쓰였다.

들어가며

어른이 되면 그것은 자연히 닳게 되는 것 아냐?

너새니얼 호손, 『주홍글씨』[1]

자가 진단

당신은 젊은가? 몸이 건강한가? 외모가 준수한가? 신체에 손상이 없는가? 일상생활에 영향을 미치는 질환이 없는가? 의지는 강한가? 생활 패턴이 안정적인가? 교우 관계가 원만한가? 최종 학력이 평균 이상인가? 전문적인 기술이나 지식이 있는가?

평판

직장인 이야기를 할 것이다. 사회생활의 장, 공적 공간, 어른(?)들의 세계인 직장에서는 '혐오'와 같이 '싫고 좋고'가 분명하게 드러나는 단어가 사용되지 않는다. 그것은 광장에서, 그러니까 시민들의 공간이라 불리는 곳에서 허용되는 언어이다. 직장인들의 공간인

들어가며   5

일터에서는 '차별', '편견', '혐오' 같은 (정치적으로) 선명한 단어들이 쓰이지 않는다. 그곳에서 힘을 갖는 말은 이것이다. 평판.

세상 사람들의 비평, 평판.

사람들의 비평 아래 개인이 지닌 취약함, 성향, 행실, 정체성은 옳고 그름을 따질 수 있는 대상이 된다.

판단

직장 내 평판 관리에 대한 조언과 노하우가 담긴 글을 인터넷에서 흔히 본다. 신입사원이 회사에 들어가면 1년간은 평판 관리를 중요하게 신경 써야 한다고들 한다. 경력직 채용에선 평판 조회가 당연한 수순이 되기도 한다.[2] 평판 관리는 쉬운 일이 아니다. 딱 봐도 어려운데, 생각보다 더 어렵다. "하나를 보면 열을 안다"는 말이 있다. 심지어 이런 말도 있다. "사람은 자기가 보고 싶은 것만 본다."

"하나를 본다"는 말이 고작 첫 만남 때 옷차림을 단정하게 하라는 정도의 의미라 생각해선 안 된다. 하나를 보는데도 열을 안다는 것은, 그 시선에 이미 특정한 판단 기준이 들어 있다는 말이다. "자기가 보고 싶은 것"이 있다는 말은 그 판단 기준이 그에겐 관성이 될 정도로 익숙해져 있다는 이야기이다.

판단 체계가 공고하게 갖춰진 일렬의 세상에서 그 끝 부근을 차지하거나 줄 바깥으로 밀려난 사람들이 있다. 이들은 자신의 평판을 걱정한다. 어떤 의미로는 포기한다. 나라는 존재가 평판이라는 가면을 쓴 낙인을 피하기 어렵다는 것을 알기 때문이다.

낙인

낙인. 다시 씻기 어려운 불명예스럽고 욕된 판정이나 평판을 이르는 말.

이 말을 파고들기로 마음먹은 뒤, 여러 분야에서 조사 결과와 연구 자료들을 찾을 수 있었다. 사람들이 다양한 이유로 낙인찍힌 채 살아가고 있다는 방증이기도 했다. '낙인'에 대해 말할 때 쉽게 떠올려지는 사람들이 있다. 장애인, 성소수자, 이주민, 홈리스, 성 산업 종사자 등. 그러나 낙인 안에서 살아가는 건 이들만이 아니었다.

인종이 달라서, 체형이 달라서, 신체 기능이 달라서. 다름이 낙인으로 이어졌다. 결혼이나 육아 형태도 영향을 미쳤다. 결혼을 하지 않아서, 이혼을 해서, 자녀가 없어서, 자녀를 혼자 키워서, 국적이나 외양이 다른 자녀를 낳아서 구설에 올랐다. 지방대학을 나와도, 취업을 하지 않아도, 이직을 자주 해도 뭔가 문제가 있다고 여겨졌다. 사회적으로 더럽다고 여겨지는 일을 해서, 더울 때 더운 데서 일을 해서, 나이가 많은데도 일을 해서, 어린 나이에 일을 해서 낙인이 찍혔다. 이 많은 특성과 정체성, 경험과 직업군을 피해 간 뒤에야 우리는 한 치 오점도 없는 인간이 되는 것일까.

건강

　'오점'이 있고, '하자'가 있다. 직장에 취업해 노동하기 좀 어려운 사람들이 있다. 아주 어려운 사람들은 아니다. 아주 어렵다면 직장 문 안으로 진입하는 것조차 힘들다. 오점을 숨기거나 자신이 받을 노동의 대가를 낮춰 취업 문턱을 넘은 이들은 직장에서 다소 어려움을 겪는다. 나는 죽을 것 같지만 세상의 기준에서 보자면 '다소'인 괴로움이다. 이유는 하나다. '일하는 사람이 갖춰야 할 자격'을 갖추고 있지 않기 때문이다. 바로 '건강한 몸과 건강한 정신'. 이 책은 사회가 요구하는 몸과 정신을 갖추지 못한 사람들의 노동을 이야기한다.

직장인

　사람들은 어디서든 일하고 있으면서 여자가 가야 하는 일자리가 따로 있다고 생각하고, 우리 사무실에 퀴어가 없다고 생각하고, 장애인하고는 같이 일할 수 없다고 생각한다. 그래서 내가 일하는 한 평 일터에도 수많은 정체성이 있다는 사실을 잊거나 모르거나 신경 쓰지 않는다. 그리하여 존재하나 보이지 않는 사람들은 일의 영역에서 다양하거나 고유한 특성을 인정받기보다 '골골대는', '굼뜬', '미숙한', '사고 치는', '문제 있는' 또는 '별난' 사람으로 취급된다.

　세상의 평판에 자신을 맞추지 못하는 이들은, (뻔한 표현이지만)

맞지 않는 기성복에 몸을 구겨 넣고 출근을 한다. 맞지 않는 옷을 입고 매일 출근하는 일은 고역이다. 자기반성도 해보고 지향도 해보고 무시하기도 하고 극복하겠다며 발버둥 치기도 한다. 무엇을 하건 가만있진 않는다. 가만있으면 돈을 벌 수 없고, 버틸 수 없고, 살아갈 수 없다. 내가 살펴볼 것은 이들이 가만있지 않기에 일어나는 충돌과 협상이다. 사람을 좌절시키고 학습시키는, 그럼에도 때론 버틸 수 있게 때론 성취하게 하는 그런 일들.

변신

"왜 누군가가 다른 무언가로 혹은 다른 누군가로 변하기를 소망하는 그 모든 이야기에서 변해야 하는 건 세상이 아니라 늘 한 개인인 걸까?"[3]

나는 낙인찍힌 채 낙인찍힌 노동을 하는 사람들이 '다른 누군가'로 변하기를 소망한다. 더는 그런 노동을 하지 않는 사람. 하지만 내가 바라는 세상에서 변해야 하는 것은 개인이 아니다. 세상이 변하기를 바라며 글을 쓴다. 일터가 작동하는 방식에 의문을 품는다. 그 일터를 바꾸고 세상을 변하게 하는 것이 충돌하고 협상하는 사람, 즉 우리라 믿는다. 그러지 않고는 글을 쓸 이유가 없다.

인터뷰이

우리라고 말해놓고 저들을 관찰하듯 글을 쓸 수는 없다. 사회적 낙인에 관한 기록이라고 했지만, 실은 내 안의 낙인으로부터 시작하는 글이다. 나 또한 나의 노동 현장인 취재 장소에서 사람들을 만난다. 균일하지 않은, 평등하지 않은 사람들. 그들을 앞에 두고 질문을 한다.

조악한 세상과 결이 다른 사람이고 싶으나 나 자신이 그럴 리 없었다. 인터뷰 자리에서 만나는 사람들이 정의롭고 반듯하기만 할 리도 없었다. 인터뷰를 마치고 돌아오는 날에는 심경이 복잡했다. 어느 날은 인터뷰 상대가 너무 보수적이라서, 어느 날은 내가 너무 무지해서. 어떤 날은 상대가 너무 허황되어서, 어떤 날은 내가 너무 회의적이라서.

프리랜서 노동자인 나 또한 낙인과 평판에 휩쓸리며 일하고 있다. 그리하여 이 책을 통해 어떤 낙인들을 이야기할지 생각할 때, 나와 연결된 정체성을 우선 떠올렸다. 나라는 거울은 각도에 따라 여러 방향으로 빛을 반사시켜 수많은 정체성에 꼬리표로 붙은 편견을 비추지만, 그럼에도 조금 더 자주 포착되는 정체성이 있다. 그것들을 위주로 이야기를 하려 한다.

일터

"사람들은 디자인에 의해 만들어진 아름답고 유능하고 질병이 없고 수명이 긴 새로운 인류를 '신인류'라고 통칭했다."[4]

아름답고 유능하며 질병이 없고 수명까지 긴 인류. 그러나 내가 의아하게 여기는 존재는 신인류가 아니다. '아름답고 유능하고 질병이 없고 수명이 긴' 인류가 있다고 믿는 사람들이다. 낙인의 기능은 비정상을 추려내는 데에만 있지 않다. 낙인은 '아름답고 유능하고 질병이 없고'자 하는 노력을 게을리하는 모든 이들을 채찍질한다. 채찍질로 다그쳐 일깨우는 것은 몹시도 정상적이고 완벽한, 신인류가 될 수 있다는 믿음 그 자체이다.

신인류를 디자인한 사회는 '정상인 되기'를 강제하는 수많은 장치를 가졌다. '정상인'으로 사회에 들어설 수 있도록 디자인된 진입로와 건강한 노동자로 일터에 진입하기 위해 밟아나가야 할 길은 거의 흡사한데, 그러므로 '건강한 노동자'가 태어나는 곳에서 '정상 시민'도 태어난다고 말할 수 있겠다. "누군가는 노동으로부터 배제되고, 또 다른 누군가는 노동하도록 징집되면서"[5] '잠재적 노동자'들은 자라난다.

어떤 노동

노동은 노동 그 자체로만 말해질 수 없다. 우리의 노동을 말하고 싶다면, 우리가 어떤 노동자인지를 말해야 한다. 노동을 하는 것은 결국 사람이다. 우리의 '노동자 되기'에는 수많은 충돌과 협상이 뒤따른다.

　낙인이라는 채찍질 앞에 선 노동자가 어떤 노력 끝에 '노동자 되기'를 이루는지 또는 어떤 과정을 통해 그 '되기'를 포기하는지, 그것을 볼 수 있다면 우리가 지금 어떤 노동을 하고 있는지, 아니 어떤 노동을 해야 하는지 조금은 더 말할 거리가 생길 것이다. 그래서 이 책에선 '좋은 노동자'가 될 자격을 박탈당하거나 '좋은 노동자 되기'를 일정하게 포기한 이들을 기록한다.

차례

1. 생산적으로 살아라?

: 성실하지 않은 청년들의 분투기

_ _ _ _ _ _ _ _ _ _ _ _ _ _ _ _ _ _ _ _

#성실한 #나태한

#생산적인 #쓸모없는

#열정적인 #의지박약한

활동하는 자, 그러니까 부산한 자가 이렇게 높이 평가받은 시대는 일찍이 없었다.

프리드리히 니체[1]

고인이 된 청년 노동자를 취재할 일이 있었다. 물류센터에서 일하다 과로사한 20대 후반의 남성이었다. 취재에 앞서 그에 관한 자료를 보며 혼잣말을 했다.

'왜 열심히 살지 않았지?'

정말, 이 생각을 했다. 그러곤 잠시 후 무언가 잘못되었음을 깨달았다. 과로사를 한 사람이었다. 너무 많이 일해서 사망한 사람. 그런 사람을 보며 왜 열심히 살지 않았는지를 묻고 있었다.

그는 강도 높기로 악명 높은 일터에서 1년 넘게 주 6일 야간 근무를 하다가 심장에 무리가 왔다. 그런데도 그의 성실성을 의심했다. 내가 어떤 집단과 그의 성실을 비교하는지는 알만했다.

요즘 청년들.

단군 이래 최대 스펙을 가지고도 취업이 되지 않아 노력하고 또 노력한다는 그 청년들 말이다. 이력서 300통을 넣고도 좌절은 금지니까 301번째 이력서를 쓰는 취업 준비자들. 그 이력서는 각종 공모전 입상 경력, 자격증, 워킹홀리데이와 어학연수, 봉사활동, 인턴 경험으로 채워져야 한다. 그런 청년들이 바글바글한 세상에서 지방의 작은 대학을 졸업하고, 졸업 후 '정식' 취업을 하지 않은 채 몇 년째 아르바이트를 한 이는 감히 성실을 자신의 덕목으로 가질 수 없었다. 집에 손 벌린 적도, 일을 쉬어본 적도 없는 사람이었지만 나조차 그를 성실하다고 말해주지 못했다. 고인에 대한 미안함이나 자책은 다음 문제였다. 나와 나를 둘러싼 세상이 어딘가 삐걱거리고 있었다.

삐걱거림

일하는 사람들을 취재해왔다. 정확히는 일하다가 다치고 병들거나 부당하게 해고되어 싸우는 사람들을 주로 만났다. 이들은 억울해했다. 열심히 일한 자신에게 돌아온 것이 이런 대우라니. 자신을 지탱해오던 무언가에 상처를 입었다. 그들의 말을 받아적었다.

"열심히 일했을 뿐인데."

하지만 사람들은 이들의 '열심'을 인정하지 않았다. 고작 그 정도 하고 좋은 대우를 바라면 안 된다는 댓글이 달렸다. 소위 스펙에 포함되지 않는 노력은 인정되지 않았다. 이들이 행한 열심은 오히려 무능력에 따른 장시간 노동으로 폄하되었다. '진정한' 열심이 아니

었다.[2]

세상의 변화는 나만 느끼는 게 아니었다. 2011년부터 직장인의 일상을 녹인 웹툰 〈가우스전자〉[3]를 그려온 작가는 2019년 2070회로 연재를 마치며 이런 후기를 남겼다.

"연재 중 사회가 급격하게 변화해버리면서 직장에 대한 사람들의 인식도 엄청나게 변화해버렸습니다."

극심해진 취업난은 웹툰마저 웃으며 볼 수 없게 만들었다. 웹툰 속 인물을 향해 취업한 자의 배부른 소리라며 열패감을 드러내는 독자도, 중견기업에 가기까지 등장인물들이 들인 노력을 계산하는 독자도 있었다. 세상이 달라지는 가운데 작가는 누구도 불편하게 하지 않는 웹툰을 만들기 위해 끊임없이 고민하고 공부하며 꾸역꾸역 그렸다고 했다. 나 또한 그랬다. 변화를 체감하며 꾸역꾸역 썼다. 인터뷰이가 댓글 창을 보지 않기를 바랄 뿐이었다.

악덕 사장

그리고 나에겐 나의 노동 현장이 있었다. 종종 지인들에게 이런 농담을 했다. 나는 열심히 살지 않아도 된다는 말을 쓰기 위해 열심히 사는 사람이라고.

기록하는 분야가 노동이다 보니, 쓰는 글마다 과로사회에 대한 비판이 빠지지 않았다. 자본주의의 속도, 방향, 시간 등 뭐 하나 도마

위에 오르지 않은 것이 없었다. 그러나 정작 나는 과중하게 일했다. 나를 야근시키는 악덕 사장이 바로 나 자신이라 농하는 같은 처지의 사람이 주변에 수두룩했다. 주로 프리랜서나 시민 사회 단체 활동가들이었으나, 자발적 과로는 이들만의 일은 아니었다. 기업에 걸맞은 인재가 되길 넘어 나 자신을 기업처럼 운용하라고 하는 세상이었다. 프리랜서건 자영업자건 정규직 사원이건 자기 자신의 악덕 사장이 되어 있었다. 그러니 늘 이상하다 싶으면서도 이상할 것이 없이 과로했다. 나의 사장은 변덕스러워서 어느 날은 일만 해서 우울했으나 어느 날을 열심히 살지 않아서 우울했다. 열심히 일하면서도 자책하고 우울함에 시달리는 것이 현대인이 특성이라고들 했다. 나는 지극히 현대인이었다.

'현대'사회의 저널 인사들은 '그건 노력이 아니야. '노오력'일 뿐이라고'라며 이 우울한 과로의 무용함을 말했다. 그 노력이 현 체제의 불평등을 유지하는 결과로 이어질 뿐이라 일갈했다. 정작 무용한 것은 그들의 훈계였다. 청년들은 코웃음 쳤다. 우리가 그걸 몰라서 노력하는 줄 아나. 이들은 "노력의 가치에 대해서는 대단히 회의하지만 가장 노력하는" 세대였다.[4] 노력이 뭐 대단한 보상을 준다고 믿진 않았다. 다만 정체되는 것이 두려울 뿐이었다. 모두가 달리는 사회에서 걷고 있는 사람은 자신이 멈춰 있다는 착각에 빠지게 된다. 이들은 달리면서도 자신이 멈춰 있지 않은지 자꾸만 뒤를 돌아봤다. 낙오되지 않으려면 뛰는 것 외에 다른 선택지가 없다고 했다.

이들의 절박함을 납득케 하는 것은 청년 두 명 중 한 명만 직장을 가질 수 있는 지경이 된 취업률이었다.

이러한 현실 속에서도 선택지를 늘리기 위해 평등, 돌봄, 변혁, 공동체 같은, 방향을 달리하는 가치들을 앞세워 분투하는 사람들이 있다. 나 또한 그들이 제시하는 '다른 선택지'를 믿는 사람이다. 하지만 삶의 방향을 바꾸기 위해서는 우선 자신이 선 자리에서 몸을 틀어 한 발짝 옮겨야 한다. 모두가 뛰는 사회에서 멈춰서 방향을 바꾼다는 건 내딛는 자리에 무엇이 있을지 모른다는 것, 다음 걸음이 향하는 곳이 진창일 수도 있다는 것, 그러다 넘어지면 일어나지 못할 수도 있다는 것을 의미했다. 위험이 따르는 일은 무모한 일로 취급받기 일쑤이고 잡음을 일으킨다. 응원의 박수 같은 것은 받기 어렵다. 이들에게 무작정 박수를 보낼 수 없는 것은 나 역시 마찬가지였다.

좀 다른 청년들

열심히 일하지 않는, 아니 열심히 일할 생각이 없는 20~30대 청년들을 만나면 머리가 복잡해졌다. 직장 상사가 불합리하게 군다고 말하면 상사 욕을 함께해줄 수 있고, 직장 갑질에 대해 글을 쓸 수도 있었다. 하지만 정작 그가 "그래서 일할 생각이 없다"고 말하면 당혹스러웠다. 조금 더 버텨보지. 입 밖에 내진 않았지만, 그가 지금 사회의 부조리를 비판한 것인지 그만둘 핑계를 찾은 것인지 판별하려고 했다.

경쟁에 적응하지 못하고 퇴사를 반복하는 이들을 사회과학 서적에선 신자유주의 시대의 피해자나 불안정 노동의 당사자로 바라보지만, 타인과 부대끼는 현실에서 이들은 '루저', '낙오자', '철없는 사람'이었다. 그런 평가를 꼬리표처럼 달았다. 그리고 나 역시 현실을 이루는 퍼즐 조각 하나였다.

이들을 글에 담을 땐 '그럴 수밖에 없는 이유'를 직조하느라 바빴다. "열심히 산 죄밖에 없다"는 사람들의 이야기도 물고 뜯고 난리인데, 열심히 일할 생각이 없다는 사람을 그 자체로 세상에 내놓을 자신이 없었다. 내 딴에 합당한 '불성실'의 이유를 만드는 것이 마음 편했다. 그렇게 나 또한 타인의 '열심'을 측정하고 있었다.

타인의 비非노력에 납득 가능한 이유를 찾는 행위도, 타인의 '열심'을 측정하는 행위도, 나의 성실 강박을 농담으로 치부하는 일도 그만하고 싶었다. 아마 지쳤기 때문일 것이다. 달리기는 힘이 들었다. 번아웃이 왔다. 번아웃증후군을 '과도하게 피로한 상태' 정도라 여겼는데, 아니었다. 뛰질 못했다. 경주 트랙에서 멈춰 선 그제야 내가 달리는 중이었음을 알았다. 어떤 인터뷰 상대건 달리는 상태로 만났다. 열심히 일하지 않겠다며 멈춰 선 이를 만나면 이상해 보이는 것이 당연했다. 나는 뛰다 지쳐 구슬땀을 흘리고 있는데 그들의 피부는 뽀송하다 못해 메말라 있었다.

작정하고 '좀 다른 청년'들을 만나기로 했다. 사회가 청년답다고 여기지 않는 청년들을 인터뷰한 것이다. 차곡차곡 스펙을 쌓지 않고, 취업 준비를 유예하고, 취업을 하더라도 자꾸 퇴사를 하고, 사람들이 정식 일자리로 보지 않는 곳에서 일을 구하는, 세상의 기준에선 열심히 살지 않는 청년들이었다.

세상이 이들을 부르는 말로는, 니트나 프리터, 프레카리아트[5]가 있다. 그 명칭에 따라 이들은 동정 어린 시선을 받기도, 지탄받기도, 비정규 노동의 상징이 되기도 했다. 어떤 관점으로 보건 간에 이들은 시대의 '이상' 현상이었다. 위태로운 사회 현상이거나 예외적 양상, 그 이상도 이하도 아니었다.

나라고 대단히 다른 관점을 제시할 수 있다고 생각하진 않았다. 다만 이들의 이야기를 들으며 나의 당혹과 마주하고, 그 삶을 해석하는 나를 들여다보고 싶었다. 아무리 임금노동의 속성을 비판해도, 내 안에는 노동을 윤리적인 것으로 보는 시선이 있었다. 노동을 대하는 특정한 태도가 옳다고 보는 관점이었다. 그것은 전통적인 의미의 '성실'과 신자유주의의 '효율성'을 동시에 품고 있었다. 제대로 노동하지 않으면 낙오하는 것은 물론이고 삶의 의미를 잃을 것 같았다. 그러면서도 세상이 지금과 다른 방식의 노동으로 구성되어야 한다는 믿음도 있었다. 내게 이야기를 들려주는 이들도 나만큼이나 온갖 감정을 품으며 노동하거나 멈추었을 것이다.

현실에서 어딘가 '나사 풀린 사람' 정도로 여겨질 이들은 어떤 경험을 하고, 어떤 시선에 노출되고, 그런 시선과 낙인의 이유를 무엇에서 찾을까? 자신의 상황을 어떻게 해석하고 있을까? 무엇을 합리화하며, 그것을 통해 어떻게 삶의 이유를 만들어갈까?

이렇게 마음을 먹었지만, 미리는 쉽지 않은 상대였다.

"열심히 공부하고 구직 과정에서 모욕과 수모를 당해도 꿋꿋하게 일어서 또다시 시험을 치고. 그런데 이런 사람들만 있는 거 아니잖아요. 그렇지 않은 사람들을 만나고 싶었어요."

내가 인터뷰의 의도를 설명하자, 미리는 그 말을 받아쳐 자신을 소개했다.

"그거를 하지 않는 미리입니다."

일터에서의 도망

"이번에 취업한 곳은 제가 가진 스펙으로 갈 수 있는 데보다 좋은 곳이었어요. 안정적이고."

미리는 제법 규모 있는 회사의 정직원이 되어 있었다. 취업 때문에 거주지도 옮겼다고 했다. 그 말에 나는 살짝 불안했다. 멀리 이사까지 했는데 이번에도 한두 달이면 어떻게 하나. 미리의 근속 기간을 평균 내면 2개월이었다. 2년이 아니라 두 달이다.

미리는 영민하고 정의로운 사람이었다. 친구도 많고 다정한 연인도 있었다. 이것이 누군가의 삶을 좋거나 나쁘게 볼 조건은 아니지만, 어쨌건 나는 미리의 삶이 나쁠 것 없다고 생각했다. 그렇지만 내 동생이었다면 어깨를 붙잡고 "조금 더 다녀보란 말이야"라고 했을 것이 분명하다.

"안정적인 회사라고 하면 보통 나인 투 식스(9시 출근, 6시 퇴근)를 기대하잖아요. 첫 출근 날, 솔직히 할 일이 없었어요. 퇴근 시간이 돼서 '팀장님 저 이제 가보겠습니다' 이랬는데 갑자기 그러는 거예요. '너 어디 가?' 그래서 '네? 집이요' 이랬더니 '너 그냥 집에 가고 싶어?' 이러는 거예요. 그때까지 저는 심각성을 몰랐는데, 여기 앉아보라면서 상사가 남아 있는데 먼저 가는 건 옳지 않은 행동이라고 하는 거예요. 사수가 퇴근할 때까지 가지 말라고."

팀장은 첫날 미리를 주시했을 것이다. 신입사원이 얼마나 싹싹한지, 언제 "배우겠습니다!", "제가 하겠습니다!"를 외치는지. 팀장 입장에서는 가능성을 따져본 것이고, 미리 입장에서는 '상사가 간을 본 것'이다. 그런데 미리는 망설임 없이 오후 6시에 일어서는 사원이었다. 8시간 내내 못마땅했을 상사는 미리를 호출한다.

요즘 말로 꼰대 상사일 테다. 꼰대는 특수한 개인의 기질이나 유교 문화의 잔재 같은 것이라기보다, 위계를 통해 높은 효율을 얻으려는 기업의 운영 체계의 일부다. 그러니 신입사원이 요구받는 것은 '적응'이다. 워라밸이 인생의 목표라는 90년대생들이 일터 내에서 가장 난감해하며 고민하는 내용 중 하나는 '몇 시에 퇴근해야 하는가'이다.[6] 정시 퇴근의 욕망과 사회생활의 눈치가 대적하는 지점이다. 그런 갈등이 있기에 회사라는 조직이 그럭저럭 유지된다. 그런데 여기, 눈치를 보지 않고 일어선 90년대생 미리가 있다.

"어느 날은 퇴근하려는데 사수가 저보고 지금 가지 말고 남아 있으래요. 사수 말로는, 팀장님한테 미리 씨가 열심히 한다는 걸 어필하기 위해서 일부러 남으라고 했대요. 팀장님한테 잘 보일 수 있을 거라고. 너무 웃기잖아요. 보여주기 위해 야근을 해야 한다는 게."

기업이 신입사원에게 원하는 것은 순종적인 패기와 성실한 진취력. 하지만 이런 복합·모순적인 태도가 존재할 리 없으니, 사람들은 흉내를 낸다. 쇼잉showing이라 불리는 처세이다. 직장인 중 보여주기식(눈치용) 야근을 한다고 응답한 비율이 절반을 넘는다.[7] 퇴근 시간 이후에 남아서 상사에게 눈도장 찍기 정도는 아주 낮은 수준의 쇼잉이다. 그 외에도 옷차림으로 '어필'하거나(신입사원 복장 매너가 따로 있다) 목소리나 표정으로 '업무력'을 드러내기도 한다("미소도 복장이다"라는 말도 있다).

미리는 이런 식의 태도를 갖춰야 하는 이유를 납득하지 못하는 것을 넘어, 억지 시늉조차 하질 못하는 듯 보였다. 성실한 스펙 속 삶을 꿈꿔본 적이 없으니 그런 삶을 관찰한 경험이 없고, 그러니 흉내조차 내질 못했다.

"그 안에서 나는 뭔가 계속 열심히 해야 하고, 그걸 입증해야 한다는 게, '여러분 나를 믿어주세요' 이런 걸 계속해야 한다는 게 너무 스트레스였어요. 전 어설프거든요. 사회에서 원하는 거, 그러니까 어떻게 행동을 하면 그럴싸하게 보이는지 대충 알겠는데 좀 어설퍼요, 그게. 사람들도 저를 볼 때 약간 어설프다고 느끼는 것 같아요."

미리가 이해하지 못하는 것 중 하나는 '평가를 위한 평가'였다. 사람들이 자꾸 자신의 능력치(수행력)를 확인하려 하는 것을 거북스러워했고, 심적으로 이를 수용하지 못했다. 수많은 직장인을 만들어내기까지 정규교육이 해온 일(제시간에 나와 일정 시간을 한자리에서 견디며 점수에 따른 평가에 익숙해지는)을 무용하게 하는 소리였다. 쇼잉이라는 전략에 문제의식을 갖는 것은 나 또한 마찬가지지만, 미리의 말을 들으면 걱정이 앞섰다. 미리는 책 속에 있지 않으니까. 책이건 언론 기사건 이런 직장 문화에 문제가 있다고 말한다. 하지만 현실에서 이상한 존재는 미리였다. 저러다가 미움받을 텐데, 눈총받을 텐데… 미리가 마음을 다칠 것이 염려됐다.

"입사 동기들은 내 자아를 죽인 대가로 월급을 받는 거다, 이렇게 생각을 한대요. 다들 그런데 저는 그게 안 되는 거죠. 부서에서 저는 '은따' 같은 거였어요. 하루하루 스트레스성 위염이 막 도지는 거예요. 회사에서 점심을 먹으면 무조건 화장실 가서 토하고. 약간 몸이 정상이 아니었어요. 응급실 가기도 하고."

인생의 일부를 월급과 교환한다. 어느 정도 크기의 조각을 받느냐는 다르지만, 많이들 일과 삶을 교환물로 생각한다. 아니, 체념한다. 미리는 그 체념이 잘되지 않는 사람이었지만, 요즘 세상에서 체념은 '책임감'이나 '몫'과 같은 말이었다.

"친구가 그러더라고요. 나라면 그냥 다니겠다. 그런데 저는 못

견뎠어요. 내가 앞으로 직장생활을 할 수 있을까. 자본주의 사회에서는 1인분의 몫을 해야 삶을 영위할 수 있는데, 나는 1인분을 못하는 사람 같고. 사실이 그렇잖아요. 못 버티겠다는 생각이 들더라고요. 그래서 그만뒀어요."

퇴사를 했다. 2개월 만이었다.

퇴사의 이유

회사원들의 첫 직장 근속 평균이 1년 2개월이라고 한다. 취업 준비 기간이 평균 2년인데, 막상 직장이라는 곳에 들어가면 그 시간의 반 토막밖에 다니지 못하고 그만둔다. 직장이란 그런 곳이다. 하지만 '그래도 한두 달은 너무 빠르지 않나?' 하는 생각에 머릿속이 헝클어진다. 인사팀도 의아했는지 미리를 호출했다.

"왜 그만두려 하냐고 묻더라고요. 이제 입사한 지 두 달밖에 안 됐는데 그만둔다고 하니까. '이런 좋은 직장을 왜?' 이런 분위기. 퇴근이랑 업무랑 이런저런 게 불합리하다고 말했는데, 그 사람들 중 아무도 이해를 못 하는 거예요. '신입이니까 당연하죠.' 이런 식."

미리에겐 좋은 직장의 기준이 달랐다. 미리가 견딜 수 없었던 건, 막내 직원이기에 퇴근 시간 후에도 남아야 하는 부조리함과 윗사람들에게 성실함을 인정받아야 하는 직장 문화만이 아니었다.

"퇴근을 제때 하는 분들이 계셨거든요. 그분들은 무기계약직이었어요. 그분들을 두고 '저 사람들은 너랑은 다르다. 너는 공채로 뽑혔고 저들은 아니니까. 너는 남아서 일을 배워야 한다. 그 사람들보다 더 책임감을 가져야 한다' 이런 식으로 이야기를 하는 거예요. 기분이 나빴죠. 그 사람들도 같은 팀이고 직책도 같은데. 우리는 저 사람들과 다르고 여긴 '우리' 회사라고 하는 게. 이걸 너무 확신에 차서 이야기하는 게 기분이 나빴어요."

미리에게서 좀처럼 낯선 퇴사 이유를 듣는 일은 이번이 처음은 아니었다. 예전에 일하던 곳에서 미리는 경리 직원이었지만, 포장 작업반으로 불려 가는 일이 더 잦았다. 생산 업체를 겸한 작은 규모의 회사에서는 흔한 일이었다. 미리를 불편하게 한 것은 근로계약과 다른 업무 지시가 아니었다. 비닐 포장재를 하루에 몇천 개씩 버려야 하는 곤혹스러움이었다. 자신은 이런 소비를 지양하는데 회사에 가서는 내내 쓰레기를 만들어야 했다.

미리에게 처음 이 이야기를 들었을 당시, 나는 이 이야기를 그대로 글에 소개하지 못했다. 대신 사람들이 더 쉽게 납득할만한 퇴사의 이유들(미리가 겪은 차별이나 성희롱)만을 적었다. 쓰레기를 만들어낸다는 이유로 퇴사하는 사람을 독자들이 어떻게 생각할지 알 수 없었다. 혹여 핑계라고 생각하면 어떻게 하나 걱정이 됐다. 솔직히 말하자면, 나조차 그 퇴사 사유가 잘 이해되지 않았다.

좋은 일자리?

하지만 이 낯선 퇴사 사유가 이따금 생각났다. '좋은 일자리'에 대한 세간의 이야기를 들을 때면 더 그랬다. 우리 사회가 현재 '좋은 일자리'라고 부르는 것은, 보상이 상대적으로 적절하고 고용이 안정적인 직장을 의미한다. 한마디로, 규모 있는 직장의 정규직. 여기에 일과 삶의 균형까지 맞춰지면 더할 나위가 없다. 우리는 이것을 '좋은 일자리'라고 부르고, 그런 좋은 일자리를 더 많이 만들어야 한다고 말한다. 그런데 고용 기한의 정함이 없고, 제시간에 퇴근하고, 업무 분장에 따라 일이 합리적으로 나뉘고, 사원 복지가 있고, 사내 갑질이 없다면 그것만으로 좋은 일자리일까?

현 사회에서 이런 조건의 일자리는 대부분 대기업이나 공기업에 몰려 있다. 그런데 높은 연봉과 사내 복지를 가능하게 하는 대기업의 시장 지배력은 중소 협력업체와의 불공정 거래에서 비롯된다. 기업 간의 위계를 체득하고 이윤 창출의 생리를 이해하고 같이 일하는 동료들마저 줄 세우기를 요구하는, 그러니까 타인을 차별하거나 착취하기를 요구받는 일자리가 복지와 연봉을 이유로 좋은 일자리라고 불리는 일은 어딘가 민망하다.

'돈벌이'니까 어쩔 수 없다고 말한다. 하지만 우리는 좋은 삶을 이야기할 때 리무진을 끌고 롤렉스 시계를 차는 모습만을 그리지 않는다. 그것만이 내 인생의 행복이라 말한다면 생각 없거나 속물적인 사람으로 취급당한다. 좋은 삶을 상상할 때는 '공동체'(국가 단위이건 마을 단위이건)와 나와의 관계를 생각하게 된다. 그런데 왜 일자리 문제에서는 '공동체'라는 글자를 지우는 것이 당연해졌을까.

그러나 이런 얘기는 책에서만 하는 소리다. 미리는 아무래도 직장생활을 글로 배웠다. 미리는 책을 통해 사회와 국가가 인간에게, 그리고 인간이 다른 인간에게 해서는 안 되는 행위들을 배우고 이해했다. 그래서 미리는 '일터'가 해도 되는 것과 안 되는 것을 구분했다. 보통 사람들이 일터에서 '자신'이 해도 되는 것과 안 되는 것을 배우고 체화하는 것과는 달랐다.

잘 먹히지 않는 이야기

인터뷰를 마치고 돌아와, 미리 앞에서 내가 보인 반응을 되새김질했다. 그의 짧은 근속과 잦은 퇴사, 그리고 퇴사의 이유들. 그것은 사회적으로 '잘 먹히지' 않는 이야기였다. 사람들은 그의 퇴사 사유를 잘 납득하지 못했다. 그와 친근한 지인일지라도 나와 비슷한 반응을 보였겠지. 표정 관리를 하려 했지만 자꾸만 근심 어린 얼굴이 되었다.

미리는 집에서나 직장에서나 철없고 근성 없는 사람으로 통했다. 그가 말하는 퇴사 사유는 힘없는 소리였다. 이 사회에서 발화 자격은 (사회가 규정한) '자기 몫을 다 한' 사람에게 주어졌고, 그런 측면에서 미리는 말할 자격을 취득하지 못했다. 열심히 일하다 부당한 일을 겪었다는 이들에게도 그 '열심'은 진정한 열심이 아니라고 말하는 세상이었다. 사람들이 미리의 이야기를 보고 곧장 이렇게 댓글을 달 것 같았다. "당신이 요구할 자격이 있는가." 자격 없(다고 판단되)는 사람들의 요구는 떼쓰기가 된다.

열심히 일해야 하는 이유를 찾지 못한 미리는 사회생활 초입부터 스스로를 설명할 자격을 상실했다. 그의 말은 힘이 없었고, 기록자인 나조차 그 진위를 의심했다. 미리가 성실한 직장인이었다면 그 말을 조금은 마음 편히 들었을까. 그런데 과연 성실하고 직장 문화에 잘 적응하는 사람이 저 '공정한' 차별을 포착해서 나에게 이야기해줄까. 아니라면 '열심히 산 죄밖에 없었는데' 부당한 일을 당해 싸우다 보니 그제야 구조를 떠받치고 있는 불평등이 눈에 들어와 세상을 보는 시선이 달라진 서사만이 내 입맛에 맞춰져 있었던 걸까.

미리의 직장생활은 이것으로 끝이 아니었다. 일을 그만두면서도 자꾸 일을 찾았다.

"일을 안 하고 살 수가 없으니까요. 돈 없이 살 수가 없잖아요. 그래서 다시 다니고, 스트레스받고, 다시 그만두고."

일을 멈춘다는 것은 임금노동 사회에서 더는 생존하지 않겠다는 말이니까. 그런 측면에서 미리에게 노동을 시키는 주체는 기업 회장이나 직장 상사가 아니었다. 상품이 유통되는 시장이었다. (오늘날 최고의 사장은 광고주라는 말이 맞는지도 모르겠다.[8]) 소비사회에서 소비하지 못하는 것은 성원권과 관계된 일이었다. (이조차 힘든 일이지만) 적게 쓰고 적게 벌어 해결될 문제도 아니었다. 시장의 욕망을 따르지 않는 사람은 무능력을 넘어 무기력한 사람으로 폄하됐다. 무기력은 청년과 어울리는 단어가 아니었다. 이 사회는 청춘의 패기를 원했다. 패기를 보일 때 입금이 됐다.

"알바할 때 보면 사장들도 웃겨요. 젊은 알바생을 원하잖아요. 그 청년이 알바를 열심히 하기를 바라면서 동시에 이것만 하면 안 된다고 생각해요. 알바는 미래에 뭔가 더 괜찮은 일을 하기 위해 임시로 하는 일로 취급하니까요."

미리는 한때 청년 창업자들의 지원을 돕는 업무를 맡았었다.

"학생들이 지원금을 받으려면 창업 계획서를 써내야 해요. 의지, 열정 이런 걸 본다고요. 그런데 지원하는 사람들도 창업을 진심으로 하고 싶어서 하는 게 아니라, 단지 스펙의 일부니까."

스펙으로 수치화되는 열정의 점수를 세다 보면, 노력을 믿지 않지만 노력해야 한다. 젊은 진취성은 이력서에 적히고, 이미지화된 노력은 포트폴리오에 알차게 담긴다. 도전, 진취, 열정, 성실이라는 청년의 이미지마저 스펙을 이룬다. 꿈꾸는 자아를 잃지 않으면서도 생산적 성취를 이끌어내는 젊음의 이미지는 사람들의 욕망을 건든다. 미라클 모닝, 갓생, 독기[9]라는 이름을 달고 유튜브나 인스타그램에서만 추앙되는 것이 아니다. 이 성실한 젊음의 이미지가 놓이는 장소가 사회이고, 이 사회에서 성실은 시민권의 발급 조건이다.

일할 자격

없는 사람

인터뷰가 끝날 즈음, 미리는 이렇게 말했다.

"제가 못 버틴 건 절박함이 없어서였나 봐요."

직장생활의 부조리에 대해 말하고 싶었는데, 퇴사한 이유를 되짚을수록(나 때문이다. 내가 나의 혼란을 숨기느라 계속 이유를 물었기에) 자신이 무얼 잘못했는지 되묻게 된다고 했다. 미리뿐만이 아니었다. 다른 청년들도 비슷한 말을 했다. "제가 아직 절박하지 않은가 봐요." 사회적 기준에서 보자면 '열심히' 산다고 할 수 있는 이들도 같은 말을 했다.

회사에서 버티는 일에 '절박함'을 찾는다. 생존의 문제니까. 자신이 성원권을 인정받는 시민으로 살아갈 수 있을지. 그 막연함 앞에서 더 성실해진다. 내가 미리를 어떻게 판단해야 할지 계속 망설인 것은, 단지 나의 성실 강박 때문만은 아니었을 것이다. 미리는 퇴사를 반복함에 따라 시민권을 획득하지 못하고 있었다. 이 사회에서 미리는 '없는 사람' 같았다. 미리 같은 사람에 대한 사회적 언어가 없었고('게으름뱅이', '나태한 인간', '낙오자'와 같은 규정 외에), 그렇기에 나는 미리와 이 세계의 연관성을 읽어낼 수 없었다.

그래도 미리가 사회적 자리를 아예 잃어버리지 않을 수 있던 이유는 그의 외모가 사회적이고('정상' 체중, '평균' 키), 그의 부모가 경제력을 갖췄고(누구 집 딸), 그의 나이가 사회적인 데 있었다. 20대인 미리는 '(달라질) 가능성이 있는' 존재로 읽힌다. (가능성의 존재로 일컬어지는) '청년'으로 해석될 때야 무직의 미리는 사회의 언어를 지니게 된다.

그러나 미리의 시간도 한 해 두 해 흘러간다. 청년이라는 틀에 안주할 수 있는 시간이 줄어들수록 미리의 불안도 커졌다. 한탄하는 미리에게 이런 말을 했다.

"미리가 되게 재미있는 일 했으면 좋겠어요. 재미있는 일."

나름 대안이라고 내밀었다. 직장생활을 못 견딜 것 같으면 자영업자나 프리랜서로 사는 것이 어떠냐는 말이었다. 프리랜서로 사는 일이 얼마나 큰 열정과 노력을 필요로 하는지 모르지 않으면서 그렇게 말했다. 못 버티겠으면 그런 방법이라도 찾아보라는 맏언니 같은 잔소리였는지도 모르겠다. 어쨌거나 이날이 시작이었다. 일하지 않고자 하는 사람들의 목소리를 듣게 된 것이.

수행 거부

처음 만났을 때, 미리만큼이나 정확히 해석되지 않는 사람, 사는 문법을 읽어낼 수 없는 사람이 있었다. 규원이었다. 규원은 '정규 직장'에 취업할 생각이 없다고 했다. 아르바이트를 전전하고 있었다. 일자리도 식당이나 물류센터 같은 곳만 찾았다.

"일부러 취업하지 않고 알바를 하는 건데, 취직 같은 걸 하려면 젠더 수행을 훨씬 많이 해야 하잖아요. 그런 걸 안 해도 되는 곳을 일부러 찾아서 가거든요. 카페나 편의점, 화장을 안 할 수 있는 곳, 최대한 내가 인위적으로 있지 않을 수 있는 곳, 돈만 벌 수 있는 곳."[10]

직장은 돈만 벌 수 있는 곳이 아니다. 그곳에서 우리는 업무 분장에 적히지 않은 수많은 노동을 한다. 그중 하나가 꾸밈 노동과 같은 젠더 수행이다. 규원은 나에게 '여자 노동'을 해야 하는 직장을 구하지 않는다고 했다. 그래서 정규 직장을 갖지 않는 것은 물론 영화관이나 마트, 백화점 같은 곳에서 서비스업 아르바이트도 하지 않는다고 했다. 유니폼을 입어야 하고 화장이 요구되고, 여성성이 서비스의 하나로 판매되는 일자리이기 때문이다. 그러다 보니 설거지만 하게 된다고 했다.

규원의 말에 고개를 끄덕이는 사람도 있고 '고작 그런 이유로?'라고 생각하는 사람도 있을 것이다. 하지만 '여자 되기'란 결코 쉬운 일이 아니다. 여자로 태어났다고 모두 여자가 되는 것은 아니다. 여자 되기에는 끊임없는 시간과 비용, 품이 들어간다. 가끔은 그 노동이 너무도 일상적인 손길을 필요로 하기에 무슨 살림 같다. 해도 티가 안 나는데 하나라도 놓치면 바로 티가 나는 종류의 노동.

여자는 청결해야 하니 긴 머리를 매일 감고, 말리고, 컬을 살려야 한다. 피부는 촉촉해야 하니 토너와 로션을 바르고 팩도 한다. 검게 그을려도 안 되니까 선크림을 몇 시간마다 챙겨 발라준다. 틈틈이 각질 제거에 제모 관리까지. 놀라운 사실이겠지만, 여자도 털이 난다. 나는데 안 나는 척하려면 얼마나 힘이 드는지. 화장을 하지 않고 판매직 자리에 서면 고객들로부터 예의 없다는 불만이 접수된다. 화장은 한 번으로 끝나는 게 아니다. 쉬는 시간마다 화장실에 가서 뭉치고 번진 메이크업을 고쳐줘야 한다. 여자에게 근육은 어울리지 않으니, 퇴근해서 집에 오면 다리에 뭉친 알을 풀어줘야 한다. 팔자 걸음도 금물이고, 거북목도 안 된다. 네일숍 예약 일정도 봐야 하고, 스케일링을 위한 치과 방문도 잊지 않는다. 아직 헬스장도 가기 전이고 피부과 이야기는 하지도 않았다. 이것들은 '굉장히' 예뻐지기 위해 하는 일이 아니다. 그저 (보통의) 여자처럼 보이기 위한 일이다. 이 모든 것을 갖춰야 여자, 그것도 '젊은 여자'가 된다. 외모만 꾸민다고 다가 아니다. 성별과 나이에 따른 예의, 에티켓, 대화법이 있다.

이 사회에서 노동한다는 것은 '(젊은) 여자/남자 되기'를 함께 수행해야 하는 일이다. 커트 머리의 여성 구직자가 매번 면접에서 떨어지기에 어느 날은 가발을 쓰고 면접을 보러 갔더니 단번에 합격했다는 취업 성공기가 떠돌아다닌다. 반대로 남자는 머리가 길면 취업이 어렵다. '여자/남자 되기'가 노동의 일환인 사회에 저항하는 성소수자들의 노동을 책으로 다룬 적이 있다. 그러나 성소수자들만 이 노동을 버거워하는 것은 아니다.

미리에게도 이런 노동이 거북스럽긴 마찬가지였다. "이제 일 좀 제대로 해보려나 봐?" 어느 날 상사가 이렇게 말했다. 처음으로 셔츠에 면바지가 아니라 '여성스러운' 블라우스를 입고 출근한 날이었다. 여자 입사 동기들은 다 그렇게 입고 다니기에, 그날 큰마음 먹고 따라 입어본 것이었다. 회사가 자신에게 무엇을 원하는지 미리는 그때 느꼈다. 주어진 규칙, 질서, 규범을 따르겠다는 표현의 가장 기본은 성 역할 고정관념을 따르는 것(젠더 수행)이었다. 규원은 아예 처음부터 이를 거부했다. 회사에 가지 않고 프리터로 살아가기로 마음먹었다.

노동 안 해!

일터가 노동자에게 요구하는 인위성은 오직 젠더 수행에만 국한되어 있지 않다. "자본주의 체제 아래 노동은 도덕적 실천이자 윤리적 의무, 나아가 자기 정체성을 확인하는 수단"[11]으로, 그러니까 '사람됨'의 절대반지처럼 인식되고 있어서 모든 이들이 태초부터 노동을 수단으로 삼아 자연스럽게 살아온다고 믿게 된다. 그러나 '어떤' 노동에 적응하는 인간형으로 자리 잡는지는 '정체화'의 문제다. 일명 '노동자 되기'. 여기에는 수많은 인위성이 존재한다.

규원은 "최대한 내가 인위적으로 있지 않을 수 있는 곳"을 찾아 소위 '단기·단순 노동'이라 불리는 일자리를 선택한다고 했다. 규원이 거부하는 것은 인위성 그 자체일지도 모르겠다. 하지만 이를 거부하는 것은 세상을 거부하는 것과 다르지 않다. 규원은 사회 구성원이 되기 위한 공간을 스스로 지워버렸다. 그런 그를 성원권을 지닌 존재로 붙잡아두는 것은 '명문대생'이라는 타이틀이었다.

"졸업한 곳은 거의 말을 안 하는데, 대화가 진전되어 제 대학 (이름)을 들으면 (같이 일하는 사람들이) 대하는 태도가 바뀌긴 해요. '쟤는 여기 스쳐 가는 애다.' 제가 취직 안 하고 알바만 하며 살 거라고 해도, '잠깐 있다 가는 애다'…. 모르겠어요. 내가 정말 스쳐 가는 걸까?"

규원의 젊음과 대학 졸업장은 그의 프리터 선언을 치기 어린 소리로 만들어버린다. 동시에 그것은 이 사회에서 그가 놓일 자리를 보장해주는 존재였다. 열아홉 살까지 학업에 쏟은 노력의 결과가 평생을 좌우한다고 믿는 사회이다. 부당하지만 이 사회에서 졸업장은 성실함과 인간됨의 척도를 재는 평가 기준이 된다. 모범생이 모범사원이 될 가능성이 크다고들 믿는다.

나 또한 규원을 의심하지 않았다면 거짓말이다. 프리터로 몇 년이나 버틸 수 있을까? 그렇다고 해도 너무들 믿어주질 않는다. 정규 노동을 하지 않겠다는 말. 오직 그것을 선언하는 데도 많은 의심과 사회적 제재가 가해진다. 이상한 일이다. 정형화된 일자리를 구하기 어렵다는 사실은 누구도 의심하지 않는다. '노동하는 비임금노동자'(일명 3.3% 노동자)[12]가 급격히 늘어간다. 플랫폼 노동, 긱 경제 Gig Economy[13], 시간제 일자리 등의 단어를 자동화라는 세계적 추세의 맥락으로만 접하고 있었다면, 취업을 앞두고 비로소 진짜 뜻을 알게 된다. 이 말들이 의미하는 바는, 우리가 일할 곳이 없다는 소리였다. 상황이 이런데도 정규 취업을 하지 않겠다는 말은 믿어주지 않는다. 무기력이나 나태를 변명하는 것이 아닌지 의심하고, 철이 없다고 나

무란다. 이러한 타인의 눈초리는 규원마저 스스로 '내가 스쳐 가는 걸까?' 생각하게 만든다.

'노동자 키워내기'에 혈안인 사회와 그 사회가 만들어내는 시선이 지긋지긋했던 그때, 바다 건너 일본에선 이런 구호가 들려왔다.[14]

"노동 안 해!"

2012년 '자유와 생존의 메이데이' 시위에서 외쳐진 구호였다. 노동절을 앞두고 파견직, 계약직, 비정규직 노동자와 노숙자 등이 중심이 되어 '인디 메이데이(독립 노동절)' 행사를 열었다고 했다. '자유와 생존'은 일본 프리터 노동조합이 내건 슬로건이었다.

'일자리를 만들어달라', '고용을 보장해라'가 아니라 "노동 안 해!"를 외치다니. 통쾌하고 낯설었다. 시위 그룹의 멤버인 마쓰모토 하지메가 쓴 『가난뱅이의 역습』[15]이 번역된 지도 10년이 지났건만, 국내에서는 그다지 알려진 바 없는 목소리이다.

한편으로는 내 삶에 꽤 큰 비중을 차지하는 주제인 노동을 이렇게나 부정해버리는 게 조금 거북스럽기도 했다. '아나키'해서 멋져 보이긴 했지만, 너무 날아다니는 말 아닌가. 현실에 발 딛지 못하고 공중을 날아다니는 말.

규원은 허리가 아프다고 했다. 육체노동을 몇 년간 했더니 요통이 심해졌다. 식당 설거지가 원인인 듯했다. 능숙한 살림 노동자들을 헐값에 쓰는 식당 일자리이다. 식당 일에는 생각보다 많은 요령과 노하우가 필요하다. 무거운 것을 드는 데에도 요령이 없으면 몸이 다친다. 식당 노동자들의 산재 신청이 적은 이유는 그곳이 5인 미만 사업장이라 직업병이 은폐되어서만은 아닐 것이다. 긴 세월 다져진 이들의 요령이 자신의 몸을 구하고 있다. 젊어서 근육은 더 튼튼할지라도, 숙련되지 않은 규원의 몸은 상하고 있었다.

이 사회에서 '(정규) 노동 싫어!'라고 말한다고 해서, 용기 있게 그걸 실천한다고 해서 자유로운 인생을 살 수 있는 것은 아니다. 자원은 한정되어 있고, 육체는 손상되기 쉽다. 이 월급을 받으며 나이가 든다? 상상이 잘 안 된다. 상상조차 안 되니 사람들은 자꾸만 "여기는 스쳐 가는 곳"이라며 규원을 믿어주지 않는다.

그러니 내 입에서 "노동 안 해!"라는 말이 쉽게 나오지 않는다. 이 구호가 '개인이 알아서' 노동을 거부하자는 말이 아니라는 것을 안다. 이는 노동하지 않을 권리, 임금노동을 하지 않고도 살아갈 권리, 무엇보다 임금노동 외의 무수한 움직임을 가치로 인정하라는 목소리다. 그런데 권리를 외칠 때 함께 이야기되는 것은 공동체의 존재다. 그 권리를 수용할 공간이 없다면 권리를 외칠 이유도 없을 것이다. 이 새로운 권리의 언어 앞에 우리가 어떤 공동체에 속해 있는지를 더듬어보게 된다. 우리는 지금 어떤 공동체를 상상할 수 있는가. 그러니 입이 떨어지지 않는다.

생산적으로 살아라

이번에는 일하고 있어도 일한다는 말을 듣지 못하는 사람을 만났다. 효빈은 관광학과를 졸업한 후 방과후교사로 일하면서 카페 아르바이트를 3년 이상 병행했다고 자신을 소개했다. 너무 성실한데? 이 사람이 인터뷰 콘셉트에 맞는지를 의심하고 있는데 효빈은 '성실하지 않은 청년'이라는 내 말에 "느낌이 딱 왔다"고 했다.

"그거 뭔지 알아요. 노력하지 않는 거. 열심히 사는데 노력하고 있지 않다고 생각되는 거. 엄마나 아빠, 어른들 눈에는 제가 열심히 살지 않는 거예요. 못마땅한 거죠. 제가 아침에 출근하고 이런 게 아니니까. 부모님은 저만 보면 가만있지 말고 뭐라도 하라고 하세요."

방과후교사 일을 하며 카페 아르바이트를 겸하게 된 이유가 바로 '아무것도 안 한다'는 눈총 때문이라고 했다. 성실은 효빈이 획득할 수 없는 것이었다. "취업은 언제 하니?" 늘 이런 이야기를 들었다. 그는 일을 하고 있었다. 얼떨결에 하게 된 방과후교사가 자신의 종착지라고 생각하진 않았지만, 그렇다고 아무것도 안 하는 사람이란 평가는 억울했다.

"하고 있는데도 뭘 자꾸 해라, 해라 하니까. 예전에 카페 알바를 오래 하기도 했고, 제가 MBTI에서 E(외향성)가 극단적으로 나오는 사람이거든요. 사람들하고 어울릴 때 기운을 받아요. 차라리 나가서 기운이라도 얻자, 이런 생각이었던 것 같아요. 그래서 카페 알바를 무리해서 병행한 거죠."

그 후로는 열심히 산다는 평을 획득했을까?

"아니요. 어른들한테 직업이란 아침에 출근했다가 저녁에 돌아오는 그런 거잖아요."

효빈이 9시에 출근해 6시에 퇴근하는 '정규 직장'을 가지지 않는 한 계속될 눈총이다.

"저희 아빠가 계속 이야기하는 게, '뭐라도 해라', '생산적으로 살아라.'"

직접적인 표현이라, 재미있어 물었다.

"생산적으로 살아라? 그건 무슨 의미일까요?"

"몰라요. 평생 들어도 모르겠어요."

효빈도 스스로가 생산적이라고 느낀 날들이 있었다. 카페 아르바이트, 방과후교사, 돌봄교사까지 '스리잡'을 뛰던 시기였는데, 효빈은 그때 난생처음으로 '열심히 일하는 나'에 도취되었다고 했다. 그럼에도 부모님은 그를 탐탁하게 여기지 않았다. 부모님 눈에 효빈의 열심은 생산적이지 않았다.

생산적. 효빈은 평생 들어도 모르겠다고 했지만, 우리에게는 익숙한 말이다. 우리가 사는 사회는 생산적인 일과 그렇지 않은 일을 구분한다. 그에 따라 생산적인 인간과 비생산적인 인간도 구분된다. 18세기 유럽에선 부랑자와 고령자, 장애나 질환을 지닌 사람을 비생산적인 몸으로 분류해 구빈원에 수용했다.[16] 이는 자본주의가 '비생산적 인간'이라는 부류를 만든 역사의 시작점이었다.

구빈원에 수용된 이들은 그 안에서도 재선별되어, 규율과 노동을 익혀 다시 일터로 돌려보낼 (노동하는) 몸과 시설로 유폐할 (노동할 수 없는) 몸으로 나뉘어졌다. 그러나 노동할 수 없는 몸이 아닌 이들이 모두 노동하는 몸이 되는 것은 아니었다. 노동하는 몸, 그러니까 규율과 통제를 수용하고, 이윤의 획득을 긍정적 가치로 이해하고, 자신의 몸이 그 가치를 만들어내는 데 사용됨을 적극적으로 수락하는 몸이 되기까지 무산계급의 기나긴 여정이 있었다. 그 여정의 작은 퍼즐 조각 하나를 나는 이 사건으로 기억한다.

내가 초등학교에 들어갔을 때는 보행자는 왼쪽으로 걸어야 한다는 규칙이 있었다. 복도나 교실에서는 지켜질 리 없는 규율이었으나, 감독(선도부라 불렸다)이 있는 정문에서는 지켜야 하는 일이었다. 듣도 보도 못한 규칙을 왜 따라야 하는지 이해할 수 없던 여덟 살의 나는 혼나고 울고 등교시키던 엄마가 쫓아오는 과정을 겪고 나서야 정문 앞에서 왼쪽으로 걸었다. 그렇게 규율이 내 몸에 하나둘 자리 잡았다. 50분간 같은 자리에 앉아 있는 법, 그 보상처럼 따라오는 10분의 쉬는 시간에 익숙해지는 법도 익혔다. 우리는 그렇게 예비 노동자가 되어갔다. 그러나 '좋은' 노동자가 되기 위해서는 이에 그쳐서는 안 되었다. '생산적'이라는 수식어를 붙일 수 있는 사람이 되어야만 했다.

효빈의 부모님 눈에 기간제 일자리는 성장이나 성취와 거리가 멀었다. 그러다 효빈이 웹 개발자 양성 과정을 수강하자 훈계는 멈쳤다. 어쩌면 효빈보다 부모님 쪽이 조금 더 '요즘 사람'이겠다. 신자유주의 사회에서 취업을 준비하는 기간은 예비 기간이 아니다. 노동 능력을 증대하고 효율적으로 운영하기 위해 거치는 투자의 시간이다.[17]

이 시기는 미래의 소득을 위한 자연스러운 경제행위의 일환이 된다. '인적자본'에서 기인한 관점이지만, 한편으로는 미래를 위해 지금의 시간을 '투자'하는, 어찌 보면 전통적인 가치관(개미와 베짱이 이야기를 떠올려보자)이다. 자본주의가 우리의 시간을 직선으로 만들어버린 이후 현재는 늘 미래를 위해 감내할 무엇이었다.

그런데 취업 준비마저 투자의 개념이 되자, 어떤 커다란 책임 하나가 사라진다. 기업이 '예비 노동자'를 훈련시키는 데 시간과 비용을 들일 필요가 사라진 것이다. 취업 경쟁이 과열될수록 기업은 이른바 '경력 있는 신입'을 맞이하며 비용을 절감한다. 이제 오직 개인이 무엇을 어디에 어떤 방식으로 투자할 것인지의 문제만 남아버렸다. 취업 준비 기간은 개인이 자기 자신이라는 자원을 운용하고 투자하는 능력 발휘의 시간이 되었다. 그 결과, 효빈은 스스로 자신의 성실함을 부정하게 되었다.

"교육을 온라인으로 하는데, 종일 해요. 9시부터 6시까지가 아니라, 수업 끝나고 팀 회의하고 과제하고 이러면 새벽 4시, 5시까지 해요. 그걸 3개월 내내 해요. 그냥 죽었다 생각하고 그것만 하는 거예요. 밤샌 적도 많고 아침까지 한 적도 많고. 성실이요? 아니요. 전

성실하지 않았어요. 거기서 전 성실하지 못한 편이었어요."

자신의 성실을 인정해주지 않는 세상이 야속하기만 하던 효빈이었는데, 이번에는 스스로에게 성실하지 않다는 평가를 한다. 새벽까지 과제를 하고 아침 9시에 다시 수업을 듣는데도. 모두가 뛰는 세상에 효빈이 드디어 입성한 것이다. 그 레이스에서 효빈도 종일 뛰었지만, 상대보다 결코 빠르다고 할 순 없었다. 오히려 자신이 (시간) 자원을 제대로 쓰고 있는지 의심해야 했다.

유효한 노력

효빈의 취업 훈련을 보며 이것이야말로 노력으로 승부를 보는 공정의 장이구나 싶은 사람도 있겠지만, 효빈이 관광학과를 졸업하고 취업 준비를 한 이야기를 들어보면 또 다른 생각이 든다. 처음엔 관광업 쪽 취업 자리를 알아봤다. 외향적인 성격과 잘 맞는 일이라고 여겼으나, 기업들은 효빈을 직원으로 채용해주지 않았다. 경기 불황으로 관광 산업이 축소된 영향도 있었다. 그 사이 학과 동기들은 승무원이 되거나 전공과는 전혀 무관한 직장으로 갔다.

"저는 취업 준비 중에 다이어트를 못 했어요. 웬만한 여성들에게는 취업 때 용모 단정이라는 조건이 기본적으로 붙기는 하지만, 여기는 좀 더 빡세거든요. 유니폼도 정해진 사이즈만 있으니까. '내가 입을 수 있을까?' 공고가 뜨면 다 필요 없고 '저 유니폼을 입을 수 있을까?' 이런 생각만 하는 거예요."

　(규범에 적합한, 심미적인, 신체 건강한) 몸은 우월한 능력으로 취급된다. '용모 단정'은 그러한 말이다. '아름답고 건강한' 몸은 능력으로 여겨지고, 예비 노동자들은 자신의 몸에 투자를 해야 한다. 사회적 기준에 적합한 몸을 가졌다는 것은 '자기관리'의 성공을 의미한다. 그런 측면에서 요즘 유행하는 바디프로필 촬영은 상징적이다. 운동하고 식단을 관리하고, 최대한 몸을 '완벽'의 상태에 가깝게 만들어 그 찰나의 순간을 이미지로 남기는 바디프로필.

　암묵적인 비밀이지만, SNS에 올라오는 바디프로필의 대다수는 보정 작업을 한 몸(의 이미지)이다. 자신의 몸을 있는 그대로 올리는 사람은 없다. 그것은 '완벽'한 몸이 아니다. 체중 관리로 얇아진 허리가 조금 더 매끈해 보이도록 포토샵으로 라인을 다듬는다. 잔근육이 더 도드라져 보이도록 음영과 색감을 넣어준다. 보정을 하고서야 이상적인 몸에 도달할 수 있다.

　노력의 결과로 남는 것은 완벽한 몸이 아니다. 바디프로필 촬영을 하는 이들에게 무엇을 남기고 싶어 촬영을 하냐고 물으면 단지 아름다운 몸을 간직하고 싶다는 대답만 나오지는 않는다. 이들은 "나의 노력을 남기고 싶다"고 말한다. 이렇게 애써 절제하고 관리해서 완벽한 몸을 만들기까지의 나의 여정. 그것을 드러내고 싶어 했다. 이것이 이 사회에서 '유효한' 노력이었다. 다이어트에 성공했다면 효빈은 부모에게 그의 노력을 인정받았을지도 모른다.

이번에도 효빈과 부모님의 '생산성'은 엇갈렸다. 그는 헬스장에 가는 대신 인문학 서적을 읽고, 페미니즘 독서 모임을 찾았다. 취업에 도움이 되는 일은 아니었다. 효빈이 자신의 성향에 따라 행동할수록 점점 생산적이라는 평과 멀어진다. 쓸모없다는 평을 받으며 웃고 살아갈 수 있는 사람은 없다. 효빈은 자신이 원하는 삶과 쓸모 있는 인간이 되는 일, 그 간극을 메우기 위해 취업 준비를 시작했다. 개발자가 되기로 마음먹은 건 친오빠가 개발자가 된 것에 큰 영향을 받았기 때문이라고 했다. 개발자라는 낯선 직업이 오빠로 인해 부모님에게 '전망 있는', '연봉 높은', '안정적인' 직업으로 각인된 것이다. 그러나 정작 효빈은 자신같이 외향적인 사람에게 대인 업무가 많지 않은 개발자 일이 맞을까 걱정을 했다.

1인분의 삶

효빈에게 개발자로의 취업은 '양보'를 의미했다. 그는 '큰 그림'을 그리고 있었는데, 자신은 결혼을 하지 않을 것이기에 대신 부모가 마음에 들어 하는 직업을 갖겠다는 계획이었다. 손주를 안겨주지 않는 대신 정서적, 금전적 보상을 하겠다고 했다. 게다가 혼자 살려면 1인분이 아니라 1.5인분 몫을 살아야 하는데, 효빈은 이때 필요한 것이 연봉이 높은 정규 일자리라고 여겼다. 어쩌면 그를 새롭게 눈뜨게 한 페미니즘이 그에게 '정규' 일자리를 선택하도록 했는지도 모르겠다. 혼자 살 결심을 한 순간, 1인 가구에 닥칠 위험과 불안을 걱정해야 했고 이를 경쟁력으로 메우겠다고 결론 내린 것이다.

그의 걱정은 현실적이다. 남녀 임금 격차를 비롯한 여성을 향한 수많은 차별 때문이다. 그런데 이것이 혼자 살거나 여자들끼리만 살기 위해 더 많이 벌어야 한다는 논리로 이어지는 것은 좀 다른 문제다. 그렇게 따진다면 사회적 소수자들은 모두 더 많은 돈을 벌어야 한다. 장애인도, 질환자도, 성소수자도. 취약한 사람이 '남들처럼' 살려면 더 많은 자본이 있어야 한다. 더 많이 가질수록 취약함은 희미해진다. 예를 들어, 젊은 몸을 숭배하는 사회에서 노인은 소수자이지만, 돈 많은 회장님은 노인이라고 불리지 않는다. 노인으로서의 취약함은 그의 자본 앞에서 가려진다.

이렇게 사회적 문제가 개인의 자금력 문제로 치환된다. 늙을수록, 아플수록, 외로울수록 돈이 있어야 한다는 말은 이미 오래전부터 있었다. 이 오래된 말은 우리에게 필요한 것이 관계와 평등, 사회적 안전망임을 잊게 한다.

인터뷰 전에 잠깐 효빈의 타로 운세를 봐주었다. 간혹 취미로 하는 일이다. 효빈은 자연스럽게 직업 운을 물었다. 그가 뽑은 카드 중 하나는 '일곱 개의 컵seven of cup'이었다. 금은보화, 베일, 월계수 왕관 등이 각각 담긴 일곱 가지 컵 앞에서 망설이는 사람이 그려진 카드이다. 이 일곱 개의 컵은 욕망이라고 해석되기도, 허상이라고 해석되기도 한다. 이때 타로 마스터는 물어야 한다. '당신이 진짜 원하는

일할 자격

것은 무엇인가요?'

효빈에게 물었다.

"본인이 생각하는 1인분의 삶은 뭔가요?"

혼자 살려면 1.5인분의 삶이 필요하다는 효빈의 말을 상기하며
건넨 질문이었다.

"부모님이 생각하는 1인분의 삶은, 아까 말한 아침에 출근해서
저녁에 돌아오는 삶. 월급 딱딱 들어오고."

"그럼 효빈 씨에게 1인분의 삶은?"

그는 생각 끝에 말했다. 자신의 온전한 1인분의 삶은 독립을 통
해 만들어질 것 같다고. 독립한 친구들을 보고 떠올린 생각이다. 혼
자 살며 경제적 부담을 감수하고 자기 삶을 책임지는 친구들에게선
"삶을 스스로 개척해나가는 태도"가 보인다고 했다. 효빈이 취업을
꿈꾸는 이유에 독립도 있었다.

"저는 이제 가치관이 정립되고 정서적인 독립이 되었다고 생각
을 하는데, 경제적 독립이 뒷받침되지 않으니까, 여기서 오는 괴리
를 자꾸 고통으로 느끼는 거예요. 계속 내 진로에 부모님을 넣게 되
고. 정서적 독립 같은 것은 의미가 없어지는 거예요. 자존이 무너지
고, 나의 공간이 점점 줄어드는 느낌."

나의 공간. 효빈은 (온전한) 자신의 공간이 필요하다고 했다. 사
회학자 홍찬숙은 현시대 젊은 여성들에게 집이란, 가족공동체의 생
활 영역이 아닌 "인적자원 개발 및 취업 경력, 사생활 향유 등 자신

의 개인화한 필요를 위한 장소"로 여겨지고 있다고 했다. 개인화의 욕구는 자기 계발과 경력 향상에 국한되지 않는다. "주류 규범에서 벗어나려는 욕구"를 지닌 여성에게 집이란 "자신의 진정성을 실현할 수 있는" 공간으로 인식된다.[18]

고유한 나로 존재할 수 있는 공간을 위해, 효빈은 취업 후 3인분의 노동을 하고 1인분의 삶도 가지지 못하게 되는 건 아닐까 고민하면서도 개발자라는 진로를 놓지 않았다. 자신이 발 디딜 곳을 만들고(성원권 획득), 자신의 주도로 살기 위해(독립) 노동시장으로의 진입을 갈망한다. 여기에는 고유한 삶을 살아가기 위해 타인에게 인정받을만한 연봉과 생활 수준을 손에 넣어야 하는 모순이 존재한다.

모순이 눈에 보인다고 하여 효빈의 인생 계획을 폄하하려는 것은 결코 아니다. 이 글을 먼저 본 한 인터뷰이는 이렇게 말했다. 글에 나오는 '공동체'라는 말이 자신에게는 어색하다고. "지금 당장 내가 취업을 하고, 제 몫을 하고, 안정적으로 돈을 벌고 사회에서 인정받아야 하는 것이 시급한 과제"라 공동의 무엇을 생각할 여력이 없다고 했다. 청년이라 부르기도, 기성세대라 부르기도 애매한 나이대의 나 또한 사실 이 과제에서 벗어나 본 적이 없다. 효빈도 나도, 다들 발 디딜 곳을 찾느라 괴롭다.

몫

효빈은 '고유한 나'로 존재할 수 있는 공간과 자신의 성원권이 놓이는 자리가 일치할지도 모른다는 기대감을 품고 취업을 꿈꾼다. 프리터 규원은 자신에게는 그 두 가지가 일치하지 않는다고 선언하고 정규 일자리를 거부한다. '프로퇴사러' 미리는 성원권을 얻는 자리에 가기 위해 시도하지만, 번번이 그곳이 자신이 있을 자리가 아니라는 것을 깨닫고 퇴사한다. 한 뼘 공간을 내주는 일에도 자격과 능력을 따져 묻는 사회에서 각자 나름의 방식으로 자리싸움을 해오고 있다.

기록 일을 하며 자신이 놓일 자리를 마련하기 위해 제 '한몫'을 다하려 애쓰는 사람들을 만나왔다. 이들이 분투해온 이야기에 마음이 끌렸다. 쇳물이 튀어 몸을 오징어처럼 비틀면서도 주물 기술을 배워 장인이 된 이의 이야기, 한평생 일을 쉬어본 적이 없어 자신의 첫 휴가는 출산 후 몸조리 기간이었다고 말하는 여성의 이야기…. 세상이 알아봐 주지 않는 이들의 노력을 나라도 존중하고 싶었다. 그들 또한 자신의 삶을 되짚어 말하며 그 과정에서 '제 몫'을 다했다는 안도와 자긍을 찾아갔다. 그런 모습을 보는 것이 좋았다.

하지만 동시에 한 사람 몫을 할 수 없(다고 생각하)는 사람들도 만났다. (일하다가) 다친 사람, 아픈 사람, 회복이라 말하는 몸의 어떤 상태가 있다면 그 회복에 도달하지 못한 사람…. 이런 이들을 인터뷰하게 됐을 때, 몫이라는 말은 무용해지거나 달리 해석되어야 했다. 점차 이 단어를 사용하지 않게 됐다.

그러던 어느 날 '몫'이라는 단어를 사전에 찾아보다 '여럿으로 나누어 가지는 각 부분'이라는 뜻풀이를 알게 되었다. 우리 사회는 몫이란 말을 한 사람이 살아가기 위해 그가 홀로 갖추고 짊어져야 할 책임이란 의미로 이야기하지만, 몫이라는 것은 애초에 개별로 존재할 수가 없는 개념이었다.

'몫'에 대해 이야기 나누고 싶었다. 이야기 나눌 사람을 찾아 돌고 돌았으나 파랑새는 역시 가까이 있다고, 함께 기록 작업을 하는 하은이 있었다. 3년 전만 해도 하은은 효빈과 비슷한 처지였다. 당시 하은은 투잡을 뛰고 있었으나 집에서는 아무것도 안 하는 딸이었다. 늘 이런 말을 들었다.

"졸업했는데 왜 일을 안 하니?"

여기서 '일'이란 소위 정규 일자리, 우리가 공장, 마트, 현장이라 부르지 않는 회사다. 하은은 취업 준비를 하지 않은 이유를 "무엇이 되어야 할지 몰라서"라고 했다. 그렇다고 프리터를 꿈꾸진 않았다. 그러기엔 "무엇이 되어야 할 것 같아서"라고 했다.

"당시에 저는 강박 같은 게 있었어요. 알바는 돈벌이로 하는 거지. 내가 인간적으로 더 괜찮아지려면 지식을 채우든지, 책을 한 줄이라도 더 읽든지, 뭔가 생각을 하든지 해야 해. 계속 사람이 성장하고 변화하고 앞으로 나아가야 해. 그게 기본값인데, 알바로 일하면 그 기본을 못 할 것 같은 기분이 드는 거예요. 나는 뭔가 되어야 할 것 같은데 뭐가 되어야 할진 모르겠고, 뭐가 되기엔 부족하다는 것만 알겠고."

하은이 글을 쓰기 위해 처음으로 인터뷰를 한 대상은 제조업체 생산직 중·노년 여성들이었다. 첫 인터뷰는 곤혹스러웠다. 하은은 계속 인터뷰이에게 직업에서 얻은 개인적인 성취를 물었고, 인터뷰이는 (가족 생활비로 쓰인) 월급 말고는 다른 답을 해주지 못했다. 하은에게 '무언가가 되어야 한다'는 욕망은 너무도 자연스러운 것이었는데, 인터뷰이에겐 그 질문이 제대로 전달조차 되지 않았다.

그 이야기를 듣고 생각했다. 하은은 진짜 요즘 사람이구나. 인스타그램을 키워드로 20~30대 문화를 분석한 『인스타그램에는 절망이 없다』는 이런 문장으로 시작한다.

"우리는 자기만의 꿈을 좇으라는 얘기를 귀가 아프도록 듣고 자란 세대였다."

인스타그램 계정조차 없는 하은도 '자기 되기' 증명에 시달리긴 마찬가지였다. 당연했다. 그의 또래 친구들은 모두 그 세계에 있었다. 하은의 학과 동기들은 대체로 '고시'라고 부를 정도로 입사 장벽이 높은 곳에 취업을 했다. 경쟁은 심했지만, 소위 '좋은 일자리'라 불리는 직장이었다.

하지만 그 '좋은 직장'에 들어가서도 하은의 친구들은 주식을 하고, 부동산 투자를 하고, 자격증을 따고, 공무원 시험 준비를 했다. "한 회사를 쭉 다니는 것은 바보짓이라는 인식이 있어요." 계속 무언가를 준비하며 움직여야 한다는 소리였다.

왜 움직여야 할까? 무엇이 되어야 하니까. 요즘은 퇴사에도 의미가 있어야 한다. 직장을 그만둔다는 것이 여전히 부적응의 결과로 비치긴 하지만, 이미 젊은 세대에게 회사는 '못 다닐 곳'이 되어버렸고, 많은 이들의 꿈이 '경제적 자유'가 된 상황이다. 요즘 시대엔 퇴사가 끝을 의미하지 않는다. 인생에서 잠시 쉬어가는 시간도 아니다. 이 기간에도 사람들은 무언가를 이루거나 깨달아야 했다. 퇴사후 세계여행을 가는 사람에게만 해당되는 것이 아니다. 재취업을 준비하며 아르바이트를 하더라도 사람들은 책을 쓰고, 브이로그를 찍어 업로드하고, 인스타그램 계정에 만화를 그려 올린다. 그렇게 이 시간이 '자신을 찾아가는' 시간임을 증명하려 한다.

집에 유폐되어 자기 자신을 잃어버리다 못해 다른 인물로 빙의되는 영화 〈82년생 김지영〉 속 김지영도 마지막에 글을 쓴다. 경력단절 여성이 예전과 동일한 가치를 지닌 직장에 취업할 가능성이 없는 현실에서 나를 찾는 방안으로 글쓰기가 등장한 것이다. 모두가 자신(자신이 보낸 시간)의 의미를 그렇게 증명한다. '내가 되기' 위해서는 가만있을 수 없다.

나는 이거면 됐다

가만있을 수도 없고 그렇다고 움직일 수도 없던 하은은 우울만

깊어졌다.

"제가 우울증을 겪었을 때, 지하철에 앉아 출근하는 사람들을 보면 막 눈물이 나는 거예요. 사람들은 다 직업이라는 걸 가지고 자기 밥벌이를 하는데 나는 정말 아무것도 못 할 거라는 생각이 들면서…. 나중에 우울증이 회복되면서는 '뭘 못해' 하면서, 나를 무언가가 되어야 하는 사람이라고 여기며 막 부풀렸던 자아를 없애고 '내가 할 수 있는 일을 하면 되지. 그 안에서 의미를 찾으면 되지.' 그렇게 생각하게 됐어요. 그다음 어디서 밥벌이를 할 건지 생각해보게 됐을 땐, 내가 일을 하다가 갑자기 죽어도 덜 괴로울 것 같은 일을 찾아보자 싶었어요."

그렇게 시작한 일이 장애인 활동지원사였다. 첫 활동 지원 대상자로 발달장애를 지닌 어린이를 만난 이후 "어떤 사람의 한 시기를 함께하며 살아내게 하는 일"이 가진 가치에 공감하며 점점 장애 인권 활동 영역에 발을 들였다. 지금은 발달장애인 자립 지원 센터의 상근자로 근무하고 있다.

"여기 센터는 '뭔가를 증명해내야 돼' 하는 쫓기는 마음의 나랑은 좀 동떨어져 있는 공간 같거든요. 어쩌면 저는 그 동떨어진 느낌을 받고 싶어서 센터에서 일하고 있는 것 같기도 해요."

발달장애인들이 센터 직원으로 함께 근무한다. 정식 근무 시간 내내 하은은 '제 몫'이라는 용어가 통용될 수 없는 사람들 사이에 둘러싸여 있다. 이 세계의 '생산성'과는 거리가 먼 사람들.

"여기는 세상의 속도나 가치와 별개로 무언가를 추구해보려는 사람들이 모여 있고, 또 발달장애인들과 함께하니까 모든 가치와 규범이 혼돈일 때가 많아요. 약속한 시간까지 와야 한다고 말하면 이 '당연한' 말조차 '왜?'라고 질문당하고 그러면 제가 '왜지?'라고 생각을 해야 하는 공간이에요. '무얼 얻으려고 이렇게 다다닥 달려가는 거지?'라는 생각을 할 틈도 없이 달리는 곳과 다르게, 여기는 '왜 해야 하는데?'를 물을 수 있는 공간이라 여기서 일을 하는 거 같아요."

1년 차. 하은은 그곳에서 과로에 시달리는 중이다. 이 장의 소재(성실하지 않은 청년)와 점점 걸맞지 않은 사람이 되어간다. 이 세계와 저 세계를 건너다니며 시차 적응을 하고 있다. 발달장애인 당사자들과 '이 세계'의 시계 분침이 들어올 수 없는 센터에서 낮 근무를 하고 나면, 저녁에는 '이 세계'의 시간과 속도에 맞춰 야근하는 일상이 이어졌다. 발달장애인 고용 필요를 성과로 증명하라는 정부의 요구에 따라 수많은 서류 작업을 해야 했다.

시차 적응과 과로를 요구하는 일자리가 마음에 드는지 묻자, 하은은 "나는 이거면 됐다" 싶은 순간들이 있다고 했다.

"내가 이 존재를 사랑한다는 느낌이 들 때, 그럴 때면 '나는 이거면 됐다' 싶어요."

그런 순간은 어떻게 올까?

"여기 사람들(발달장애인)이 동료와 함께 일하고 있다는 소속감을 느끼고, 자신을 필요로 한다는 느낌을 받으면서 일할 수 있는 직장이었으면 좋겠다는 마음이 들면 그걸로 충분한 것 같아요. 작년 한 해는 그렇게 보낸 거 같아요. 내가 아무것도 하지 않아도 된다는 그런 마음 같은 게 들 때가 있어서 좋아요."

몸은 바쁘지만 불안과 초조함은 없는 상태이다. '무엇이 되어야 한다'는 정언명령 같은 삶의 목적이 아주 사라진 것은 아니지만, 이 일터에서는 '나는 이거면 됐다' 하는 순간들이 늘어가고 있다. 절실하게 무엇을 바라고, 전전긍긍하고, 노력하고, 도전하고, 열정을 증명하는… 이 모든 것을 하지 않아도 조급함이 들지 않아 하은은 이곳에 조금 더 머문다.

"처음 여기에 올 때, (동료들과) 헤어질 때 잘 헤어지고 싶다고 생각하면서 일을 시작했거든요."

일터에서 좋은 헤어짐을 꿈꾸며 과정을 함께 밟아가는 일. 나는 거기에 '관계'라는 이름을 붙인다. 문화사회학자 리처드 세넷의 해석에 따르면 그것은 "의무, 신뢰, 헌신, 목적과 같은 장기적 가치"로 불릴 것이다.[19] 하은과 동료들에게 그것은 '노동'을 새로이 만드는 일이기도 하다.[20] 이들에겐 관계를 맺는 일도 노동이다. 그 관계를 맺을 수 있는 공간(센터)을 유지하고 지키고, 일할 자격을 살아갈 권리로 전환시키는 일. 이를 무엇이라 부르건, 분절과 속도를 원하는 신자유주의 노동시장에서는 쉬이 얻을 수 없는 가치이다.

과로의 다른 의미

이쯤 되었을 때, 나는 윤재를 떠올렸다. 바쁘게 살더라도 초조함을 느끼며 살고 싶지는 않아서 소위 사무직, 관리직 직업을 거부하는 이였다. 30대 중반의 윤재는 자신을 프리터라고 소개하진 않았지만 "먹고살기 위한 최소한의 노동"만 하기 위해 "그렇게 산다"고 했다. 그 소개를 들으며 나는 고개를 절레절레 흔들었다. 그럴 리가. 최소한이라 말하기엔 윤재는 너무 많이 일했다.

그는 주로 제조업 사업장에서 파견 노동을 했는데, 짧게는 한 달 길게는 6개월 그 작업 현장의 요구에 맞춰 꼼짝없이 밤낮으로(주·야간 교대근무) 일해야 했다. 이게 무슨 모순적인 상황인가.

"내가 꿈이나 성과를 찾으려고 무언가를 한다면, 계속 좌절하고 마모되어가면서 현실을 직시해야 할 거 아니에요. 내가 뭘 할 수 있을 것인지 매일 고민하고. 그러면 그 결과에 스스로 비관하게 되거든요. 좌절을 반복하게 되고 그 좌절에서 무언가를 교훈 삼아 배워야 한다고 또 생각하고…."

상담실에서 들었다면, 무기력증이라 의심할만한 대답이다.

"생각하고 기획하고 그걸 책임지고 경쟁하고 계속 내가 지금 괜찮은 노동을 하고 있는 건지, 잘하고 있는 건지, 효율이 있는 건지 이걸 계속 확인하는 과정 자체를 겪기가 싫다? 그게 오히려 더 노동이라서. 단순 반복 노동을 장시간 하는 게 나아요."

윤재는 자신이 특정 일에 적합한 사람인지 의심해야 하는 과정이 버겁다고 했다. 어떤 일에 적합한 노동자가 되기 위해서는 그 일을 수행할 만큼의 능력과 자질이 있는지 스스로 의심해야 한다. 업무 능력을 갖춘다는 것은 단지 출퇴근을 제시간에 하는지 여부로 결정되는 것이 아니다. 소위 일머리라고 불리는 순발력, 준비성, 체계성 등을 갖추어야 한다. 여기에 사회생활 기술이라 불리는 처세와 소통 능력도 필요하다.[21] 일과 삶의 균형을 맞추기 위해서는 '소울리스soulless' 태도마저 지녀야 한다고 했다.

"시키는 대로 하는 게 아니라, 내가 알아서 무엇을 해야 할지 앞서 추측하면서 회사원들은 그렇게 살아가잖아요."

그렇게 살기 싫다고 했다. '주체적인 노동'이 모든 일을 스스로 의심하고 평가하고 검열하여 얻어내는 노동인 것이라면, 윤재는 차라리 그 노동에서 소외되기를 선택했다고 했다. 내내 컨베이어벨트를 보며 생산량을 계산하고 작업 속도를 올렸다 내렸다 하는 관리자가 되느니, 톱니바퀴 속 하나의 나사가 되기로 한 것이다.

그런 윤재가 온전히 이해되는 건 아니었다. 그 노동을 하기 싫어서 공단 담장 너머 임시직 자리에 자신을 놓는다고? 3개월짜리 파견 직원을 사람들이 어떻게 대하는지 모르는 바가 아니었다. 과연 포기할 가치가 있는 것일까? 나는 윤재가 포기한 것과 포기하지 못한 것, 그 두 가지를 놓고 저울질했다. 내가 저울질한다고 그의 삶이 달라지는 것은 아니지만.

"평소에 자신을 성실하다고 생각해요? 아니면 효율적으로 살고 있다거나.”

그는 말했다.

“그런 생각을 안 해요.”

윤재는 자신의 성실을 재지 않는다고 했다. 내가 살면서 한 번도 벗어나 보지 못한 질문을 그는 아예 하지 않는다. 그런 판단을 할 필요가 없도록 “지금의 삶을 조직했다”고 했다. 자신이 선택한 삶의 방식 앞에선 기존 세상의 가치를 묻는 것은 무의미했다.

그렇다. 성실에는 기준이 있고 그 기준을 만드는 것은 ‘내’가 아니다. 하은이 말한 “늘 쫓기는 듯한 그 기분”, 자기계발서는 그것을 동력이라 부르며 포장하지만, 실은 불안이다. 자본주의는 불안을 먹이 삼아 성장한다. 윤재는 그 먹이를 주지 않으려 버틴다. 그를 알고 난 지 한참 후에서야, 나는 그가 누구보다 주체적일지도 모른다는 생각을 한다.

임금노동이 아닌 일

스스로에게 ‘성실한가?’ 묻는 것은 무의미한 일이다. 성실은 눈금 없는 자이다. 그것으론 무엇도 잴 수 없음을 알면서 끊임없이 스스로에게 그 자를 가져다 댄다. 이 글을 쓸 즈음, 화제가 된 드라마가 있었다. 〈안나〉.[22] 계급 상승의 욕망으로 자신의 삶을 거짓으로 만드는 여성의 이야기이다. 유미(안나)가 손에 쥐고 싶어 한 것은 커다란 평수의 아파트와 외제 차, 고급스러운 장신구만이 아니었다. 그에게 가장 절실한 것은 사람들이 자신을 존중하는 태도였다. 거짓말 하나만으로 자신을 보는 눈빛부터 달라지는 사람들이었다.

3년을 계약직원으로 근속한 유미가 하루 휴가를 내겠다고 하자, 관리자는 말한다.

"너희는 왜 약속을 안 지키니? 게으르고 멍청한데 남들 하는 거 다 하고 살려니까 그 모양인 거야."

유미는 그동안 성실했다고! 내가 대신 항변해주고 싶을 정도로 억울했다. 그러나 그 항변이 소용없다는 것은 누구나 안다. 무시할 이유가 있어서 무시하는 것이 아니다. 무시할 수 있는 위치가 있을 뿐이다. 특정 계급은 낙인찍히기 좋다.

유미는 저런 평가(질)에서 자유롭지 못할 것이다. 가난하니까. 저임금 일자리에 종사하니까. 그리고 내 삶의 통제권이 나에게 있지 않으니까.

이것이 적절한 속도인지, 맞는 방향인지, 양질의 노력인지 재단하고 결정하는 대상이 나의 밖에 있다. 앞서 말했지만 성실하다는 평가는 내가 나에게 할 수 있는 것이 아니다. '쓸모 있다'는 평가도 스스로에게는 내릴 수 없다. 나를 쓰는 사람만이 내게 이러한 평을 내릴 수 있다. 영화 〈모던타임즈〉에 나오는, 톱니바퀴 부품으로서 기능하는 고전적 (임금)노동부터 일하는 사람이 자신을 기업으로 착시하게 하는 요즘의 경제활동까지, 우리는 내내 누군가에게 '쓰여' 왔다. 내 노동의 속도, 방향, 양과 질을 결정하고 조율할 권리를 아우르는 통제권이 우리 자신에게 없다. 없도록 제작된 사회다.

『일하지 않을 권리』[23]의 저자 데이비드 프레인은 어떤 방식으로든 자신의 노동시간을 줄인 사람들을 만나 인터뷰를 했다. 어떻게 덜 일할 마음을 먹을 수 있었는지 묻자 '게으름뱅이 연합' 회원인 잭은 이렇게 말했다.

"산타클로스는 없다는 사실을 깨닫는 어른이 된 거나 다름없어요."[24]

노동시간을 줄여 하루 4시간만 일해도 일과가 '완벽히 자연스럽다'는 것을 알고 난 후였다. 그런데 (깨달음의 주체를 '어른'이라 규정하는 일은 별로지만) 산타가 없다는 사실을 깨닫는다고 어린이가 곧장 (잭이 말하는) '어른'이 되는 것은 아니다.

산타가 없다는 것을 알게 된 어린이가 받아들여야 하는 현실은 '이제 착한 일을 해도 선물은 없다'거나 '누군가 내게 거짓말을 했다'는 것이 아니다. '보상이 없는데도 착하게 굴어야 한다'는 지침이다. 착한 어린이가 되어야 한다는 다짐은 선물이라는 보상과 '울면 안 돼'라는 약속을 거치며 패턴화되고 굳어져 하나의 신념이 된다. 산타가 없다는 걸 알게 되어도, 울지 않는 어린이가 상을 받을 자격이 있다는 신념은 계속해 어린이를 통제한다. 노력해도 납득할만한 보상이 주어지지 않는다는 것을 알면서도 보상받을 자격을 얻기 위해 애쓰는 우리처럼.

앞서 언급했던 일본의 '자유와 생존의 메이데이' 시위에서 한 참가자는 이렇게 말했다.

"임금노동이 아닌 일만이 우리 '잡민'의 희망이 아닐까?"[25]

주류가 되길 거부하는 잡민들은 시위에 나가고, 생존을 하고, 춤을 추고, 나와 타인을 돌본다. 나답게 살려고 애쓰고 때때로 공동체를 생각한다. '그런 것도 노동으로 인정해야 해?'라고 묻는 사람도 있겠지만, "과학자의 설거지와 엄마의 설거지는 다르지 않다"[26]라는 제목을 단 칼럼은 그런 이들을 향해 다음과 같이 묻는다. "왜 어떤 설거지는 위대한 노동이고 어떤 설거지는 허드렛일인가." 화학자이자 양육자인 필자는 자신의 연구 과정을 나열한다.

"출근 → 실험복 착용 → 메인 실험 → 실험 테이블 정리 → 실험 후 정제 → 실험 테이블 정리 → 연구 노트 정리 → 사용한 실험 도구 세척 → 퇴근"

정리와 세척이라 고급스럽게 부르지만 결국 청소와 설거지이다. 우리가 공적인 영역이라 믿어 의심치 않는 모든 곳에 세척(설거지)과 같은 일이 존재한다. '돌봄', '수발', '감정'이란 이름을 붙여 등급이 낮은 노동으로 취급하는 일들이다. 사람들은 '허드렛일'이라 착각하지만, 이런 행위가 없다면 일의 세계는 멈출 것이다.

세상 '살림'도 마찬가지다. 휠체어 이용자와 속도를 맞춰 걷는 이가 없다면, 광장에 나온 장애인의 연설을 귀 기울여 듣는 이가 없다면, 그들이 광장에서 돌아간 집에 저녁 식탁을 차리는 이가 없다면, 그 식탁을 차리는 이의 성별과 노동을 말하는 책이 없다면, 그 책을 책방 책장에 꽂아 정돈하는 이가 없다면 세계는 움직이지 않는다. 우리에게 '이것이 노동이 아니다'라고 선언할 권한이 있을까. 무엇이 노동인가. 이 질문은 세상을 작동시키는 것이 무엇인지를 들여다보게 한다. 그리고 그 작동 체계에서 우리가 어떤 역할을 맡을 것인지 선택하게 한다.

내가 만난 이들이 처음부터 '노동 싫어! 취업 안 해!'라고 생각하지는 않았을 것이다. 어쩌면 처음에는 취업이 너무 막막하고, 사람들과 다시 부대낄 생각을 하니 스트레스를 받고, 성과 경쟁이 답답하여 취업을 유예하고 아르바이트를 좀 오래 했을지도 모른다. 그러다 당장 견딜 수가 없어 멈추고, 어찌할 바를 몰라 반쯤 방향을 틀었을지도 모를 일이다. 그러면서 괴로웠을 것이다. 괴로워하며 자신이 어디에 서 있는지를 더듬었을 것이다. 스스로 위로하기 위해 또는 타인들에게 자신의 행보를 설득하기 위해 생각했을 것이다. 이것이 혹시 핑계인지 자기합리화인지 의심하면서. 그들의 결심과 생각은 이 과정들을 무수히 거치며 만들어졌다.

"처음에는 '이 일을 계속하지는 않을 거야'라는 마음으로 일을 했어요. 매장에서 어떻게 시간을 보낼지만 고민하고. 그런데, 결국 하루 중 가장 많은 시간을 보내는 이곳에서 '벗어나야겠다'라는 마음가짐으로만 지낼 수는 없다는 걸 깨달았어요. 시키지 않은 일을 사서 하더라도, 이 자리에서 할 수 있는 일을 하는 게 낫겠다 싶더라고요. 그리고 제가 할 수 있는 일의 범위가 점점 넓어지고, 여러 업무를 해내게 되면서 성취감도 있었고요. '아, 살았다.' 이런 느낌."[27]

하은이 한 이 말에는 내가 좋아하는 노동의 속성이 있다. 어쨌거나 노동하는 삶은 지속되고 사람들은 그 속에서 늘 갈등하고 포기하고 무언가를 얻는다. 이들이 분투하며 얻어낸 것이 꼭 '노동하지 않아도 행복하고 자유로운 삶'이라는 명징한 결론이길 바라진 않는다. 그럼에도 그들과 함께 찾아가고 싶다. 왜 세상이 우리에게 산타클로스의 존재를 두고 거짓말을 했는지를.

"'그냥 쉬었음, 구직포기' 역대 최대"[28]

"실업률 4%대 고공행진 … '구직단념자·쉬었음 인구' 더 늘어"[29]

"청년 니트족 43만여 명 … 1년 새 24% 급증"[30]

2020년, 취업 준비도 학업 수행도 하지 않고 '그냥 쉰' 청년이 43만 명을 넘었다고 한다. 소위 니트족이라 불리는 이들이다. 현대경제연구원 조사에 따르면, 이 수치는 전체 청년의 20퍼센트에 다다른다.[31] 2022년 통계청(국가통계포털)은 3년 이상 취업하지 않고 그냥 시간을 보낸 청년이 8만여 명이라 발표했다. 니트를 정의하는 방식이나 사회가 정한 청년 연령 기준에 따라 통계 수치가 조금씩 달라지지만, 그 규모가 어떠하건 이들의 존재는 늘 문제가 된다.

"'은둔형 외톨이, 세상 밖으로' … 무역협회, 창업 지원"[32], "경기도 고립 위기 은둔·니트 청년 사회진출 프로젝트"[33], "취업 포기 '니트', 히키코모리 된다 …"[34], "청년 니트족 늘어나 … 연간 경제손실 61조 원 넘어"[35]

'니트'를 사회적 손실로 계산하고, 이들이 취업 준비를 하지 않는 이유를 "사회에 대한 두려움" 또는 "취업 의욕 상실"로 본다. 그에 따라 최근 지자체의 정책은 기존의 청년 일자리 정책(보조금, 창업 지원 등)에 심리 상담이나 생활 관리 지원을 덧붙이는 방식으로 이뤄지고 있다.

'그냥 쉰' 청년들을 게으르다거나 의욕이 부진한, 때로는 근성이 없는 존재[36]로 인식하는 것은 한국만의 시각은 아니다. 일본의 사회적 기업인 '소다테아게넷'(국내에 『무업 사회』라는 책을 통해 소개되기도 했다)은 청년들의 고립된 상태는 그 개인의 책임이 아니며 미끄럼틀 저성장 사회에서는 누구나 무업 상태가 될 수 있음을 피력한다. 이탈한 청년들이 노동시장으로 다시 복귀할 수 있도록 재교육 프로그램도 마련하고 있다.

한국에도 니트 청년을 대상으로 한 사회적 기업들이 있다. 이 중 일방향적 상담이나 지원을 제공하는 것이 아닌, 니트 청년들의 네트워크 활동을 장려하는 '니트생활자'도 있다. 무업 기간 사회적 단절을 경험하는 청년들에게 니트컴퍼니('백수'들이 운영하는 가상 회사)라는 이름을 빌려 플랫폼을 제공한다. 청년들은 이 가상의 회사에서 여는 프로젝트에 참여하며 자신과 비슷한 고민을 하는 다른 청년들을 만날 수 있다.

2017년 서울청년의회는 서울형 갭이어gap year를 제안했다. 영국에서 처음 시작되어 현재는 세계 각국에 보편화된 갭이어는 학업을 잠시 중단하고 진로 탐색을 위한 다양한 활동을 체험하는 기간을 의미한다. '서울형 갭이어'는 청년 무직자에게 취업에 국한되지 않는 여행, 봉사, 창업 등 새로운 활동 기회를 열어주는 지원이다. 그런데 여기서 눈여겨볼 점은 이 정책이 청년의회라는 공간에서 나왔다는 점이다. 캐나다 등 유럽 국가에서는 청년의회Youth Council와 같은 거버넌스를 형성해, 당사자가 직접 대안과 정책을 입법화할 수 있는 경로로 삼고 있다.

'청년보장제'를 시행하는 지자체들도 있다. 이는 유럽연합UN의 대표적인 청년고용정책인 청년보장제Youth Guarantee를 본뜬 제도이다. 2008년 금융위기 이후, 유럽연합은 정규교육을 마치거나 실업 상태가 된 이에게 4개월 이내에 일자리, 교육, 견습, 훈련 등을 지원하는 제도를 신설했다.

프랑스에는 청년보장제와 함께 청년의 다양한 활동을 지원하는 미씨옹로칼Mission Locale이라는 프로그램이 있다. 전국적으로 443개의 미씨옹로칼과 6563개의 안내소가 운영된다. 이 프로그램은 청년의 노동시장 진입만을 지향하지 않는다. 미씨옹로칼의 또 하나의 키워드는 자율성이다. 그리하여 직업훈련만이 아니라, 청년 당사자의 주거, 건강, 이동성, 여가 활동 그리고 시민성(시민적 참여)을 통합적으로 지원하는 것을 목표로 한다.

프랑스의 노동법은 청년의 권리로 "일자리 자율성을 향한 계약된 동반 활동 여정"을 명시했다.[37] 이때 무업의 상태는 사회적 손실이나 즉시 해소해야 할 문제가 아니라, 한 사람이 살아가는 과정의 순간들, 즉 여정이 된다. 이동, 주거, 여가 등 생활 전반을 비롯해 정치적 참여까지, 이 모든 것의 지원은 청년인 그가 사회적 구성원으로 '잘' 살아가기 위해 필요하다.

우리 사회는 취업 준비를 하지 않은 시간에 대해 '그냥 쉬었다'고 말한다. 노동시장 진입을 위한 활동 외의 것은 어떤 의미도 인정되지 않은 채 '그냥'이 되어버린다. 앞서 소개한 니트컴퍼니의 모토는 이것이다.

"우리는 모두 언젠가 백수가 된다."

우리가 언젠가 백수가 된다면, 필요한 것은 백수가 되지 않는 법이 아니라 백수로 잘 지내는 훈련이 아닐까. 백수로 지내도 괜찮은 사회를 꿈꿀 순 없는 것일까. 덧붙이자면, 2019년 교육·직업훈련·취업 상태가 아닌 장애 니트 청년은 전체 청년 장애인의 절반(49.3퍼센트)에 다다랐다.[38]

2. 덮어놓고 낳든, 낳지 않든
: 혼자 양육하는 딸들의 노동

#숭고한 #얕보이는

#완성된 #결함 있는

#규범적인 #난잡한

내가 참으로 여자가 되었다면
가정에 들어가 안온한 생활에서 가정을 정리하겠습니다.

염상섭, 「먼저 가정을 정리하고」

『퀴어는 당신 옆에서 일하고 있다』는 성소수자의 노동에 관한 책이다. 그 책을 본 사람들은 내게 슬며시 다가와 자신의 성적 지향을 알렸다. 그 책이 내게 준 소중한 선물이었다. 책이 말하는 '당사자'의 위치에 자신을 겹쳐 보는 비성소수자 독자들도 있었다. 이 책으로 자신의 정상성을 의심해보게 되었다면 그건 더 바랄 나위 없이 기쁜 일이었다. 이들 가운데에서 의외의 고백을 하는 그룹이 있었다. 이혼 경력이 있는 여성들이었다.

그들이 강한 공감을 느낀 부분은 거짓말 스트레스. 책에서는 성소수자들이 자신의 성적 지향 등을 들키지 않기 위해 거짓 서사를 만들어내면서 받는 스트레스의 맥락에서 이야기되었다. 퀴어들은 '왜 결혼을 안 해?'부터 '주말에 애인이랑 데이트했어?'까지 일상적으로 날아오는 모든 질문에 긴장하며 답해야 했다. 그리고 여기, '남편 있는 척' 해야 하는 여성들도 마찬가지였다. 적지 않은 이들이 자신의 이혼 경력을 드러내고 싶지 않아 했다. 동네 사람들이, 지인들이 그리고 직장 상사와 동료, 거래처 사람들이 이혼한 자신을 어떻게 바라볼지 걱정했다.

앞서 이야기한 책에는 이런 말이 있다.

"내가 퀴어인 걸 아무도 모르잖아요. 그게 차별이죠."[2]

이들은 자신이 겪은 일을 말하기 망설였고, 그건 그 자체로 차별이었다.

하지만 이혼, 그게 뭐라고? 세상이 빠르게 변해가고 있는데. 2015년 통계를 보면 자녀와 부부만으로 구성된 가족 형태는 50퍼센트도 되지 않는다. 한부모와 자녀로 구성된 가족 비율이 15퍼센트, 통계상 '기타 가족'이라 불리는 비율도 13퍼센트를 차지한다. 최근에는 '정상가족' 프레임의 부당함이 대중적으로 이야기되고 있다. 앞으로 더 다양한 가족 형태가 출현할 것이다. 오히려 이럴 때는 "이상하긴 뭐가 이상해"라며 별일 아닌 듯 구는 게 더 나은 방법이 아닐까 싶다. 그렇지만 정상 '외' 가족이 도마 위에 오르는 것은 단순히 이상해서만은 아니다.

솔직히 우리는 일정 형태를 벗어난 가족을 이상한 시선으로(만) 보지 않는다. 동성 커플, 혼인 신고를 하지 않은 유자녀 커플, 재혼 가정, 무자녀 가정, 비혼모[3] 가정 등. 이들에게는 결핍과 미완성이라는 세상의 낙인이 따라붙는다. 정형화된 형태(합법적으로 혼인을 한

부부와 혈연으로 맺어진 자녀)의 가정을 꾸리지 않은 이들에게 대부분 적용되는 시선이다. 흠이 있고 하자가 있어, 불행하고 파괴적인 관계가 형성될 가능성이 높은 집단. 그러니까 보통의 부모들이 "저 집 애랑 놀지 말랬지?"라고 말하게 되는 '모자람'들. '이상하다'는 말 보다 '그럴 줄 알았다'란 말이 더 무섭다. '저러니까 혼자 살지', '저런 집 애가 제대로 크겠니', '제대로 못 살 줄 알았다'…. 정상 '외' 가족은 '내 자식'이 누리길 바라는 '반듯함'과 '풍족함'의 반대편에 있다. "애비, 애미 없어서 저렇다"라는 말이 지금도 통용되는 사회이다.

평범한 가족

가족을 위해 참고 참는다. 노동에 관한 취재를 하다 보면 '가족'을 경유하지 않을 수 없다. 일하다 다치고 병이 들어도, 직장 내 괴롭힘을 당해도, 부당하게 해고당해도 이들은 '그렇게까지' 일하고 '이렇게까지' 싸우는 이유를 가족에서 찾았다.

"가족들과 행복하게 살고 싶어서"

'가장'들만의 서사가 아니었다. 집에 좀 보탬이 되고 싶어서 취업을 빨리한 젊은 사람들이 있었고, 자식들 필요할 때 쌈짓돈이라도 내놓을 수 있어 안도감을 느끼는 노년 여성들이 있었다. 이들의 생애주기 전반에 가득 찬 동기는 대부분 '가족과 자녀'였다. 나와 같은 기록자들이나 기자들은 이들에게 가족에 대해 먼저 묻기도 한다. 물으면서도 뭐 때문에 묻는 줄 모르겠다. 필요한 질문도 아닌데 괜히 묻는 경우도 많다. 콜센터 수화기 너머 들려오는 "고객 응대 근로자도 누군가의 소중한 가족입니다" 같은 서사를 만들어내고 싶은 것일까. 뻔한 질문을 받은 이들은 예상 가능한 답을 한다.

"아이들 생각하면 미안하지요. 가족만 생각하면 (투쟁을) 그만두어야겠지요."

"나 혼자면 그만하겠지만, 가족들 생각하면 (투쟁을) 그만 못 두죠. 우리 미래가 걸린 일인데."

가족 때문에 싸운다고 하고, 가족 때문에 싸움을 멈추고 싶다고 한다. 그 소박한 애정과 강렬한 책임감을 목격하면 마음이 복잡해져 말문이 막혔다. 그러다 어느 날부터는 싸우는 이들에게 가족 이야기를 묻지 않게 됐다.

"애들에게는 엄마가 필요하잖아요."

"내 자식에게 자랑스러운 아빠가 되고 싶어요."

이런 말을 글에 담지도 않게 됐다. 분량이 정해진 짧은 글에서 이런 말들을 정상가족 신화를 강화하는 방식으로 읽히지 않게 할 자신이 없었다. 그렇지만 가족과 노동을 분리하는 일은 너무 인위적이라, 가족 이야기가 빠진 글은 그들의 삶을 제대로 들여다보지 못하게 만들었다.

그러는 사이 나는 조금씩 삐뚤어져서 "아내에게 너무 미안하지요. 나를 만나 고생만 하고"라며 회상에 젖어 눈물이 그렁그렁한 '가장' 앞에서 "설거지라도 자주 하시라"는 말을 했다. 우리 아들은 엄마가 노조 활동하느라 바쁜 거 알고 자기가 먼저 "오늘은 짜장면 시켜 먹을까요?" 한다며 가족의 지지를 이야기하는 중년 여성 앞에서 티는 못 내도 속으로 그 아들을 얄미워했다. '아들내미들은 배달 음식을 시켜 먹어도 칭찬받는구나.' 그렇게 몹쓸 기록자가 되고 있었다.

하지만 불평과 혼란마저 늘 같은 모습일 순 없었다. 내가 기록하는 대상, 그러니까 일하고 싸우는 사람들이 늘 자리를 이동했기 때문이다. 언젠가부터 나는 싸우는 일이 자신의 자리를 움직이는 일이라 생각하게 되었다. 나의 계급, 정체성, 사회적 지위로 애초에 부여받은 자리가 있다. 그 위치를 변동시키거나 벗어나거나 그 공간을 넓히는 과정은 갈등과 반발, 폭력을 불러온다. 제자리에 있지 않으려는 저항을 사회는 가만히 보고 있지 않는다. 그러므로 자리를 움직이려는 것만으로 싸움은 시작된다.

그래서일까. 집 안에만 있을 것 같은 사람도 어느새 슬쩍 다른 자리로 발을 뻗고 있었다. 그중에서도 집을 떠나 200여 일 동안 거리 농성을 한 여성 톨게이트 수납원 수백 명의 투쟁[4]은, 나에게 깊은 인상을 주었다. 톨게이트 네모난 한 평 박스 안이 오롯이 자기 공간이어서 좋았다는 이야기("부스 안에서 모든 책임은 내가 갖는 거야. 그 작은 세상에서 내가 주인이 되는 거고."[5]), 그 한 평 공간마저 빼앗기자 거리로 세상으로 자리를 넓혀 나오는 장면, 그럼에도 늘 회귀하듯 집으로 돌아가던 모습. 하지만 이런 경험을 하고 돌아간 집은 예전

과 결코 같을 수 없다는 이들의 말은 그 실체를 알 수 없어도 위안이
됐다.

취재를 가면 초면에 신상 정보와 혼인 여부를 캐묻는 사람들을
만난다. 몇 살인지, 결혼은 했는지, 애인은 있는지, 애는 있는지, 부모
님이랑 같이 사는지…. 남성들보다는 중·노년 여성들이 묻는 경우
가 잦다. 관계를 쌓는 데 있어 통과의례 같은 질문들. 대답을 피하거
나 싫은 내색을 하면 화기애애한 인터뷰는 포기해야 할 수도 있다.
결국 대답을 하는데, 그때마다 망설인다. 나이를 말하기 꺼려지는
마음이 숫자로 정해지는 위계에 대한 저항감 때문인지 아니면 내가
나이가 들었다는 슬픈(?) 자각 때문인지, 결혼 여부를 묻는 말에 답
하기 싫은 것은 정치적 올바름을 의식해서인지 아니면 이혼 경험이
있다는 사실 때문인지.

사람 사는 곳에서 이뤄지는 취재는 너무 '인간적'이라 숱한 불
편함과 편견, 위장과 낙인을 만든다. 그 불편함을 업무적 고충 정도
로 이해하고 살아왔지만, 불편한 일터에서 일하고 싶은 사람은 없
다. 여성들은 나에게 위안과 기운을 주는 존재이기도 했지만, 나를
불편하게 만드는 장본인이기도 했다. 문득 그 불편함을 마주 보고
싶어졌다. 나의 편안한 노동 생활을 위해.

행복한 가정

"행복한 가정은 서로 닮았지만, 불행한 가정은 모두 저마다의 이유로 불행하다."[6]

소설 『안나 카레니나』의 첫 문장만큼 가정의 본질을 말해주는 표현이 없다고 한다. 왜 행복한 가정은 닮았고, 불행한 가정은 다양한가. 이상적인 몸매가 하나인 것과 같은 이유이지 않을까. 팔이 없으면 불행하고, 짧으면 불행하고, 두꺼우면 불행하고, 까매도 불행하다. 상처도 없이 매끈하고 가늘고 길고 하얀 팔을 가져야만 행복하니까. 완벽한 가정이란 도달할 수 없는 이상적인 신체와 다를 바 없이 허구적이다. 그렇기에 그에 도달하지 못하는 가정은 다양한 모습으로 불행하다.

특히 서민 가정에서 이 번듯함이란 다양하고 복잡한 이유로 더욱 실현하기 어려웠는데, 그런데도 '이상적인 중산층 가족 형태'를 따라잡으며(가족 구성원의 숫자를 부모와 자녀 한두 명으로 맞추며) 이 번듯함을 흉내 내어 왔다. 그런데 이 번듯함마저 흉내 낼 수 없는 사람들이 있다. '제각각 나름으로' 다양한 가족 형태가 있지만, 이 장에서는 범위를 좁혀 '혼자 자녀를 키우는 여성들'에 집중할 것이다. "결혼은 했고?"라는 질문에 머뭇거릴 수밖에 없는 여성들.

앞서 한 사람이 자신의 위치를 이동하기 위해서는 온갖 저항에 직면하고 무수히 애써야 한다고 말한 것이 무색하게도, '제자리'라 믿었던 곳에서 갑자기 멀어지는 일은 너무도 쉽게 일어난다. 그것은 때로 너무도 우연이라, 마치 교통사고 같기도 하다. 누구에게나 일어나는, 그러나 매우 중차대한 일. 혼자 자녀를 낳고 키운다는 것은 엄청난 불운과 판단 착오로 인해서만 가능한 일이 아니다. 애정 결핍, 정서 불안과 같은 어떤 '하자'로 인해 여성에게 벌어지는 일도 아니다.

연지는 자신이 비혼모가 된 이유를 이렇게 말했다.

"저는 농담처럼 이야기하거든요. 나는 어렸을 때부터 유행에도 민감하고, 패션도 잘 알고, 남들보다 빨랐다고. 그래서 애도 빨리 낳았다, 그래요."

엄마에게 등짝 맞을 소리. 등짝을 걱정하지 않고 이렇게 말할 수 있는 까닭은, 연지가 몇 해 전 결혼을 했기 때문이다. 부모님은 이제 '그 일'을 '지난 일'로 받아들인다고 했다. 비혼모 직장인을 만나 그의 노동에 대해 듣고 싶었지만, 쉼터나 지원 기관이 아닌 곳에서 비혼모를 찾는 일은 쉽지 않았다. 그래도 지인들에게 몇몇을 소개받을 수 있었는데, 대부분 혼인을 한 상태였다. 비혼모는 과거의 명칭이라고 했다.

비혼 양육 가정은 섭외에 제약이 많았다. 사회적 낙인으로 인해 자신을 드러내기 어렵다는 이유가 아니어도, 혼자 자녀를 키우는 여성은 인터뷰할 시간조차 없이 바쁘다. 취재를 하며 느낀 것이지만, 약속을 잡기 가장 어려운 사람은 육아와 직장생활을 병행하는 여성들이었다. 이들은 자녀들을 재워놓은 주말 밤 9시나 회사 점심시간

일할 자격

에나 짬이 났다. 이들이 "토요일 1시부터 3시까지 가능해요"라고 말한다면, 정말 딱 그 시간밖에 안 된다는 의미다. 3시가 되면 자리에서 일어나기 바빴다. 마치 신데렐라 같달까.

그런데 심지어 아이를 혼자 돌본다? 요정 할머니가 와도 집을 벗어나 왕궁으로 갈 수 없다. 친정 부모님과 연이 끊기지 않았다 하더라도 눈치가 보인다. "김 서방이 이번에 육아휴직을 못 냈어. 엄마가 와서 도와줘요." 이런 말을 할 수 있는 상황이 아니다. 출산을 반대하는 가족들에게 "내가 혼자 키울 수 있다"고 얼마나 큰소리를 쳐야 했을까. 그러니 더 손 내밀 수 없다. 이 여성들은 나 같은 존재를 거들떠볼 시간이 없다. 그래서 나는 비혼모였던 여성들이 결혼을 한 후, 그것도 출산을 앞두거나 육아휴직 중일 때에야 만남을 가질 수 있었다. 첫째 자녀는 어느 정도 컸고 두 번째 육아를 막 시작한 시점, 그때 연지를 만났다.

사는 일이 투쟁

연지의 신혼집에는 강아지와 갓 태어난 아기가 있었다. 갓난아기는 계속 요람을 흔들어주어야 잠투정을 하지 않았고, 강아지는 계속 안겨 왔다. 오른손으로는 요람 끝을 붙들고, 왼팔로는 강아지를 끌어안은 채 인터뷰를 진행했다. 단지 연지가 대화에 집중하길 바라는 마음에 양팔을 쓴 것이 아니었다. 체구가 작은 연지에게 아기는 너무 무거워 보였다. 울음보를 터뜨리는 아기를 연지가 안고 달래게 하고 싶지 않았다. 하지만 이것은 육아 무경험자인 나의 입장이었고, 연지는 이미 육아 2회 차였다. 그가 더 작고 말랐을 때, 첫째 딸을 낳고 키웠다. 이제 첫째는 중학교에 올라가고 연지도 서른 중반의 나이가 됐다.

"제가 결혼한 지 1년밖에 안 됐거든요. 결혼한 것도 어찌 보면 떠밀려서 했어요. 저는 결혼 전날까지도 망설였거든요. 해야 할까? 결혼을 하면 제가 해야 하는 건 또 노동이잖아요. '나는 저 아이만 5년쯤 더 키우면 될 것 같은데. 그럼 자유로워질 것 같은데 내가 굳이 결혼을 해야 할까?' 처음에는 하기 싫다고 했는데, 우리 집에서 엄청 떠밀어서…. 결국 '알았어, 할게. 나중에 이혼을 하더라도 할게'."

아이를 낳고 서른 중반이 될 때까지 무수히 일했다. 숱한 면접을 봤고, 그때마다 회사에선 "아기는 누가 봐주냐?"고 물었다.

"저는 부모님이 아이를 봐주시긴 했거든요. 그런데 부모님께 일이 생기면 꼼짝없이 제가 해야 하는 거예요. 부모님이 여행만 가셔도 저는 연차건 뭐건 쓰고 가야 하는 거예요. 그럼 회사는 '네가 그런 건 신경 쓰지 않게 한다고 해서 뽑았더니, 이게 뭐냐'고 하고. 회사가 이해를 못 해주면 그만두게 되고. 저도 회사 사정상 안 될 때가 있잖아요. 그럴 때 엄마한테 말하면 돌아오는 건 '그러게 누가 낳으랬냐' 늘 그 말. 뭘 해도 그때로 돌아가는 거예요. '누가 낳으래.' 이미 벌어진 일인데 늘 비난할 이유가 되니까. 상자에 갇힌 느낌이랄까.

일할 자격

그러다 회사에서 잘리면 다시 직장을 찾아야 하고. 그것도 늘 도돌이표인 거예요."

사회적 자원이 부족한 여성들의 일자리 대부분이 요즘 말로 물경력(주요 경력이나 핵심 역량 없이 연차만 쌓이는 일)이다.[7] 이마저도 입사와 퇴사를 반복하면 연차조차 쌓일 턱이 없다.

"가족들은 어서 돈 모으고 집을 구해서 애를 데려가라고 하는데, 저는 처음에 구했던 집이 반지하였거든요. 부모님이 보더니 여기서 애를 키우겠다는 거냐고. 그래서 초반엔 이런저런 방황도 많이 했어요."

방황의 흔적은 그의 이사 이력에 고스란히 남아 있었다. 울산에서 천안으로, 대전으로, 경주로, 성남으로. 그는 도 단위를 넘나들며 이주했다. "일자리가 보이면 가는 거예요." 지금도 이삿짐 하나는 잘 싼단다.

아이를 가지기 전, 한 전자 회사에서 일했다. 대기업 생산직 사원이었다. 3교대에 일이 많고 연봉이 높았다. 그곳에서 일하던 여성들은 이런 말을 했다. "기술을 배우긴 배우는데 라인에서만 쓸 수 있는 기술이에요." 퇴사하면 익힌 기술은 무용해진다. 나이가 들어 퇴사하면 구할 수 있는 일자리가 현저하게 줄어들기에, 끝까지 버티거나 작은 카페라도 할 수 있는 자금을 모아 나오던가 해야 한다고 했다. 그 자금을 마련할 수 있기에 좋은 직장이라 불렸다.

원치 않게 회사를 나오는 경우도 있다. 병이 들 경우다. 야간 근무와 과로로 생체 리듬이 깨지고 면역력이 떨어진다. 그곳에서 쓰이는 화학약품과 방사선도 몸에 좋을 리 없다. 연지도 갑상샘에 문제가 생기면서 퇴사를 했다. 이후 대학을 다니며 '남들처럼' 살아보려 했는데, 3년간 일하여 모은 돈을 사기당했다. 그즈음 애인과 헤어졌고 곧 임신 사실을 알게 됐다.

"저는 임신한 걸 알고부터 무조건 낳자고 생각했고, 남자는 그 선택에 있어서 크게 중요하지 않다고 생각했어요. 어려서 그런 용기가 있었던 것 같아요. 그때는 아무것도 모를 때라. 지금이었으면 이것저것 쟀겠죠. 그래도 그때 그 선택 잘했다고 생각은 해요."

정작 연지가 몰랐던 것은 세상의 야박함이었다. 경력도 자원도 없이 아이만 있는 여성을 쉬이 받아주는 회사는 없었다. 그가 자신의 취업 성공률을 높이는 방법은 거주지에 제약을 두지 않는 구직이었다. "애는 누가 봐주나요?"부터 "애 아빠는 어디에 있습니까?"까지. 낯선 자리는 호기심 어린 질문을 불러온다. 그런데도 연지는 일을 새로 구하는 것이 무섭지 않다고 했다.

"자꾸 해보면 돼요. 면접도 처음에는 긴장이 되지만, 같은 질문을 계속 받으니까 적응이 되기 마련이에요."

이런 적응과 자신감은 일을 구하는 동력이지만 동시에 일을 망설이지 않고 그만두게 하는 요건이기도 했다. 퇴사가 잦았다.

"그나마 오래 했던 게 ○○전자 3년이니까요. 오래 일하지 못해도 나는 괜찮거든요. 그런데 사람들이 '너는 왜 그러는 거야?' 이러니까. 저 스스로 계속 괜찮다고 해도 사실은 안 괜찮은가 봐요."

'진득하게 일할 줄 모르니 애도 생각 없이 낳지.' 지인들 중 이런 생각을 하지 않은 사람이 없을 것이고, 그 의중을 연지가 모를 리 없었다. 처음에는 자신이 퇴사할 수밖에 없는 이유를 해명하기도 했지만, 반복되자 해명할 기운을 잃었다. 연지의 퇴사 이유는 보통 이러했다.

"직장생활이 쉽지 않은 게, 솔직히 유부남들이 되게 껄떡대는 거예요. 혼자 애 키운다 그러면 쉽게 보는 거죠. 회식하면 이혼했냐 어쨌냐 질문받게 되고, 혼자 낳았다 그러면 그때부턴 더. 그러면 제가 제풀에 회사를 그만두고. 그런 문제가 터지면 결국은 내 잘못으로 보일 거잖아요. '네가 꼬리를 친 거다', '네가 문제가 있으니까 자꾸 이런 일이 생기는 거 아니냐'는 말을 들을까 봐. 말도 못 하고 그만두는 거죠. 그러면 다시 '너는 왜 정착을 못 하냐' 이런 소리를 듣는 거고. 사람이 서서히 지치는 거예요. 나는 늘 투쟁하며 살아가는데."

혼자 사는 여자에겐 추근거림이 던져진다. (추근거림은 추문과 함께 온다.) 이런 일은 흔하다. 세상엔 일부 '나쁜 놈'들이 있는 게 아니라, 그렇게 대해도 되는 위치가 있는 것이다.

여성들이 주되게 일하는 사업장을 취재한 적이 있다. '저임금' '아줌마' 노동으로 대표되는 직종이었다. 파업을 하자, 이들이 그간 당해온 부당한 일들이 세상에 드러났다. 직장 내 성희롱 문제도 거론됐다. 사장이나 상사가 주말이면 개인적으로 연락해 드라이브를 가자고 하거나 술자리에 부르는 등 위계에 따른 성적인 강요가 있었다. 그 폭로 기사를 보면서 분노하는 한편 걱정했다. 부당함을 알리는 일은 중요했지만, 문제는 사람들이 공분만 하는 것이 아니라는 점이었다. 사람들의 입에서 특정 직업에 대한 편견도 재생산됐다. 내가 일하는 직종에 종사하는 사람들, 즉 나와 내 동료들이 '성추행당하는(당할만한 위치의) 여성들'이라는 이미지로 굳어지는 것이 괜찮을까.

그래서 물었다. 망설이다가 물었다. 그런 식의 언론 보도를 어떻게 생각하느냐고. 그러자 한 파업 참가자 여성은 이렇게 말했다. 그런 일은 당하는 사람이 따로 있다고.

'따로 있다'는 말. 이혼했거나, 남편이 있어도 있다고 할 수 없는 사람을 두고 하는 말이었다. 그러니까 '남편 없는' 여자들.

"그런 사람들은 자신 있게 거부를 못 해요. 혼자 사니까. 여기서 잘리면 안 된다는 두려움에. 그래서 받아주는 거지. 한 번 받아주다 보면 자꾸 더 요구해오는 거고. 이런 말 좀 그렇지만, 당할만한 사람들이 당한다는, 그런 말 있잖아요."

그와 나는 인터뷰로 처음 만났을 뿐 친분이 있는 사이가 아니었다. 그런 나를 어떻게 믿고 이런 날것의 이야기를 할까. 정신이 좀 혼미한 상태에서 인터뷰를 마치고 집으로 돌아가는 길, 이유를 두 가지 정도로 헤아려보았다. 하나, 혼자 사는 여자에 대한 그러한 인식이 자신에겐 너무도 상식이라 그것이 날것의 말임을 알아채지도 못

했을 가능성. 둘, 자신들 전체가 '그런' 여자가 아니라고 강조하기 위해 과하게 말했을 가능성. 둘 중 무엇이건 끔찍했다. 선 긋기였다. 선을 그어 '평범한' 가정 안에 있는 여자와 그렇지 못한 여자를 나눈다. 선 바깥의 '그런' 여자는 당할만한 위치에 있는 여자로, 당할만해서 당하는 사람으로 변모한다.

혼자 애를 키우는 여자는 쉽게 일을 그만둘 수 없는 처지일 가능성이 크다. 여성의 임금이 남성보다 평균 30퍼센트가량 낮고, 여성의 비정규직 비율이 남성보다 훨씬 높은 노동시장에서 '혼자 책임질 것이 많은' 여성이 더 열악한 조건에 놓이기 쉬우니까. 하지만 그 가능성이 어떤 사람을 '당할만한 위치'로 고정시키는 것은 다른 문제다.

반면 연지처럼 가만히 당하지 않는다는 것을 보여주려고 회사를 그만두면 성실하지 못하고 참을성 없는 사람이 된다. '그런 사람이니 처녀 때 애를 뺐지'라는 말이 나온다. 낙인의 특성은 사람을 가둔다는 것이다. 옴짝달싹을 못 하게 한다. 무엇을 하든 '네가 이렇기 때문에…'로 회귀시키는 놀라운 관성이 있다.

그럴 줄 알았다

단어 그 자체의 의미로만 보면, '미혼모'의 정의는 이것이다. '결혼하지 않은 엄마unmarried mother.' 그러나 10년 전인 2009년, 보건복지부가 운영하는 사이트에서는 이런 정의를 볼 수 있었다고 한다.

"학력이 대체로 낮고, 불안정한 직업에 종사하며, 자취나 하숙을 하고 성에 대한 가치관이 개방적이고 충동적이며, 사회·경제적 상태가 낮고 부모와 떨어져 사는 사람."

'자취나 하숙을 할까 봐', 연지가 ○○전자에 입사하자 부모는 그를 사내 기숙사에 살게 했다. 여성 사원 대부분이 회사가 제공하는 기숙사를 이용했다. 많은 부모들이 딸이 '자취하는 여자'가 되지 않아 안심했다.

게다가 '불안정한 직업'이라니. 요즘 세상에 안정적인 직업이 어디 있나 싶지만, 일자리가 한층 더 불안정한 사람들이 있다. 그 일자리들을 두고 '유연하고 탄력 있다'고 말하지 않는 이유는, 그 유연함을 만들기 위해 끊임없는 위계와 위력이 투입된다는 것을 알기 때문이다. 그 힘이 한 사람의 노동뿐만 아니라 삶과 존엄을 불안하게 만든다.

예전에 만난 50대 후반의 여성은 당장이라도 회사를 그만둘 수 있다는 생각으로 일한다고 했다. 불성실하게 일하겠다는 것이 아니다. 그는 생산직 노년 노동자였다. "여기서 더 무시당하면 참지 않고 그만둔다." 이렇게 자신을 다잡았다. 가진 것 없이 나이 든 노동자를 일터가 어떻게 대하는지 안다. 그도 자신이 일을 그만둘 수 없다고 생각하는 순간, 더 많은 모욕과 무시를 감내해야 한다는 것을 알았다. 그러므로 그에게 당장이라도 퇴사할 수 있다는 생각은 자신의 존엄을 지켜내는 유일한 방패이고 무기였다. '비혼모' 꼬리표가 붙은 연지도 일터에서 자신을 지킬 수단이 필요했다. '누구네 집 귀한 딸'이나 '누군가의 소중한 아내'가 될 수 없으니 스스로 지켜야 한다. 그러니 언제든 그만두고 새로운 일을 찾을 수 있다고 다짐한다.

그런데 이상한 일이다. 연지는 아이를 낳기 전이나 후에나 누군가의 딸인데, 그가 비혼모가 되는 순간 누군가의 딸이라는 정체성 또한 사라지고 '집에서 내놓은 여자'로 여겨진다. 그런 딸들에게는 '보호받을 자격'이 없다는 꼬리표가 쉽게 붙는다.

인터뷰를 하며, 나는 부모님을 향한 연지의 서운함이 사람들에게 어떻게 읽힐까 걱정스러웠다. '애 봐준 것만으로 고마워해야지, 부모님은 오죽 속상할까', '자기가 키운다고 낳아서 책임을 떠넘기다니'…. 쓰지도 않은 글에 댓글이 달리는 기분이었다. 그렇지만 연지와 같은 상황에 놓인 이들이 매달릴 수 있는 거의 유일한 사회적 자원은 부모였다. 그는 그 지역에 연고도 없는 타지인이자, 전문 기술이 없는 비숙련자이며, 어리고 젊은 여성이었다. 맨몸으로 있다 보면 유일하게 자신이 가져보았던 보호복이 생각나기 마련이다.

게다가 아이는 하루가 다르게 자랐다. 학원비 등의 지출 규모가 커진다는 이야기였다. 아이를 온전히 키우려면 안정적인 주거지도 필요했다. 하지만 장기근속자나 정규직이 아니니 대출 같은 것은 꿈꿀 수 없다. 연지는 '투잡'을 뛰기로 한다. 보조 일자리는 저녁 근무가 가능하고 출퇴근 여부가 자유로워야 했다. 그렇게 밤에 일하는 직업을 갖게 되었다. 호프집, 바, 노래방에서 일했다. 10년 전 보건복지부가 에둘러 이야기한 '불안정한 직업'이란 이런 것이었겠지. 그 글을 작성한 사람은 연지를 두고 이렇게 말할 것이다. "그럴 줄 알았다." 한 사람이 어떤 경로를 거쳐 '그럴 줄 알았다'는 곳으로 가는지, 그 경로 곳곳에 자신들이 쳐놓은 덫이 무엇인지는 생각해본 적 없을 테다.

그러다 어느 날, 연지는 단속에 걸렸다. 안 되겠다 싶었다. 일을 그만두고 여성 자활 센터에 들어가 학점은행제로 사회복지사 자격 증을 땄다. 대학 때 전공이 사회복지학이었다. 이후 여러 지역과 직장을 돌고 돌아, 지금은 '미혼모 시설'에서 일한다. 이곳에서 1년 넘게 근무했다. 이직률이 높은 곳이라 했다. 시설 특성상 주야간 교대 근무에 일도 많았다. 사람들이 오래 못 버텼다.

"여기를 일 년 다니면서, '나는 끈기가 부족하거나 그런 사람이 아니야. 그동안 상황이 안 따라준 거야.' 요새는 그런 생각을 하고 있어요."

사람이 부족하니 연지는 임신하고도 밤 근무 당직을 섰다. (현행법은 임신 노동자의 야간 노동을 금하고 있으나, 개인의 동의가 있다면 가능하다는 예외 조항을 두고 있다. 그러나 야간 노동이 임신부에게 크게 부담이 되는 업무 형태인 것은 변하지 않는다.) 임신한 몸을 '배려'받아서 밤에 한두 시간 잘 수 있었다고 말하는데, 몸 고단한 것은 그리 신경 쓰지 않는 사람이라는 게 느껴진다. 잘 견디는 사람. 그런 사람이 자신의 끈기를 의심해야 했다.

결혼이라는 성공?

돌아보면 15년 전에는 쉼터 이용자였고, 지금은 쉼터의 사회복지사가 됐다. 그리고 결혼도 했다. 아이 둘을 모두 자신이 키우고 있다. 면접을 보러 가서 이런 말을 들었다고 했다.

"성공하셨군요."

연지는 그 말이 너무 이상해 면접이 끝난 후 수첩에 적어두었다. 결혼이 성공일까. 그렇다면 비혼모는 실패인가. 비혼모였다는 것을 밝히지 않으면 '평범한' 삶으로 보일 모습, 그것을 성공이라 하는 걸까. 정작 연지는 자신이 결혼이라는 선택을 제대로 한 것인지 계속 고민하고 있었다.

"도리어 저는 결혼 제도를 선택한 게 조금 부끄럽다고 생각하기도 했거든요. 조금만 더 버티면 되는데, 혼자는 힘들고 버겁다는 이유로 선택한 게 아닌가."

자신이 '못 버텨' 생긴 일이 아닐까 하고 연지는 종종 미심쩍어한다고 했다. 남들은 성공이라 부르는 결혼이 오히려 비겁한 선택이 아니었는지 의심하고 있었다. 연지의 결혼 생활은 불행하지 않았다. 그렇지만 연지는 이 결혼을 완주로 여기지 않는다. 어떤 의미로는, 계속 '졌다'.

"결혼을 하면 제가 해야 하는 건 또 노동이잖아요."

그는 냉정하게 결혼의 전제 조건을 말한다. 결혼 생활이 나의 노동력이 투여되는 것인 만큼 이 생활이 나에게 정서적, 물질적, 관계적 안정을 줄 것인지를 객관적으로 판단하려 한다. 냉정한 성격이어서가 아니다. 이 결혼이 깨질 때, 이전보다 더 크게 안전망이 흔들릴 가능성이 있기 때문이다. 새로운 가정에 편입되기 위해서는 기존 가족(자녀)과의 관계를 개선하거나 유지하기 위한 노동, 새로운 가족 구성원(갓난아기)의 부양 책임, 임신과 육아로 단절될 직장 경력 등이 짐작할 수 없는 위험 요소로 존재한다. 그러니 이 결혼 생활을 통해 겪게 될지도 모를 여러 요소를 넓게 고려하고자 한다. 그런 의미에서 '잰다'.

연지만 재는 것이 아니다. 대다수가 결혼을 두고 '잰다'. 결혼이 사랑만으로 이뤄진다고 믿는 사람은 드물다. 물물교환처럼 직접적이진 않지만, 결혼을 앞두고 상대의 모든 면이 고려된다. 예비 배우자의 인성, 외모, 생활 습관, 가치관, 연봉과 직업, 집안의 보유 재산이나 가풍 등도 고려 대상에 들어간다. 최근 블라인드나 네이트판에 부부 갈등 문제로 올라오는 글을 보면 작성자들이 필수 요소처럼 부부의 연봉을 밝힌다. 시가나 처가 이야기를 할 때는 각각 결혼할 때 얼마를 보태주었는지, 후에 상속받을 재산이 어느 정도인지도 밝혀야 한다. 시가에 김장하러 가는 문제건, 음식물 쓰레기를 버리는 일로 생기는 갈등이건, 읽는 사람들이 글에 적힌 상황의 시비를 가리는 데 작성자 부부의 연봉과 재산이 관여한다. 그렇게 모두가 두 사람이 결합하는 일을 두고 '잰다'.

결혼하지 않는 젊은 사람들이 늘어나는 현상도 이와 같은 관점으로 해석되기도 한다. 보아온 것은 "(가정을 유지하려) 버티는 부모"들뿐인데, "저 가정을 이루는 삶을 버텨냈을 때 얻는 것이 무언인지 알지 못한다면" 차라리 "확실하고 소소한 만족감이 삶의 버팀에 대한 정확한 보상"이 된다고 여기는 젊은 사람들이 늘어났다.[8] 그렇게 기회비용을 잰다. 비용이 합당하지 않기에 결혼을 선택하지 않고 유예한다.

이때 비용이란 단지 금전적 측면만을 이야기하는 것은 아닐 것이다. 사람들은 내가 꾸릴 가정이 나의 권리를 얼마나 보장해줄 수 있는지를 따지고, 이때 여성이 고려하는 '권리'에는 '젠더 문제'가 포함된다. 2015년 이후로 결혼의 필요성을 긍정하는 여성의 수가 급격하게 줄어들었다. 결혼이 필요하다고 응답한 비혼 여성의 비율은 2013년 85.8퍼센트에서 5년 만에 28.8퍼센트가 되었다.[9]

그런데 삶의 권리를 저울에 올려놓고 잰 결과로 '비혼'을 선택하거나 결혼을 유예한 여성들마저, 비혼모의 삶의 종착지는 결혼이라고 생각하곤 한다. 비혼모의 결혼에 안도를 보내는 시선은, 비혼모는 혼자서는 '안정'을 누릴 수 없는 존재라는 전제에서 생겨난다. 실제로 비혼인 상태에서 자녀를 출산했을 경우, 안정을 추구할 수 있는 물질적 자원이 줄어든다. 그렇지만 우리 중에 안정된 상태이기에 '비혼'을 선택하는 사람은 극히 드물다. 캥거루족이 만연한 요즘 시대, 개인이 홀로 설 수 있는 물질적이고 정서적인 조건을 갖추는 것은 쉬운 일이 아니다. 누구든 안정과는 먼 거리에서 살고 있다.

그러나 두 주먹 꼭 쥐고 선택한 어떤 비혼은 존중받아야 할 선택이라고 평가받는 반면, 어떤 결혼은 쉽사리 성공이라 여겨진다. 그들은 결혼을 하지 않을 자격조차 없는 것이다.

비혼모 여성만을 향한 시선이 아니다. 재혼 가정의 이혼율이 초혼 가정보다 상대적으로 높다는 통계가 있다. 이 통계를 참고하지 않더라도, 우리는 재혼 가정을 불안하게 본다. 이를 두고 재혼 가정의 '결혼 안정성'이 떨어진다고 평하는 분석도 있다. 재혼 가정이 다시 이혼과 결별을 선택하는 이유로 인내력 부족, 충동성, 술과 약물의 남용 등 당사자의 반사회적인 특징이 거론된다. "저 집 애랑 놀지 말랬지"라는 말은 일부 몰지각한 부모만 하는 소리가 아니다. 이런 의심의 시선은 사회적이다.

그런데 혼인 상태를 유지하는 것만이 안정적인 걸까. 재혼 가정의 이혼율이 높은 이유에는 이런 측면도 있다. 연지의 말을 빌리자면, 혼자 육아와 일을 병행해본 여성들은 "(일하는 것을) 무서워하지 않는다". 경험이 있기 때문이다. 그렇기에 홀로 출산, 양육, 생계를 책임져야 한다는 두려움이 어떤 결정을 하는 데 있어 상대적으로 크게 영향을 미치지 않는다. 이들이 불안정하기에 쉽게 이혼을 선택하는 것이 아니라, 불행한 결혼의 대안으로 "이혼을 고려하는 능력이 초혼 커플보다 더 높이 발휘"되는 것이라 볼 순 없는 것일까.[10]

연지는 남들보다 불운한 결혼 생활을 하고 있기에 지금의 혼인 상태를 '완성'으로 여기지 않는 것이 아니다. 그에겐 판단의 근거로 쓸 구체적인 경험이 남들보다 조금 더 많을 뿐이다. 구체적 경험이 있기에 관계가 틀어지면 당장 이 집을 떠날 수 있다고 생각하고, 그 모든 과정의 고단함을 알기에 위험 요소를 더 따지게 된다.

그의 인생은 무모한 것이 아니라, 언제나 구체적이었다.

"대학 시절 사회복지학과 수업에서 그런 딜레마를 한 번씩 다뤘었어요. 혼자 아이를 키우게 되는 상황이 오면 어떤 선택을 할 건가. 그때 시뮬레이션했던 대로 저는 지금의 선택(아이를 낳는 일)을 한 거예요. 그 수업 때도 나는 아이를 낳고 이런저런 시설을 이용할 거라고 말했어요."

아이가 생긴 것을 알고는 짐을 싸서 시외버스를 탔다. 핸드폰을 끄고 그렇게 사라졌다. '미혼모 쉼터'로 간 것이었다. 몰라서 임신하고, 몰라서 낳은 것이 아니었다. 오히려 그가 자녀를 낳고 키울 수 있던 것은, 다른 이들보다 비혼모 지원 등에 관한 정보를 더 많이 알고 있었기 때문이다. 그가 몰랐던 것은, 세상이 이 정도로 꽉 막힌 상자라는 사실이었다. 그 세상에서 연지는 안일하게 살아오지 않았다. 곳곳이 진창인 길에서 넘어지지 않기 위해 무척이나 애써야 했다. 버티고 재고 몸으로 부딪히며 살아왔기에, 자신의 성공적 종착지를 '결혼'으로 보는 안일한 시선을 거부한다.

어디선가 들은 이야기

무엇이 성공한 모습인지 따질 겨를 없이 살아왔다.

"행복하고 싶었던 적은 없고, 오직 목표가 하나 있었어요. 집. 집을 가져야겠다."

그래야 딸아이와 사니까. 내가 그에게 노동 이야기를 듣고 싶다고 했을 때, 연지는 말했다.

"나는 먹고살기 위해 일했던 것밖에 없어요."

어쩐지 "나도 그래요"라고 말하고 싶었다. 그는 어릴 적부터 딱히 하고 싶은 게 없었다. 아니, 하고 싶은 것을 못 찾았다고 했다.

"어릴 때부터 계집애가 오빠 잡아먹으려고 한다고, 그 말을 늘 듣고 살았죠. 태권도를 배우고 싶었는데 계집애가 가뜩이나 드센데 태권도까지 하면 얼마나 드세지려고 그러냐고."

전자 회사에 입사하기를 원한 것은 아니었는데, 대기업 안 갈 거면 대학이나 가라고 해서 그냥 취업을 했단다. 그 뒤로는 자식 때문에 일했다. 그러다가 여성 자활 센터에 다니면서 '여성학'이라는 것을 알게 됐다. "여자는 태어나는 것이 아니라 만들어지는 것이다."[11] 일터에서 성차별, 성희롱을 지겹게 당해서인지 공부한 내용이 쏙쏙 들어왔는데, 책을 읽을수록 엄마 생각이 자꾸 났다. 오빠는 '아들'이라 부르지만, 자신은 '계집애'라고 부르는 어머니.

"엄마도 가부장적인 집에서 이름 없이 희생하며 살아온 사람이잖아요. 그건 안타깝지만, 엄마에게 당하는 사람은 속 터지죠. 지금도 엄마는 제 남편 편이에요. '남편에게 잘해야지 집안이 평온하다'고. 나는 '내 편은 아무도 없다' 그러죠."

연지의 어머니가 왜 그러는지 알만했다. 이번 결혼을 '실패'하면 안 된다는 생각. 둘째는 '아빠 있는' 아이로 키워야 한다는 생각. 그러니 남의 집 아들인 사위에게 잘해주겠지. 그 마음을 모르진 않지만, 연지 입장에서는 자신의 지나온 삶을 '실패'로 규정하는 엄마는 늘 남의 편이다. 그런데 연지의 내 편, 없지 않다. 바로 딸이다. 세상 앙칼지더니 막상 필요할 때는 제 엄마 편이라고 했다. 이거 어디서 많이 들어온 모녀 관계. 그리고 남의 일만은 아닌 이야기이다.

"딸아이 친구 엄마랑 백화점에 다녀왔는데 처음으로 제가 입을 티를 산 거예요. 생각해보니, 내 옷 산 지가 언제인지 기억이 안 나. 슬펐어요. 평소에 뭔가 사고 싶어도 '내 새끼에게 투자 안 하고 나한테 쓰냐' 이렇게 되는 거예요. 그러면 위축이 된다고 할까. 결국 못 사고."

나의 행복과 아이의 행복을 끝없이 저울질하며 분투하는 육아. 이러한 내적 갈등을 연지가 일하는 쉼터의 청소년 비혼모들도 마찬가지로 겪고 있다고 했다. 시도 때도 없이 우는 아기를 이해할 수 없으니 '어린 엄마'들은 화를 낸다. 그러다가도 '이렇게' 태어난 아이가 너무 불쌍해서 뭐라도 해주려 최고급 유아 용품을 산다. 그 모습을 보고 주변에서 사치를 한다, 철이 없다, 충동적이라며 평을 한다.

실제로 충동적인 사람일 수도 있고, 아닐 수도 있다. 불안정한 환경에 영향을 받아 일시적으로 더 충동적인 상태가 되는 경우도 있을 것이다. 그러나 이들을 바라보는 시선은 편견 속에 갇혀 있다. 나 갈 곳 없이 만든 미로처럼 보인다. 자주 우는 아이와 그걸 못 견디는 어린 부모의 모습을 아이의 행복과 나의 행복 사이를 쉴 새 없이 오 가는 초보자 양육자의 고군분투로 본다고 크게 달라지는 일은 없을 텐데도 말이다.

"저는 그 엄마들 마음이 공감도 되고 이해되니까. 아기한테 소 리 지르지 말라고 한다고 해서 이 친구가 안 할 건 아니니까. 그럴 때 는 좀 기다려요. '너무 힘들면 내가 봐줄까?' 물어봐요. 엄마가 감당 이 안 되고 조금 쉬고 싶으면, 나에게 요청을 하라고…."

연지의 태도가 비혼모 청소년들에게 위로가 될 것이라 믿는다. 그는 육아휴직이 끝나면 다시 쉼터로 일하러 갈 것이라고 했다. '어 린 엄마'들을 위한 마음만은 아니다. 기혼 여성에게 필요한 것은 경 제력이니까. 부부싸움 중에 남편이 "내가 사준 거 다 놓고 나가라"는 말을 했단다. 큰 싸움은 아니었지만, 연지는 이날 이후 쉬지 않고 일 을 하기로 마음먹었다.

이와 비슷한 이야기를 안다. 90년대 서비스업 분야에서 여성들 의 일자리가 열릴 때, 우리 어머니가 직장 여성이 된 이유가 이와 비 슷하다. '돈 좀 벌어온다'고 유세 떠는 아버지 꼴이 보기가 싫어 취 업했단다. 90년대 기혼 여성들이 직장에 나가고, 톨게이트 여성들이 일자리를 지키기 위해 거리로 나가고, 연지가 육아휴직만 끝나면 당장 출근할 생각을 하는 것은, 그러니까 비슷하고 흔한 이야기이다.

어머니 자격

아니다, 비슷하다니. 우리 어머니는 임신한 사실을 인지한 순간부터 '모성'을 의심받아본 적이 없다. "엄마가 되어서"를 운운하는 사람들이 있었을지언정 누구도 '제 배 아파서' 자식을 낳은 모성을 의심하지 않았다. 우리 아버지가 가장으로 '유세를 떨 수 있었던 것'도 엄마가 자식을 두고 집을 떠나진 못할 거라는 '모성'에 대한 믿음 때문이었다. 하지만 출산을 했다고 누구나 모성(이라는 환상)을 자동적으로 '획득'할 수 있는 것은 아니다.

또 다른 인터뷰이인 해연은 자신의 인생 대부분이 "애를 중심으로 굴러간다"고 말하면, 사람들이 이 말을 곧이곧대로 받아들이지 않는다고 했다. 다른 '엄마'들이 같은 말을 했다면 당연하다고 여기거나 안쓰럽게 들었을 텐데, 아이에게 아빠를 만들어주고 싶어 앞뒤를 재지 못하고 결혼을 했다는 해연의 서사 앞에서 사람들은 부모의 마음을 느끼기보다 경솔하다는 인상을 받는다. 그가 첫 결혼을 했을 당시는 이십 대 초반. 설사 섣부른 결정이었다고 해도, 경솔함을 보일 수 있다고 (사회적으로) 용인되는 나이대였다. 하지만 '남편 없이' 혼자 애를 낳은 사람이기에 해연은 더 의심받는다.

비혼모는 임신 중에 모성을 버릴 것(임신중지, 입양 등)을 강요받는다. 모성을 가질 자격이 없는 존재라 여겨지기 때문이다. 강요를 물리치고 아이를 낳아 키우면, 그때부터는 '진정한 모성'인지 의심받는 일이 펼쳐진다. 여기에 그가 섹슈얼리티(성애)를 보이거나 젊고 발랄한 특성을 포기하지 않는다면, 그 의심의 시선은 더 커진다.

"당신 엄마 맞아?"[12]

아이를 안 낳았다면 모를까. 자녀를 낳고 키우는 상황에서 키울 자격이 안 된다는 평이 끝나지 않으니, "나는 늘 투쟁하는데" 번번이 지는 기분으로 산다. 이것은 비혼모 여성에게만 쏟아지는 공격이 아니다. (사회가 판단하기에) 자격 없는 여성은 애를 낳고도 '모성'이나 권리를 인정받지 못했다.

연예인 부부의 일상을 담는 방송 프로그램이 있다. 그 방송에 모 중년 남성 연예인이 나왔다. 재혼 가정이었고, 남성은 아이를 여럿 둔 채로 나이 차가 꽤 나는 20대 여성과 결혼을 했다. 그 가정이 등장하는 첫 장면에서 여성은 아이들과 남편의 아침 밥상을 차린다. 아침부터 새로 밥을 짓고, 남편만을 위한 반찬도 따로 내놓는다. 그리고는 샐러드를 먹는다. 자신은 먹지도 않는 7첩 밥상을 아침부터 차리는 이 장면이 대중의 공분을 받았을까? 아니. 그 젊은 아내로 인해 남자 연예인의 이미지마저 좋아졌다. 몇몇 젊은 시청자가 조선 시대도 아니고 무슨 일이냐고 분노했지만, 이건 조선 시대여서 일어난 일이 아니다.

아무리 공중파 예능이 보수적이라고 하지만, 아침부터 돌솥에

밥을 하고 있는 여성을 긍정할 만큼 시대를 못 따라가진 않는다. 그런데도 이런 방송이 방영되고 시청자들이 긍정적으로 호응한 것은 그녀가 '계모'이기 때문이다.

"「백설 공주」,「콩쥐 팥쥐」 … 이런 동화들은 읽어줄 수가 없어요."[13]

동화 속 의붓어머니는 다 나쁘니까. 재혼 가정 여성은 동화책 하나 마음 편히 읽을 수가 없다고 했다. 아침 밥상 장면에서 내가 본 것은 시청자들의 안도였다. '계모'가 있는 집을 향한 주변의 우려가 아침밥을 차리는 여성의 행동으로 인해 안도로 바뀐다.

대단한 살림 솜씨로 시청자의 마음을 얻은 것이 아니다. 자신과 몇 살 차이도 나지 않는 다 큰 남자아이들에게 대단한 모성을 느끼리라 여기는 시청자도 없을 것이다. 시청자들을 안심시킨 것은 그 여성의 '조신함'이었다.

옷차림은 단정했고, 말투는 차분했으며, 대식구 아침밥을 챙길 정도로 부지런했다. 이 조신한 계모가 있는 재혼 가정을 지켜보던 사람들은 의심의 시선을 거둔다. 안도한다. 그녀가 '어머니다우니까'.

오래전부터 조신함과 모성(어머니상)은 동류의 것으로 취급되어 왔다. 어머니라면 정숙해야 했으므로.

"여자 교육은 모성 중심의 교육이어야 한다."

소설가 이광수가 여성 교육에 관해 한 발언이다. 여자에게 정규 교육을 받게 할 필요를 느끼지 못하던 1920년대에는 나름 앞서간

계몽의 목소리였다. 근대 자본주의의 초입, 사회는 이전과는 다른 새로운 인간형을 필요로 하게 되었다. 동시에 그 인간형을 만들어낼 생활 전반의 변화가 요구되었다. 생활이 이뤄지는 기본 단위인 가정에는 여자가 있었다. 그렇게 아내이자 어머니인 여성은 근대 개화 교육의 대상으로 들어온다. 자녀를 현명히 가르치고 길러낼 수 있는 '현모' 만들기가 시작되었다. 앞서 이광수가 말한 모성 중심의 교육이란, 즉 현모양처 담론이었다. 여성은 장래의 '국민'을 기를 때에야 '국민'이 될 수 있었다.

여성을 '어떤 국민'을 양육할 어머니로 만들 것인가는 근대 교육의 주요한 과제였다. 가정으로 들어가 안온한 살림을 꾸리고 자식을 잘 키우는 현명한 어머니. '어머니'는 자동으로 주어지는 지위가 아니라 오히려 '획득'되는 것이었다. '정숙'과 '현숙'을 획득해야 비로소 어머니가 되었다. 비혼, 재혼, 이혼 등으로 소위 정상가족의 틀에서 벗어난, 그리하여 '정숙함'과는 거리가 멀다고 평해지는 어머니들에게 '어머니 되기'란 하나의 도달하지 못한 과제가 되었다. 자녀를 낳아도 어머니로 인정받지 못한다.

수전 브라운밀러의 『우리의 의지에 반하여』[14]에도 유사한 분류 기준이 언급된다. 역사적 '비처녀'의 범주에 관한 내용이다. 우리의 상식과 달리, 결혼하지 않은 여성이 '자동으로' 처녀성을 '인정'받아온 것이 아니었다. 포로와 노예 그리고 이민족 여성 등은 혼인 여부와 상관없이 '비처녀' 영역에 속했다. 비처녀의 범주는 방대한 듯 보

일할 자격

이나 명료했다. 한마디로, 결혼을 통해 지배 체제가 인정한 공간으로 들어올 수 없는 모든 이들이 해당됐다. 그리고 여기에는 '성적 열망을 드러낸 여성'도 포함되어 있었다. 이들에게는 지배 체제의 구성원이 될 아이를 키우는 여성에게 허용되는 (의무이자) 권리, '모성'이 허락되지 않았다.

우리에게도 이민족 여성이 있다. 결혼이주여성. 이 사회는 결혼이주여성의 모성을 인정하지 않는다. 이들은 줄곧 애를 버리고 도망갈 수 있는 여성으로 그려진다. 애를 낳지 않을 권리가 없는데(남편도, 시부모도, 지역사회도 이들에게 피임법이나 임신중지 방법을 알려주지 않는다) 애를 낳고 키울 권리도 주어지지 않는다. 이들이 이혼하게 되면 자녀의 친권은 한국인 아버지에게 지정될 가능성이 몹시 크다.

그럼에도 이주여성의 '어머니됨mothering'은 필요에 따라 형태를 바꿔가며 요구된다. 엄마가 외국인이면 아이가 학교에서 따돌림을 당할 수도 있다는 이야기를 듣고 한국 국적으로 귀화를 했다는 몽골 여성의 기사[15]는 이주여성의 '한국 어머니됨'이 어떤 방식으로 진행되고 있는지를 보여준다. 심지어 당사자는 "이름까지 한국식으로 바꾸라는 시댁의 권유"도 받았다.

이주여성에게 '어머니 되기'는 "시민권의 제약 속에서 자신의 존재와 권리를 증명하기 위한 고군분투의 과정"[16]이다. 그런 지점에서 영화 〈미씽〉[17]은 여성의 '모성'이 어떤 방식으로 규정당하는지를 잘 보여준다. 아이가 납치된 상황에서 친모이자 이혼 여성인 지선

(엄지원)은 이 모든 것이 양육권을 빼앗기지 않으려는 그의 자작극일 것이라고 의심받는다. 지선의 목소리는 남성들로 이뤄진 공권력 앞에서 힘이 없다. 그리고 결혼이주여성인 한매(공효진)는 아픈 딸의 치료를 결정할 수 있는 권리조차 없다. 사회적 지위가 전혀 다른 두 여성의 공통점은 '애틋한 모성'이라기보다, 어머니 정체성이 타인으로부터 왜곡되어 제한되거나 부풀려진다는 점이다. 그들이 소위 정상가족 안에서 '온전한 아내이자 어머니'의 위치에 머물지 않아 벌어지는 일이다.

그런데 인종적 '타자'들만 어머니 지위를 획득하기 위해 분투하는 것이 아니다. 역사를 거슬러 올라가다 보면, '어머니'가 될 수 없는 여자들이 또 있다. '도시의 노동계급 여성'들. 이들은 조선 사회에 들어온 근대적 가족 모델을 바로 흡수할 수 없는 여성들이었다. 현모양처가 될 자격이 없는 여성들. 노동계급의 하층민 여성들은 "가정을 정리"[18]하기 이전에 생계를 책임져야 했다. '밖으로 도는' 이 여성들은 국가로부터 보호받을 자격을 갖추지 못했다.

"카페 여급이나 여자 운전수처럼 노동하는 여성들은 이러한 보호를 받을만한 가치가 있는 피해자로 간주"[19]되지 않았다. 그래서 근대에 들어서며 '부녀자'에 대한 성적 희롱은 법적 체계에서 금지되었지만, 도시에서 노동하는 여성들에 대한 "일상적인 히야까시(괴롭힘)"은 사회적으로 승인되었다. 경성 거리에서만 일어나는 일이 아니었다. 작업장에서 '여공'들은 관리자에 의한 성희롱이나 성적 대상화에 노출됐다.

이런 혐오의 시선은 하층민 여성에게만 덧씌워진 것이 아니었
다. 당시 노동계급은 혐오와 공포의 대상이었다. 임금을 대가로 제
한된 공간에서 시간을 저당 잡힌 채 일을 해야 하는 노동은 당시 사
람들에겐 견디기 어려운 것이었다. 격렬한 저항이 있었고, 정치철학
자 실비아 페데리치의 표현대로라면 이는 "최초의 자본주의 위기"[20]
였다. 지배계급은 물리적인 대응(구금과 형벌)으로 저항을 억누르는
동시에, 오락을 금지하고 선술집을 폐쇄하고 노출을 처벌하며 "비생
산적인 섹슈얼리티와 사교 행위"도 금지시켰다. 지배계급의 표현대
로라면 도덕적이고 절제된 삶이겠지만, 실은 일을 최우선으로 하는
삶이었다.

규율에 갇히지 않는 대상에 대한 근대적 혐오는 특정 대상에
'문란', '변태', '나태', '불온'이라는 낙인을 새겼다. 낙인은 공포심
을 자극했고, 지배계급의 두려움은 식민지 노동계급 남성들에게 '범
죄'의 이미지를 덧씌웠다.

"1930년대 미국에서 '성적 사이코패스 법안'이 통과될 수 있었
던 것은 대중이 성범죄에 느꼈던 극심한 공포심 때문이었다. 그리고
그 공포심이 향한 대상은 대공황으로 생계 부양자의 위치를 상실하
고 전통적인 가족을 꾸릴 수 없게 된 하층계급의 남성들이었다. …
1930년대 조선에서 연쇄 성범죄를 저지르는 '변태성욕자'로 주로
상상되었던 것도 바로 이러한 남성들, 즉 주소 부정으로 대변되는

일정한 거주지와 재산, 가족이 없는 부랑자들이었다."[21]

섹슈얼리티와 혐오가 맞물렸다. 노동계급 여성에게는 문란하다는 이미지가 씌워졌다. 이 세상에 창녀와 성녀(어머니)만 남게 된 이유가 있었다. 여성 노동자들이 '문란'이란 딱지에서 벗어나는 한 가지 길이 있긴 했다. 우아한 성녀는 될 수 없으니, (자식을 위한) 어머니의 억척스러움을 얹었다. 중산층 가족 모델을 꿈꾸지 못하는 하층민 여성이 살아남을 수 있는 길은 그것뿐이었다. 노동계급의 여성들은 그 억척을 붙들고 어머니이자 국민의 자리를 찾았다. 그리고 백여 년이 흘렀다. 무엇이 달라졌는가.

당신 엄마가 당신보다

"솔직히 말해서 당신은 가끔 당신 아이가 되고 싶다."[22]

박서련의 소설에서 이 문장을 발견하고 놀랐다. 취재 때 만난 여성들이 들려준 말과 너무 유사해서였다. 자식에게 모든 것을 다 해주려고 하는 중년 여성은 이런 말을 했다.

"나도 가끔 내 딸이고 싶어요."

자라면서 장난감이나 문구 용품 등 가지고 싶은 것을 마음껏 가져본 적이 없었다. 학원비도 눈치를 보며 받았다. 부모가 나빠서가 아니라, 서민층 집안에서 자녀에게, 그것도 딸에게 큰 비용을 투자하는 사회적 분위기가 아니었다. 자녀도 가족 구성원으로서 함께 인내하고 희생을 나누는 존재여야 했다. 그렇게 자란 인터뷰이가 중년이 된 지금은, 자녀를 향한 투자가 당연시되는 시대이다. 그는 어렸을 적 자신이 받고 싶었던 것을 딸에게 해주며 생각한다. 자신도 자신의 딸이고 싶다고.

다시 박서련 소설로 돌아가면, 체력도 좋고 공부도 잘하고 교우 관계도 좋으며 심지어 게임도 잘하는("어디 내놔도 빠지지 않는 게임 실력을 갖추고 아빠처럼 명문대에 진학하는"[23]) 아들을 만들기 위해 게임 과외를 시키는 어머니가 있다. 그는 아이에게 자신의 모든 것을 이입하는데, 이는 타자의 인생을 설계하거나 기획하는 수준을 넘어 '자기관리'와 다를 바 없어 보인다. 현모가 되기 위해 자녀의 교육을 책임지던 근대의 어머니들은 신자유주의 시대로 넘어와 "거세되었던 욕망이 교육을 통한 자식의 성공으로 재탄생되며"[24] 그 과정에서 자신을 자녀와 동일시한다.

이것은 할머니 세대에서 흔히 보이는, 자식을 위해 종일 밖에 나가 벌이를 하는 억척 어머니와도 다른 결이다. 자식을 둘러싼 정서적, 관계적, 물질적인 측면을 고루 채워주려 분투하는 젊은 부모들은 '꿀리지 않는' 생일 파티를 할 수 있는 금전적 여유도 필요하지만, 파티에 초대할 친구 목록을 파악할 정도로 자녀의 교우 관계에도 관심을 두어야 하며, 아이들의 기억에 남을 이벤트를 준비할 수 있는 센스도 갖춰야 한다. 그러면서도 생일 파티를 피해 학원 스케줄을 조정하는 체계성도, 더 놀고 싶은 아이를 학원에 보내는 단호

함도 갖춰야 한다. 파업 현장에서 만난 여성들도 크게 다를 것은 없었다. 그들이 파업 농성장에서 오후 4시면 떠나는 이유는, 저녁을 차리지 않으면 '밥상 엎는 남편' 때문이 아니다. 시대가 조금은 변했다. 식탁에서 내 아이가 누릴 영양소와 정서적 안정을 포기할 수 없기에 농성장 퇴근을 한다.

박서련의 소설 속에서 (아들보다 엄마가 앞서 배우는) 게임은 "이상적인 엄마와 아내의 상을 구현하기 위한 노동"[25]이 된다. 시대의 변화와 가족의 경제적 지위에 따라 조금씩 다른 모습을 취하지만, 그 지향은 한결같다. 각자의 방식으로 '어머니 되기' 노동을 수행 중이다. 스위트 홈을 구성하기 위한 '억척'의 형태가 달라졌을 뿐이다.

그리하여 하층·서민 계층의 여성들은 물론, 한국 문화에 익숙하지 않은 결혼이주여성들 또한 "자녀에 대한 집중적 관리를 요구하는 현재 한국 사회의 모성 담론 속에서" 자신은 과연 엄마 같은 행위를 하고 있는지 "끊임없는 평가 체계에 자신을 둔다".[26] 내가 만난 이들은 모두 각자의 방식으로 '어머니 되기'를 수행해 좋은 점수를 받아보려 했다. 연지에게 그것은 반지하가 아닌 집을 갖는 일이었다. 하지만 해연은 그 집 때문에 아이를 다시 본가로 보내기도 했다.

"내가 하는 일을 모르고 혼자 키운다는 걸 몰라도, 엄마들 사이에서는 아파트 평수대로 놀게 하고, 임대 아파트를 차별하니까. 그렇다고 좋은 집에 들어가서 살 수 있는 형편도 아니고 그래서."

해연에게 한부모 가정을 향한 편견에 대해 물으려 했는데, 이 세상에 존재하는 낙인의 종류가 내 예상보다 광범위했다. 해연은 낡은 아파트에 대해 말했다. 임대 낙인. '휴거충'은 휴먼시아로 대표되는 임대 아파트에 사는 사람들을 모욕적으로 이르는 말이다. 아이들 사이에서 장난처럼 불린다. '엘거', '엘사'도 있다. 그래서 LH 아파트는 아파트 이름에서 'LH'를 떼기로 했단다. 석연치 않은 해결책이지만, 세상을 바꾸는 것보다는 간편한 방식이다. 세상의 위계는 참으로 촘촘하다.

해연은 자신의 좁은 집에서 애를 키우느니 본가로 보내는 것이 나을 거라 판단했다.

평범하게 사는 것

19살에 아이를 낳고 엄마와 함께 키웠다. 그러다 타지로 왔다. 이전에 살던 지역에서 간호조무사로 잠시 일했던 것은 경력이 되지 못했다. 새로 간호조무사 일을 구하려니, 수습 기간이 3개월. 그 기간에는 연차도 쓸 수 없다. 고졸에 방통대 출신인 해연이 할 수 있는 일은, 근무 시간은 길고 연차는 제대로 주어지지 않는 직업이 대부분이었다. 사회 초년생이라면 몇 년 고생해서 경력을 쌓아보자 마음먹을 수도 있지만, 돌볼 아이가 있었다. 아이를 두고 집을 비울 수 있는 시간은 한정되어 있었다. 밤에 바bar에 나가서 돈을 벌었다. 타인의 시선에 연연하는 스타일로는 보이지 않는 해연은 덤덤하게 말했다. 자신이 선택할 수 있는 것이 별로 없었다고. 일하는 시간이 적으면서도 수입은 괜찮은 일은, 젊은 여성에겐 뻔했다.

'뻔하다'라는 말을 쓰고 잠시 망설인다. 그래도 다른 일이 있지 않을까 하는 생각이 머리를 맴돈다. 다른 일이 있을 수 있다. 아주 적을 뿐이다. 세상 어디에 자원과 학력 없는 젊은 사람이 일과 가정을 양립할 수 있도록 두는 일자리가 있을까. 그럼에도 망설이는 것은, '그 일'에 대한 사회적 인식 때문이다. 아르바이트를 하기 위해 구직 사이트에 접속하는 것이 나의 주요 일과였던 시절, 구직자 신상을 20대 여성으로 설정해놓고 구직 사이트 게시판을 열면 'TALK', 'BAR'('토킹바' 같은 성매매 업소를 의미한다) 같은 글씨로 화면이 도배됐다. 돈이 필요한 젊은 여성들에게 성 산업은 자석처럼 들러붙는다. 이 세상이 어떤 사람들에게 어떤 길목을 열어두는지 또한 막아두는지, 그 길목의 어귀를 내다보지 않고 길만 좇다 보면 설사 목적지에 도착하더라도 그 길은 모든 사람이 찾을 수 있는 길이 아닐 것이다.

"열아홉 살에 임신을 하고 스무 살에 낳은 거죠. 방통고 다니면서 졸업을 하고 방통대랑 간호조무사 학원을 병행하고, 그러면서 첫 직장을 되게 늦게 가졌어요. 23살부터 일하다가 결혼해서 둘째 출산하면서 그만두고 그러고 나서 이혼하고. 이제 혼자 애를 케어해야 하니까 바 알바를 했는데, 이후에는 아는 언니 바에 바지 사장으로 들어갔어요. 얼마 뒤에 그만두고 간호조무사로 2년 일하다가, 다시 결혼을 했어요."

"정리해보자면…"

"복잡하죠?"

'정리해보자면'이란 말은 그저 내 입버릇이었는데, 그 말에 해연은 반응한다. 그가 지나온 길은 복잡했다.

"우리 큰애 호적등본을 떼보면 두세 장 넘어가요."

본가에 두었다가 데리고 왔다가, 새 가정이 생겼다가 사라졌다가. 그는 자신의 인생 내력이 평범치 않다고 여겼다.

"생각해보면 엄마가 큰애를 엄마 호적에 넣는다고 그랬을 때, 그냥 가만있을 걸 그랬나 싶어요. 그랬다면 지금 내 인생이 바뀌어 있진 않았을까 하는 생각을 옛날에는 좀 많이 했거든요. 그냥 어딘가에 속해 있고 싶었나 봐요. 평범하게 사는 거에."

해연은 이어 말했다.

"평범하게 사는 게 제일 어렵다고 하는데, 그걸 많이 느껴요."

"평범한 게 뭐라고 생각하세요?"

"아침에 출근해서 저녁에 퇴근하는 일상이요."

아이의 돌봄을 원가족에게 맡기고, 육아의 부담이 사라지자 해연은 다시 간호조무사 일을 구했다. 병원이 바빠서 정신없이 일만 했다고 했다. 그게 좋았다고 했다. (그건 과로인데…) 아침에 일어나 일터로 가서 정신없이 일하다가 잠시 짬을 내어 사람들하고 소소한 이야기를 하고 퇴근하는 그런 삶. 그 평범함은 많은 것들로부터 안전한 삶이다. 불편하고 과로하지만 위험하지는 않은, 그래서 많이들 선택하는.

그리고 결혼이라는 선택의 기로를 마주한다. "첫 번째 결혼은 섣불렀어요." 아이가 말을 할 나이가 되자 아이가 '아빠'라 부를 사람을 만들어주고 싶었다고 했다.

"앞뒤 가리지 않고, 예쁜 가정의 모습을 딱 그린 다음에 거기로 간 거죠. 결과적으로 큰애와 둘째한테 다 상처를 준 거죠."

이혼 후 둘째는 아빠가 키우고 있다고 했다. 두 번째 선택은 신중하고 싶었다. 그러나 역시, 해연의 집에서 결혼하라는 성화가 있었다.

"엄마가 큰애를 애지중지해요. 엄마가 늦게 방통대를 다니면서 사회복지과에서 다녔는데 제가 아기 낳고 나서 유아교육과로 편입을 할 정도로 되게 신경을 많이 썼어요. 왜냐하면 저희 엄마는 제가 망가졌다고 생각하거든요. 딸이 망가진 삶을 살고 있는데 손녀에게 그걸 물려주기 싫었던 거지."

해연도 어릴 적에 할머니 손에서 컸다. 해연의 어머니는 후회하고 있는 걸까. '내가 제대로 안 키워서 자식이 미혼모가 되었나 보다' 하는 식의 후회는 주변에 늘 있다. 아이 어릴 적에 일 다닌다고 신경을 못 써서 아픈가 보다, 공부를 못 하나 보다, 집중력이 낮은가 보다, 예민한가 보다, 키가 안 크나 보다…. 자식이 어떻게 크던 자신의 잘못을 검열하며 시작되는 후회의 마음이 양육자에게는 있다.

이러한 후회는 양육자의 애틋한 마음이자 과도한 부채감이다. 그리고 세상의 기준에 맞춰 자녀의 성취와 부족함을 따지는 폭력적 시선이기도 하다. 그게 무엇이건 해연의 어머니는 딸의 결혼을 통해 '망가진 것'을 되돌리고 싶어 했다. 해연은 어머니가 원하는 그 '온전한' 가정이 자신에게 별로 혜택을 주지 않는다고 말했다. 앞서 연지가 결혼 이후에도 자신에게 올 것은 '노동'이라고 했던 것과 비슷했다. 그럼에도 해연은 결혼을 했다. 아직은 딸이 어리기에 누군가가 아빠가 되어줄 수 있다는 희망을 버리기 어려웠다.

해연의 어머니는 환갑이 가까운 나이에 유아교육과 수업까지 들으며 '바른 양육'에 몰두하고 있다. 해연은 "늘 애를 먼저 생각하게 되는 거 같다"고 말한다. 다들 각자의 방식으로 못다 한 어머니 되기 숙제를 하는 중이다.

평범하지 않을 수 있는 근력

이번에는 아이를 바로 데려오지 않고, 해연은 배우자와 1년을 먼저 지냈다.

"그 1년 동안 정말 많이 싸웠어요. 맞춰본 거죠. 성격을 서로 다 알아봐야 되니까. 왜냐면 신랑 성격도 세고 저도 성격이 드세고 이러다 보니까. 진짜 둘이 싸우면 물건이 날아다니기도 하고 막 그래요. 싸우기만 한 게 아니라 어르고 달래고 '우쭈쭈' 해보기도 하고.

제가 1년 동안 해볼 걸 다 해본 거예요. 저 혼자 계속 속앓이를 해가면서. 진짜 1년은 울면서 지낸 거 같아요. 결국 지금은, 애 앞에서 아직 한 번도 싸운 적이 없어요. 서로 다 맞춰본 거죠."

해연의 1년을 들으며 나는 이렇게 말했다. "관계 노동이네요." 관계를 유지하는 데도 많은 노동력이 투여된다. 결혼을 하고 일을 그만두었다고는 하지만, 그는 내내 노동하고 있던 것이었다. 농담 삼아 "그토록 애를 쓰다니 너무 사랑하는 거 아니냐"고 하자, 그는 말했다.

"늘 애를 먼저 생각하게 되는 거 같아요."

누구를 너무 사랑하는지, 그 대상을 일부러 지칭하지 않고 농담을 건넨 것이었으나, 해연은 곧장 아이 이야기를 했다.

"저는 큰아이가 상처를 입는다면, 이 결혼을 언제든 그만둘 준비가 되어 있거든요."

이 책이 출간되기 전, 해연과 연지 이야기를 읽은 한 지인은 이해가 잘 가지 않는다는 듯 물었다.

"힘들었는데 왜 아이를 낳은 것을 후회하지 않는 거죠?"

20대인 그는 양육의 기쁨 같은 것을 겪어본 일이 없다. 나도 그런 경험이 없다. 그래서 "보통 다들 그렇지 않나요?" 하고 넘겼는데, 문득 그 '보통'이라는 말이 마음에 걸렸다. 보통, 자식 낳은 걸 후회하냐는 질문은 잘 하지 않는다. 육아를 힘들어하는 여성들이 '그래도 나는 아이를 낳은 걸 후회하지 않아'라는 말을 다짐처럼 하기는

하지만, 누구도 그에게 되묻진 않는다. '왜 후회하지 않는데?'

그런데 '보통'이 아닌 사람들에겐 자녀를 향한 애정을 검증하는 질문들이 따라붙는다. '고귀한 모성'이 없는 '문란한' 여성이라는 편견을 가지고 묻는 말만은 아니다. 이들 앞에 펼쳐진 현실이 너무 고달프기에 애정이 소진될 것을 염려하는 시선이기도 하다. 여기서 양육에 '억척'을 부린다면 이들은 '어머니'라는 타이틀을 획득할 수 있을 것이다. 그러나 내가 만난 인터뷰이들은 그런 억척까지 부릴 생각은 없어 보였다.

그들은 주어진 조건 안에서 움직였다. 지역을 숱하게 옮기며 일을 구하는 등 안간힘을 쓰다가도 지역사회의 비난 어린 시선에 고개를 빳빳이 들고 다녔다. 해연은 세월을 지나오며 더는 관계에 연연하지 않는다고 했다. "처녀가 애를 낳다니." 살아온 고향에서 수없이 들었다. "애가 애를 낳았네." 어디서나 들었다. "쟤는 술집에서 일할 거다"라는 말도 들었다. 그 구설수로부터 자신을 지키는 방안을 모색했을 테다. 이를 견뎌내며 그는 '평범'해지진 않았지만, 평범하지 않은 삶을 살 수 있는 근력을 만들 수는 있었다.

언젠가 출산 과정을 취재한 적이 있다. 알고 있다고 생각했지만, 아니었다. 한 생명이 나오는 데 그렇게 긴 시간 공이 들어가는 줄은 몰랐다. 해연은 그 힘든 출산을 이미 두 차례나 겪은 사람이다. 곧 태어날 아이와 첫째 아이가 머물 공간을 만들기 위해 결혼 후 울며불며 일 년을 보냈다고 했다. 그가 좋은 엄마라는 걸 알아달라고 하는 말은 아니다. 그 판단은 아이와 엄마, 두 사람이 할 일이다. 내가 주목한 것은, 그가 이 사회에서 자신(과 자녀들)의 자리를 만들기 위해 해온 노동이었다.

행복의 조건

'덮어놓고 낳다 보면 거지꼴을 못 면한다.'

박정희 시대 표어인 것만이 아니다. 이 말을 2020년에 들었다. 낳을 조건이 되지 않으면 낳지 말라는 소리. 이 구호는 한때 '낙태법' 폐지를 요구하는 시위에 쓰이기도 했다. 물론 임신중지 권리를 요구하는 수많은 목소리 중 극히 일부였으나, 그렇다고 힘없는 말은 아니었다.

덮어놓고 낳는 일, 있을 수 있다. 그러나 어떤 출산이 덮어놓고 낳는 일인지 평가할 권한은 우리에게 없다. 무엇을 감당할 수 있고, 무엇을 감당할 수 없는지는 개개인의 삶의 맥락과 경험에서, 그 자신만이 판단할 수 있는 문제다. 연지와 해연은 각자의 방식으로 '어머니 되기' 숙제를 해나가고 있었다. 숙제 자체를 거부할 순 없어도, 숙제장을 채우는 방식은 자신의 힘과 판단으로 이뤄내려 했다. 한국미혼모지원네트워크 활동가이자 연구자인 권희정이 말한 대로, 이들은 "사회적으로 구성되는 모성 담론 안에서 사회적 행위자로서 제도와 담론의 담지자"이자, 그것을 "재해석하고 비껴 나가며 저항하는 주체"였다.[27] 모든 여성들이 그러하듯이 말이다.

　무턱대고 낳아야만 삶에 '불행'이 찾아오는 건 아니다. 앞서 이야기했지만, 삶을 좌우하는 사건은 교통사고처럼 온다. 계획된 대로 인생이 굴러간다는 생각은 착각이거나 환상이다. 문화 연구자인 사라 아메드는 사회적으로 약속된 행복의 자리는 행복에서 우연을 제거하는 방식으로 만들어졌다고 말한다.[28] 우연성을 제거할 경우 사람들은 행복을 "내가 한 일의 결과나 노력에 대한 보상으로 생각하는 데 익숙"[29]해진다. 그렇게 행복은 자기통제의 기술을 운용한 결과로서 인식된다. 마찬가지로 우연이 제거된 불행은 그 사람의 잘못된 선택과 노력 부족의 탓으로 비추어진다. '정상가족'의 형태를 온전히 갖추지 않은 가정의 구성원을 바라보는 사회의 시선처럼 말이다. ('성숙하질 못했다', '인내심이 없었다', '남자에게 의존적이다', '여자 보는 눈이 없었다'…) 개인은 잘못되지 않은 선택을 하기 위해 전전긍긍한다. 그렇게 행복과 불행이 온전히 개인 차원의 책임이 되면, 우리가 할 수 있는 것은 개인적 노력과 자기관리(통제)밖에 없다. 아니다, 자기관리라니. 한국 사회에서 이 일은 '가족관리'가 되었다.

　이 사회에서 누군가 온전히 살아갈 수 있도록 하는 자원의 대부분은 왜 '가족'에서 나와야 하는가. 안정적인 가족이 없다는 말은 왜 모든 자원을 박탈당했다는 말과 동의어가 되어야 하나. 세상을 아무리 경기장으로 보지 않으려 해도, 경기에 동참하지도 못한 채 트랙 밖에서 머무는 이들이 눈에 보인다. 트랙 안에서는 가족 경영이 활발하다.

그러니 '거지꼴을 못 면한다'는 구호가 불편한 까닭은 생명권을 무시해서가 아니다. 이 구호가 무시하는 권리는 '한 사람이 공동체의 구성원으로 살아갈 권리', '개인이 살아갈 조건을 공동체(보통은 국가라고 인식한다만)에 요구할 수 있는 권리', 일명 사회권이다. 낳을 조건을 운운하는 말은 그 권리를 박탈한다. 삶을 영위할 권리는 자격으로 만들어지는 것이 아니다.

과부로서의 곤궁함?

파업 현장에서, 간혹 이 말에 목이 멨다.

"여기 혼자 애 키우는 엄마들도 있기 때문에 우리가 절박해요."

여성 직원이 많은 사업장에 취재를 가면 한부모 가구주를 소개해주려 하거나 그들의 사례를 힘주어 이야기하는 사람들을 만난다. 임금 인상을 요구하는 이유로 생계의 절박함을 들고, 그 절박함을 강조하기 위해 '주 부양자인 남성을 대신하는' 여성 가장의 존재를 강조한다. 그렇게 소환되는 것이 '남편 없는 여성'이다. 이들은 절박함의 상징이 된다.

사업주는 혼자 애를 키우는 여성을 부당한 요구에도 저항할 수 없는 약자로 여겨 초과 노동을 시키거나 성희롱을 남발한다. 그런데 이에 저항하는 노동조합마저 혼자 애를 키우는 여성의 절박함을 내

세워 임금 인상 요구의 이유를 '선명하게' 드러내려 할 때가 있다. 이혼했다는 사실만으로 이렇게 '슬픈' 사연이 만들어진다고? 혼자 가정을 꾸린다는 이유만으로 이런 비극의 주인공이 되어야 한다면, 이것은 단지 한 사업장의 낮은 임금만이 문제인 것은 아니지 않을까.

우리가 최저임금이 아닌 생활임금을, 아니 한 인간이 사회의 구성원으로 존중받으며 지낼 수 있는 수준의 임금을 필요로 하는 이유가 그 가족이 '안정'되지 않아서라니. 체공녀 강주룡[30]조차도 을밀대 위에 올라가 과부로서의 생계의 곤궁함을 말하지는 않았다.

"우리는 49명 우리 파업단의 임금 감하를 크게 여기지는 않습니다. 이것이 결국은 평양의 2300명 고무 공장 직공의 임금 감하의 원인이 될 것이므로 우리는 죽기로서 반대하려는 것입니다."[31]

의도한 것이 아닐지라도, 싸우는 사람들 스스로가 자본주의가 활용해온 가족 형태(남성 생계 부양자와 여성 가사 담당자 모델)를 재생산하고 있다는 의심을 지울 수가 없다.

그들은 절박하기에 불행한 이들이 아니라, 절박함 속에서도 조건을 살펴 선택하고 행동하는 사람들이었다. 이혼 경험이 있는 한 여성에게서 직장에서 홀로 잔업 거부 투쟁을 한 이야기를 듣게 되었다. 잔업, 그러니까 초과근무가 사장 마음대로 이뤄지고 있었다. 사람을 더 뽑지 않고 기존 직원들에게 잔업을 강요했다. 부당하다고 여긴 그는 혼자서라도 잔업을 거부했다.

어떻게 그게 가능했을까. 해고될 경우, 그는 다른 가족 구성원

(남편)의 벌이가 있는 여성들보다 객관적으로 더 불리한 위치이다. 잘리는 일이 걱정되지 않았냐고 물으니 그는 말한다. 이혼 이후 자신은 지금보다 더 적은 돈으로도 살아봤다고.

"이것보다 더 적은 돈 받고도 일하고, 그 돈으로 애들 키우면서도 살았어요. 그것도 겪었는데, 내가 못 할 게 무엇이 있나요?"

세상이 저항하지 못하는 조건이라고 여기는 것을 누군가는 저항의 동력으로 삼았다. 조금 다른 이야기지만, 나는 절박함이 주는 동력을 아낀다. 후회하지 않으려면 몸을 움직여야 한다는 생각으로, 늪에 빠진 것 같은 상황에서도 팔이건 다리이건 바퀴이건 움직이는 사람들을 좋아한다. 예전에 이주민 여성들을 인터뷰하러 갔을 때, 통역사에게서 이런 질문을 들었다. 이들이 왜 이렇게 한국어를 열심히 배우려고 하는지 아느냐고. 말이 안 통하니 답답해서? 한국 사회에 빨리 적응하려고? 통역사는 말했다. "남편과 싸우려고요." 한국에 오니 부당한 것투성인데, 말이 안 통하니 주장할 수도 싸울 수도 협상할 수도 없다. 그러니 언어를 배운다. 자신이 있는 곳에서부터 자기 자리를 만들고자 한다. 그 말을 듣자, 내가 인터뷰하러 간 이주여성들이 다르게 보였다. 어느 책[32] 제목처럼, 어디에나 싸우는 이주여성은 있었다. 이들을 통해 누군가의 조건을 불행으로만, '거지꼴 면하지 못하는' 어리석음으로만 보는 것이 얼마나 기울어진 시각인지를 알게 된다. 우리가 해야 할 일은, 이들의 삶을 비평하는 것이 아니라 어떤 출산도 '거지꼴을 면할' 수 있게 하는 것이 아닐까.

일할 자격

그렇다고 나의 바람이 '국가의 지원'으로 향하는 것은 아니다. 그간 국가가 인구를 통제해온 방식으로 문제를 접근할 때, 달라질 것은 없기 때문이다. 저출생 대책으로 미혼모의 출산 지원을 '허용' 하자는 분위기가 있다. "미혼모·미혼부가 혼자가 아닌 사회 만들겠습니다." 2021년 저출생 대책 발표문[33] 중 한 문장이다. 혼인하지 않는 동거 가구 등 가족 형태의 다변화에 대응하겠다는 말이기도 하지만, 다들 자녀를 안 낳는 추세니 비혼모와 같이 그간 임신과 출산을 인정받지 못해온 대상들의 재생산을 이제라도 확보하겠다는 의도가 담겨 있다.

차별을 해소하기 위한 정책과 실질적 지원이 필요하다는 것을 알지만, 비혼모 가정을 대상으로 한 지원이 '저출산'(저출생)이라는 키워드를 통과하는 일에 우려를 감출 수 없다. 내가 만난 비혼 출산 여성들은 자신의 선택을 존중받고, 아이를 혼자 낳아 키우더라도 '이토록' 어려움을 겪지 않을 수 있기를 바란다고 말했다. 이는 한 사람이 임신과 출산 등에 있어 재생산권[34]을 온전히 누릴 수 있어야 한다는 말이기도 하다.

그러나 현재의 '저출산 대책 마련'은 국가와 가족이라는 틀거지에 머물러 있다. 국가가 어떻게 인구를 적절하게 관리할 것인가라는 물음에서 벗어나지 않았으니, 그 답변의 범위도 당연할 수밖에 없다. 많은 이들이 혼인 상태가 아닌 채 아이를 낳았다는 이유로 집을 떠나야 했다. "여성이 개인성, 시민성을 획득하는 문제는 곧 가족에 대한 공격으로 해석되어"[35] 왔기 때문에, 임신한 딸을 내쳐도 되는 권력과 명분이 '집(가족)'에 있었다. 그 집은 성별 분업을 기반으로 임금노동과 재생산(노동)을 구분하고, 그 노동에 특정 성별을 복속시킨다. 그곳으로부터 탈출을 꿈꾸는 여성들에게 사회는 저임금·프리랜서 노동을 전담토록 만든다. 그 집은 공동체가 책임져야 할 취약한 몸에 대한 지원을 개인의 모성과 효심의 문제로 돌려놓는 공간이다. 그 공간에 갇힌 채로 '다른 미래'를 꿈꿀 수 없다는 것을 우리는 막연히 안다.

앞서 언급한 사라 아메드는 "행복에서 이탈한 것을 공유한다는 것"은 삶을 열어젖히는 일이라고 했다.[36] 노력의 보상으로 주어진다고 믿는, 미래를 담보로 삼는 행복 관념("행복은 나중에 올 무엇이다"[37])에서 이탈해, "우리가 옹호하고 있는 그 행복에 대해 질문"하며 "우리가 삶에서 무엇을 원하는지"[38]를 공유하는 것. 그것이 '덮어놓고 낳든', '낳지 않든' 자신의 선택을 한 사람이 진정으로 자신의 삶과 만나게 되는 일이 아닐까.

2018년 우리나라의 비혼모·부는 29만여 명이다. 그중 여성의 비율이 73퍼센트를 차지한다. 한국의 비혼모 지원 정책은 1989년에 제정된 모자복지법에서 비롯됐다. 2002년에는 모·부자복지법으로 2007년에는 한부모가족지원법으로 개정을 거듭했다.[39] 비혼모의 규모를 국가 단위에서 파악할 필요가 제기된 것은 2000년대 후반. 2015년부터 비혼모·부의 통계 조사 결과가 발표되고 있다.

2018년 한국여성정책연구원이 진행한 연구 조사에 따르면,[40] 설문조사에 응한 741명의 비혼모 중 임신 사실을 알게 된 후 자녀를 (입양 등을 보내지 않고) 직접 양육할 계획을 세웠다고 답한 이는 절반을 훌쩍 넘는 63.6퍼센트였다. 하지만 임신을 인지한 후 산부인과에 방문한 시기는 비교적 늦었는데, 당사자들이 꼽은 이유로는 임신 사실을 부정하는 심리를 비롯해 병원비 부족, 병원 방문 시 경험하게 될 차별의 두려움 등이 있었다.

지원 제도 이용에 관해 살펴보면, 출생신고 시 공공·복지기관으로부터 '미혼 부모 지원 서비스'를 안내받았다는 이는 21.2퍼센트에 불과하였고, 많은 수가 인터넷 포털 사이트(56.7퍼센트)나 '미혼모' 지원 단체(63.6퍼센트) 등을 통해 정보를 제공받았다고 답했다.

2019년 국회입법조사처(보건복지여성팀)는 비혼모들이 정보 부족으로 인해 제도를 이용하지 못하는 현실을 지적했는데, 저소득층 가정의 경우 건강보험 미가입 혹은 보험료 연체로 인해 지원 대상에 포함되지 못한 경우도 적지 않았다.[41]

10대 청소년 비혼모에겐 지원 신청 절차가 간소화되어야 한다는 제안도 있었다. 산부인과 진입 장벽이 높은 청소년들이 임신 증명 진단서를 발급받지 못해 신청 시기를 놓치는 일이 빈번했다. 청소년 비혼모에 특화된 지원 정책이 마련되어야 하는데, 호주 등에서 시행하고 있는 버스라인Birthline 정책을 눈여겨볼 만하다. 버스라인은 저소득층이나 청소년 비혼모에게 무료 의료 진단과 정보를 24시간 제공하는 공적 서비스이다.

일자리 문제에 있어서는, 앞서 소개한 한국여성정책연구원의 조사에 따르면 임신으로 인해 다니던 직장을 그만두었다는 비혼모는 10명 중 7명이었고 10명 중 4명은 비혼모라는 이유로 취업을 거부당한 경험이 있었다. 비혼모라는 이유로 직장에서 차별이나 모욕, 따돌림을 당했다는 이도 절반에 가까웠다. 이보다 10년 전인 2009년에 진행한 조사에서는 비혼모가 된 후 다니던 직장을 그만두지 않았다고 응답한 이가 7퍼센트밖에 되지 않았다.[42] 과한 이야기가 아니다. 한 조사에서 '직장에 미혼모가 있다면 어떤 관계를 유지할지'에 대한 질문에 응답자의 65.7퍼센트가 '인사 정도만 하는 사이'로 지내겠다고 답했다.[43] 10명의 동료·상사 중 7명이 자신과 '인사만 하는' 사이로 있으려는 공간에서 오래 일하기는 힘들다.

영국의 경우 '한부모를 위한 신고용협약'을 맺어 한부모의 70퍼센트가 직장을 갖거나 직업훈련을 받게 하는 것을 목표로 하고 있다. 이때 취업의 주 갈등 요소인 '독박' 돌봄을 해결하기 위해 '국가아동양육전략'(아동 보육 시설 제공 프로젝트)과 '확실한 출발'(소외 지역 대상 4세 미만 취학 전 아동 지원) 등을 별도로 시행한다. 프랑스의 경우 여성 한부모 가구주에게 두 가지 선택지를 주는데, 취업을 지원하거나 지원 수당(한부모보호급여)을 지급해 전일제 돌봄노동을 수행할 수 있도록 하는 것이다.[44]

국내에서는 저출생이 사회적 화두가 되면서 저출산고령사회기본법에 근거해 비혼모 정책이 나오고 있다. 그 연속선상에서 2020년 정부는 '미혼모 및 한부모 가족 지원 대책'을 발표했다. (비혼 가정을 포함하여 한부모 가족의 수는 2008년 기준으로 153만여 가구이다. 전체 가구의 7.5퍼센트를 차지하는 수치다.)

지원 대책으로 기존 지원 분야(고용·의료·보육 등)를 확대하는 방안 외에도 법령 및 일상생활 속 차별을 찾아 사회적 편견을 해소하는 방안을 밝혔는데, 이 일환으로 '건강가정기본법' 법령 명칭을 가치중립적으로 변경하겠다고 했다. 여성가족부도 가족을 '혼인·혈연·입양으로 이뤄진 기본 단위'라고 규정한 내용(건강가정기본법 3조 1항)을 삭제하고 가족 형태에 따른 차별 금지 근거를 새로 마련하겠다는 취지의 계획을 발표했다. 기존 규정에 따르면 '다양한 형태의 동거 가구'는 가족으로 인정되지 않는다.

그러나 2023년인 지금도 이 법안 명칭과 내용은 유지되고 있다. 새로 선임된 여성가족부 장관은 법률 개정에 대해 현행 유지 입장을 밝혔다. 하지만 그 두 해 전, 여성가족부가 주관한 '가족다양성에 대한 국민 인식 조사'에서 '혼인 및 혈연관계가 아니라도 생계와 주거를 공유하면 가족이라 생각한다'라고 응답한 이들의 비율은 70퍼센트에 가까웠다.[45]

3. 약봉지를 흔들며 걸어간 곳, 직장
: 정신질환을 겪는 여성들의 직장생활

#강인한 #나약한

#안정적인 #불안정한

#무난한 #별난

어떻게 할 수가 없다고 해서 미쳐서는 안 된다.
그는 이 교훈을 배웠던 때의 일을 되살려 보았다.
일생을 살면서 배운 위대한 교훈의 하나다.

에리히 마리아 레마르크, 『개선문』

주로 지인들을 통해 인터뷰할 사람을 구했다. 우울증·조울증·공황장애·불안장애 등을 진단받은 사람을 인터뷰하고 싶다고 했다. 지인 누구든 자신만만했다. "인터뷰해줄 만한 사람을 알아." 그러면 내 쪽에서 조건을 덧붙였다. "예술계 종사자, 대학원생 포함 연구자, 시민단체·노조 활동가는 빼고."

내가 이들을 제외한 '직장인'을 구한다고 하면 그때부터 지인들의 말수가 줄었다. 정신질환 증상을 겪고 정신의학과를 찾아 진료를 통해 진단명을 부여받았으며, 그 사실을 지인들에게 공유한 직장인. (그러면서도 매일 같은 곳으로 출근하고, 인사권을 지닌 존재와 한 공간에서 일하며, 평판을 공유하는 동료들과 점심식사를 하는, 그런 직장인.) 이런 사람은 생각보다 찾기 힘들었다.

그나마 최근에는 '우울증은 마음의 감기'라며 정신질환에 대한 이전과는 다른 인식들이 퍼지고 있지만, 그것을 받아들이는 건 보통 젊은 세대이고 이들은 아직 입사 전이거나 직장생활 경험이 짧았다. 연차가 좀 된 이들은 직장 동료에게는 물론 지인에게도 자신의 질환명(으로 규정된 증상이나 특성)을 잘 밝히려 하지 않았다. 직장을 다니며 평범한 삶을 향유하는 사람이 주변에 자신이 걸린 마음의 감기를 공개하는 일은 드물었다.

우울증은 마음의 감기라고 하지만, 솔직히 감기만 걸려도 직장에 다니기 어렵다. (덧붙여 말하면, 우울증을 겪는 사람들은 안다. 우울증은 감기 증상 정도로 축소되어 말해질 수 없다.) 낫지 않은 감기를 내내 달고 살며 콧물 흘리고 콜록거리고 야근도 못 하고 회식도 빠져야 하는 사람을 두고 회사가 '잘 다니고 있다'고 말해줄 리 없다.

너무 익숙해 잘 인식하지 못하지만, 우리 일상 곳곳 모든 것이 '안 아픈' 사람을 기준으로 설정되어 있다. 감기에 걸리면 출퇴근부터 어렵다. 감기만 걸려도 지도 애플리케이션의 이동 시간 안내 기능이 무용해진다. 그곳에서 말하는 몇 분 단위의 소요 시간이란, 병도 없고 손상도 없는 신체 건강한 성인이 이동하는 데 걸리는 시간이다. 감기만 걸려도 그에 해당하지 않는 몸이 된다. 사무실 '적정 온도' 난방에도 춥다고 덜덜 떠는 사람이 된다.

이 감기가 도통 낫질 않는다. 언젠가 이런 말이 나온다. 감기가 왜 그렇게 안 나아? 몸을 어떻게 관리하는 거야? 아프다면서 이걸 먹어? 그러니까 안 낫는 거 아니야? 현대사회에서 자기관리는 능력의 다른 말이다. 어느새 감기 환자는 자제심과 절제력을 의심받는다. 1순위 감원 대상자가 될 수도 있다. '다들 괜찮은데 혼자 아픈 거면 당신이 문제인 거 아니냐.' 평판이 나빠지고 기침 때문에 같이 일하기 꺼리는 동료도 생긴다.

나의 우울증+α

직장인 인터뷰이를 찾을 수 없던 지인들은 물었다. "프리랜서는 안 돼?" 안 돼. 프리랜서는 이미 구했어. 프리랜서는 섭외할 필요조차 없었다. 토론회 중이었는데 발표문이 보이지 않았다. 내가 쓴 발표문이었는데, 읽을 수가 없었다. 글자가 흐릿했다. 정확히는, 글이 눈에 들어오지 않았다.

아무래도 내 상태가 이상하다는 것은 발표 준비 과정에서 알고 있었다. 일에 집중할 수 없고 실수가 급격히 잦아졌다. 일을 맡으면 안 되는 처지였지만, 그때 나는 이렇게 생각했다. '질 수 없다.' 다그치면 다그칠수록 좋은 결과물을 내는 사람이라고 스스로를 생각해왔다. 몸이 보낸 이상 신호를 정신력의 문제로 받아들인 나는 내 정신 상태와 한판 싸움을 준비한 것이다. 누가 나에게 달마다 월급을 주는 것이 아니었다. 힘들다고 피곤하다고 마음이 안 좋다고 일을 쉬면 '일할 자격'이 사라질지 모른다는 불안이 있었다.

전투 결과는 처절한 패배였다. 토론회 자리에서 내가 할 수 있는 건 아무 일도 없다는 듯 태연한 표정을 짓고 있는 일뿐이었다. 그 길로 정신의학과를 찾았다. 우울증이건 뭐건 진단이 나오는 일은 당연했지만, MBTI 테스트보다 항목이 적어 보이는 검사지를 신뢰할 수가 없었다. 우울한 상태가 2주 정도 진행되면 우울증이라고요? 다른 사람들은 다 꽃밭에 살고 있나요? 이렇게 묻는 대신, 나는 약 먹기를 거부했다. (약에 따라오는 부작용을 견딜 수 없기도 했다.) 하루에 만 보이상 걸었다. 작업 환경을 바꿨다. 일을 더 열심히 (하려) 했다. 1년후, 우울증, 불안장애, 공황장애, 번아웃증후군 같은 수많은 병명을머릿속에 떠올리며 병원을 다시 찾았다.

무엇보다 괴로운 것은, 맡은 역할을 제대로 못 해내면 같이 일하는 사람들에게 폐가 될 것이라는 자책이었다. 모 시민단체에서 진행하는 기록 프로젝트에 자문을 맡은 적이 있었다. 지원금을 받는 사업이 그렇듯, 결과물이 나와야 하는 시일이 촉박했다. 시간은 부족한데 일은 방대했다. 나는 짐짓 속으로 저 활동가들이 기한 내에 일을 마칠 수 없을 거라고 생각했다. 이 일만 하는 사람들이 아니었다. 다른 업무도 과중했다. 그런데 결과물이 나왔다. 나는 진심으로 놀라워하며 어떻게 기한 맞춰 끝낼 수 있었는지 물었다. 그들은 홀가분한 표정으로 말했다.

"마감이 있었으니까요."

자신이 제시간에 일을 끝내지 못하면, 다음 단계를 진행해야 할 동료에게 부담이 전가되기 때문에 이를 악물고 마감 기한을 지켰다고 했다. 팀 프로젝트였기 때문에 내가 일을 미루면 전체 팀원들에게 영향을 미친다. 그 걱정이 이들을 강제했다. 그 자리에서 나는 "컨베이어 벨트 같은 팀 작업"이라고 농담했지만, 돌아오는 길이 쓸쓸했다. 아니, 부러웠다. 그리고 두려웠다. 내가 앞으로 저 컨베이어 벨트를 멈춰 세우는 사람이 되면 어떻게 하나. 폐를 끼치는 동료 역할을 맡고 싶진 않았다.

타인에게 부담을 주고 싶지 않아 약속을 지키고 마감을 제때하고, 할 일을 완수한다. 이것은 협업을 필요로 하는 일에 내재된 속성이며, 그 속성 때문에 사업이 되고, 책이 나오고, 돈이 벌리고, 운동이 된다. 무엇이든 만들어진다. 과로를 원망하지만, 그 노동 덕분에 무엇인가 만들어지고 있는 것도 사실이었다. 모두가 힘껏 일을 하는 사회에서 아무것도 하지 않을 용기를 가진 사람은 드물었다.

약을 먹고 출근을

코로나19가 휩쓴 3년 동안 K-직장은 꾸준히 증명해 보였다. 내일 세상이 멸망한다고 해도 오늘 직원을 출근시키리라는 것을. 재택근무 지시를 내리지 않으려고 버티다가 집단감염 사태를 맞은 콜센터 기업이 있었다. 식당에서도 테이블 하나씩 자리를 비워 앉던 그때, 한 사무실에 수백 명을 모아놓고 근무시켰다. 집단감염은 예고된 일이었다. 이후 격리 조처된 콜센터 직원들은 노트북을 지급받았다. 위로 선물이 아니었다. 재택근무용 대여품이었다. '아프면 쉴 권리' 같은 것은 없는 직장. 그나마 직장인은 낫다. (물론 5인 이상 사업장에 한정된 말이다.) 자영업자, 프리랜서 같이 내가 움직인 만큼 버는 사람들은 아파도 움직여야 한다.

그런데도 소위 '마음이 아프다'는 사람들이 하는 말이 있다.

"몸 아픈 것은 눈에 보이기라도 하지."

팔이 부러지고 눈이 충혈되고 콧물이 줄줄 흐르면 설명하지 않아도 아픈 상태가 표현된다. 그런데 정신질환이라 불리는 증세는 겪는 이가 설명하지 않으면 알아주는 사람이 없다. 공황(장애) 증세가 올 것 같은 느낌이 온다고 '저 좀 쉴게요' 할 수 없다. 끽해야 화장실에 가서 심호흡을 하거나 약을 털어 넣는다. 약이 떨어졌다고 해서 다들 야근하는데 혼자 일어나 병원으로 갈 수도 없다. 당장 오늘 약을 타지 않으면 내일 어떤 기분으로 눈을 뜰지 장담할 수 없는데, 아픈 상태를 드러내어 보여줄 수가 없다.

증상이 드러나지 않아 괴롭다만, 자신의 병이 겉으로 드러나질 않아 안도하기도 한다. 얕보이고 싶지 않다고 했다. 이해받지 못할 이야기로 엄살떨고 싶지 않다는 이도 있었다. 나 또한 마찬가지였다. 마감 기한을 연장하고자 양해를 구할 때, '제가 요즘 심적으로 너무 힘들어서요'라는 말보다는 일이 몰려서 마감일을 어기게 되었다고 말하는 편이 나았다. 둘 다 사실이나 후자가 더 이해받기 쉬운 변명거리였다.

정신질환은 사회가 말하는 생산력을 내기 어렵다. 우울증은 무기력과 건망증을 동반한다(고 한다). 성인 ADHD는 집중 장애로 인해 실수가 잦다(고 한다). 불안장애는 걱정으로 인해 상황 대처 능력이 떨어진다(고 한다). 모두 업무에 '피해'를 끼치는 특성이다. 우울이 사람을 얼마나 무겁게 만드는지 알기에, 인터뷰이들을 만나면 출근하기는 괜찮은지 묻고 싶었다. 그러나 내 앞에 앉은 인터뷰이들은 자신이 얼마나 '기를 쓰고' 일을 하는지를 말했다. 그들에게 출근은 제때 할 수 있느냐고 묻는 것이 무례하게 느껴질 정도였다. 할만해서 하는 게 아니다. 해야 하니까 하는 거다.

우울증에 시달리는 지인들은 무기력보다는 근육통에 시달렸다. 맡은 역할을 수행하지 못하느니 이를 악물어 통증에 시달리는 게 나았다. 턱에도 근육통이 생긴다고 했다. 잘 때도 이를 악물고 자는 것이었다. 어떤 이는 우울한 일상이 지속되는 가운데 자신에 대한 주변의 평가마저 하향되는 일을 감당할 수 없다고 했다. 일의 실패와 함께 따라올 자책, 불안, 위축, 수치심을 두려워했다. 그도, 나도 안간힘을 쓰고 있었다.

인터뷰 자리에서 만난 사람들은 일을 잘하고 싶어 했다. 엄청난 야망을 지녀서가 아니었다. '일을 제대로 안 하면' 무시당하기 쉬운 세상이었다. 직장은 사람에게 쉽게 스크래치를 낼 수 있는 공간이었다. 자존감과 월급을 맞바꾸나 싶을 지경이다. 일터만이 아니다. 자존에 쉽게 상처를 내는 사회였다. 연봉과 직장은 물론이고 키와 체중까지. 무엇이건 개인의 능력치로 평가되어 스스로를 자격 없는 사람으로 여기게 만들었다.

내가 만난 몇몇은 병원에서 타온 약을 등 뒤로 숨긴다면 '엄친아'라고 불릴 사람들이기도 했다. 착실하게 살았다. 그러다가 발에 뭐가 걸려 넘어지듯 미끄러졌다. 넘어지고도 멈추는 법을 몰랐다. 반복해 넘어지다 보면 어느새 '엄친아'라는 수식어도 사라져 있었다. 그러고 보면 엄친 '딸'보다 엄친 '아(들)'란 단어가 대표성을 띠게 된 이유가 있다. 자주 넘어지는 사람에게 '모범적'이라거나 '성공적'이라는 수식어는 어울리지 않는다. 젊은 여성들은 넘어질 일이 더 잦다. 그들이 걷는 길은 울퉁불퉁하다. 그 길이 평지가 아니라는 것은 알려진 수치만으로 짐작 가능하다. 젠더 폭력을 평생 한 번이라도 당했다는 여성이 34.7퍼센트,[2] 직장에서 성차별적 언행으로 인해 업무 피해를 경험했다고 응답한 여성은 42.2퍼센트,[3] 임신과 출산 등으로 경력 단절을 겪은 여성은 35퍼센트다.[4] 세 명 중 한 명은 어떤 일이든 겪었다. 넘어지는 것은 고르지 않은 길 때문인데, 넘어진 사람은 자신을 탓한다.

"진단을 받고 나서 마음이 편해졌어요. 그래도 나를 설명할 수 있는 언어가 생겼다는 게. 밥을 먹을 수도 잠을 잘 수도 없는데, 주변 친구들을 보면 '애네가 나보다 더 고생하는 거 같은데, 왜 나만 이렇게 힘들지? 나만 이겨내질 못하고 약한 모습을 보이는 거지?' 이런 고민을 계속했거든요. 그런데 진단을 받으니까, '내가 혼자 이상하고 나약하고 그런 게 아니다. 약을 처방받을 수도 있고 상담 치료를 받을 수도 있고. 오롯이 나 혼자 책임져야 하는 게 아니겠구나.' 그러니까 병이 찾아오는 게 내 탓은 아니잖아요."

불면에 시달리다가 우울증과 불안장애 진단을 받은 태린은 자신의 상태에 병명을 붙일 수 있다는 사실에 안도했다. 우울할 수밖에 없는 사회이다. 따로 연구 조사를 하지 않아도 우리는 우리가 왜 우울한지 안다. 하지만 모두가 우울증을 겪는 것은 아니었다. 우울하지 않을 수 없는 사회라고 이야기해도, 이 말은 우울하지 않은 사람들이 존재하는 한 힘을 잃는다. 불산[5]을 그렇게 가까이 두고도, 철가루를 그렇게 먹으면서도, 과로를 그렇게 하면서도 일터에서 일하다 병든 사람들이 자신의 질병이 직업병임을 깨닫지 못하는 이유 중하나는 이것이다. 나와 같은 일을 했는데 '멀쩡한' 동료들이 있다는 것. 마찬가지로 동시대를 살아가며 나와 비슷한 일을 겪는데 나와 달리 불안과 우울을 겪지 않는 사람들이 있다. 그들과 비교하다 보면, 이 아픔은 나의 책임이 된다.

그런 순간에 들은 진단명은 안도감을 준다. '아파서 그랬구나.' 내 상태를 설명할 말이 생겼음에 기쁘다. 이제 타인에게 이해를 구할 때도, 사과를 할 때도, 양해를 부탁할 때도, 도와달라고 할 때도, 말할 수 있는 근거가 생겼다. '너 요즘 왜 그래?'란 질문에 답할 말이 생겼다. 하지만 안도는 오래가지 못한다. 근거라 여겼던 말도 평생 한다면 변명처럼 들릴 뿐이다.

그래도 약이 있다. 약을 먹으면, 갑자기 불안해져서 화장실로 뛰어 들어갈 일은 없다. 밤에 잠이 오지 않아 뜬눈으로 밤을 새우고 퀭한 눈으로 출근할 일도 없다. 우울하다고 술을 찾을 일이 줄어든다. 그러면 해결책은, 열심히 약을 잘 먹는 것인가?

"언제까지 약을 먹어야 하지." 다들 고민했다.

'언제까지 약을 먹고 출근해야 할까?' 답을 구할 수 없는 물음을 들으며 나는 살짝 다른 생각을 했다. '언제까지 출근하기 위해 약을 먹어야 할까?' 넘어져도 주저앉을 줄 모르고 약봉지를 든 두 팔을 앞뒤로 흔들며 걸어간 그곳에는 직장이 있었다.

약 먹고 있어요

사람들이 노예상에게 끌려가듯 출퇴근하는 것만은 아니다. 앞서 말했지만, 특히 20~30대는 꿈을 가지라는 말을 정언 명령처럼 듣고 살아온 세대였고, 그 꿈을 이뤄줄 수단이 전문 직업이라고 배워왔다. 노력에 대한 회의와 믿음이 공존하는 것처럼, 직장에서 벗어나고 싶다는 마음과 직장에서 무엇을 이뤄보고 싶다는 마음이 공존한다.

벗어나려는 마음도, 이뤄보려는 마음도 업무량과 관계가 있다. 일이 많아 벗어나고 싶지만, 직장에서 무언가를 성취하려면 과로가 동반되어야 한다.

"일하면서 스트레스를 많이 받을 때는 아침 먹고 아침 약 먹어야 하고, 아침이랑 점심 사이 필요시에 먹는 약이 따로 있고, 점심 약이랑, 점심과 저녁 사이 필요시에 먹는 약도 있고, 저녁 약 있고, 잠자기 전에 먹는 약 있고. 아무튼 하루 내내 약을 먹어야 되는 상황인 거예요."

태린의 일터인 의원실은 노동 강도가 높다. 국정감사 기간이거나 이슈가 터지면 의원실은 민원 전화로 북새통을 이뤘다. 그는 국회의원실에서 가장 나이가 적은 20대 비서관이었다.

직장에 대한 만족도와는 별개로, 근무할수록 약을 먹는 횟수가 늘었다.

"제 자리에는 늘 약봉지가 있잖아요. 사람들이 와서 보고 '너는 어린애가 무슨 약을 그렇게 먹니?' 생리대 숨기듯이 그렇게 하고 싶지 않아서, '네, 저 약 먹고 있어요' 하고 넘기긴 했는데."

말이 나와서 말인데, 월경 용품은 부끄러워서 숨기는 것이 아니다. '그날이라 저러는 거야?'라는 말을 들을 가능성을 차단하려고 숨긴다. '생리한다는 거 알리고 다니고. 쟤 좀 이상하지 않니?'라는 말을 들을까 봐 감추는 거다. 마찬가지이다. 자신의 질환을 하나의 (불편한) 증상이라고 생각하는 태린이었지만, 막상 일터에서 자신의 증상을 말해야 하자 여러 생각이 오갔다고 했다.

"내가 여기서 정신질환이 있다는 게 알려지면, 오래 일을 할 수는 없겠구나. 요새야 정신질환이 있다고 대놓고 손가락질하는 분위기는 아니지만, 그래도 얘가 뭔가 하자가 있구나 하는 평가는 받을 것 같다는 생각 때문에…. 안 그래도 저는 어린 여자여서 존재만으로 이질적인데. 거기에 추가로 아픈 사람이라는 낙인까지 찍히면, 예민하고 까칠한 여자애로만 여겨질까 봐. 그렇게만 저의 위치가 정해지면 어쩌나 하는 걱정을 했어요."

국회 흡연실에 가면 양복 입은 남성들만이 무리 지어 있다고 했다. 그 사이를 머리를 노랗게 물들인 태린이 비집고 들어가면 시선이 몰린다. 태린의 표현에 따르면 국회는 "정상성으로 가득한 조직"이었다. 그가 일하는 곳은 어느 진보 정당의 의원실이었지만, 그 당의 정치가 '소수자'를 품는 것과 일하는 공간으로 '소수자' 직원을 품는 일은 미묘하게 다르다.

게다가 태린에겐 걱정만 있는 것이 아니었다. 욕심도 있었다. 그 정당에서 그는 직원일 뿐 아니라 지지자이자 활동가였다. 그곳에서 그는 자신의 정치를 펼치고 싶었다. 이런 욕망 때문에 자신의 증상을 흠이라고 생각했다가 정당 정치에 반영되어야 할 소수자 정체성이라 생각했다가, 숨겼다가 숨기지 않았다가, 그는 갈팡질팡했다.

"국회는 하루아침에 사람이 잘려 나가고, 새로운 사람으로 교체되고 그래요. 의원실 분위기와 맞지 않는다고 판단되면 바로 일을 그만두는 게 이상하지 않은 공간이거든요."

살아남으려면 자기관리가 필수다. 그 방식만 다르지, 여느 직장과 비교할 수 없을 정도로 치열하게 자신의 쓸모를 '입증'해야 한다.

노동권이 보장되고, 고용이 좀 안정적이었으면 좋겠다는 마음에 지금 이곳을 '일터'라고 부르고 있지만, 의원실에서 일하는 사람들 중 자신의 일을 노동이라 여기는 사람이 얼마나 될까. 직장이라는 개념이 없으니 해고라는 개념도 없다. 여기는 경력을 만드는 자리이며 활동의 기반을 닦는 공간이다. 태린도 그곳을 발판 삼아 경력을 만들고 싶었다.

"'병원 다니고 약을 먹는 건 내가 나아지고 좀 더 잘하기 위해서 노력하는 거지. 이게 내 흠이 될 수는 없어'라고 자기 세뇌하듯 그랬던 것 같아요. 한 사람 몫을 못 하면 안 된다는 그런 부담이 계속해서 있었어요. '내가 여기서 버텨야지', '뭔가 성과를 보여줘야지.'"

왜 그렇게까지 보여주려 했을까.

"무시당하고 싶지 않았어요. 여자아이 취급을 받기 싫었거든요."

'어린 여자' 취급이라는 것이 있다. 인터넷 검색창에 '어린 여자'라는 단어와 '직장', '회사', '직원', '일터'라는 단어를 함께 적어본다. 아무리 검색해도 연애 이야기만 나온다. 어린 여자는 연애 상대로 언급될 뿐이다. 이런 것이 어린 여자 취급이다. 직장에서 함께 일을 하는 동등한 동료로 인식되기 어렵고, 연애 상대로 여겨지거나 성적 대상화되기 쉬운 위치에 놓인다는 것은, 그가 걷는 길을 울퉁불퉁하게 만든다. 여기에 정신과 치료 사실까지 더해진다면…. 자신이 가진 정체성을 부정하고 싶지 않으나, 그것만으로 평가되길 원치 않는 태린은 방법을 강구한다.

"제가 아픈 사람이라는 정체성을 드러내려면, 권력을 가져야 한다고 생각했어요."

성과사회의 우울과 '어린 여자'의 불안은 이렇게 만난다. 태린은 권력이라고 말했지만, 의원실 막내가 어떻게 권력을 갖출 수 있을까. 그건 능력의 다른 말이었다. 아니, 쓸모의 다른 말. 내쳐지지 않을 정도로 쓸모를 갖춘 사람이 되고자 한다. 태린은 능력주의를 거부했다. 능력이 공정의 기준이라 말하는 것을 싫어한다. 공정이 아닌 평등을 말하는 것이 그의 정치였다. 하지만 개별로 살아남기 위해 일터에서 붙드는 것은 '능력'일 수밖에 없다. 이것을 모순이라 부르진 않으려 한다. 자원 없는 여성이 일터에서 시도할 수 있는 방식은 몇 가지 없다. 손에 잡히는 것 중 하나가 '열심히 일하는 것'이다. 덕분에 태린은 좋은 평을 많이 들었다. 다만 자기 확신으로 이어지지 못할 뿐이다.

"'열심히 한다', '일 잘하고 있다'는 평가도 많이 듣긴 했는데, 그게 '나이에 비해, 사회 초년생치고 잘하네' 이런 건 아닌지 계속 검열하게 되더라고요. 사람들이 마음속에 나에 대한 불만을 표현하지 않을 뿐일지도 모른다. 업무에 대한 사소한 피드백인데도, 나라는 인간 자체를 부정한 것처럼 여겨지고. 머릿속으로 '그거 아니야. 나를 그런 사람이라 말하는 게 아니야' 하고 스스로 다독여도, '내가 일을 못 하면 어떻게 하지', '나에 대한 평이 나빠지면 어떻게 하지'…."

칭찬도 무력하게 만드는 자기 검열은 불안장애의 증상인 걸까, 아니면 이런 생각과 경험이 쌓여 장애를 일으키는 걸까. 내가 조바심을 내는 사람이라 이렇게 몸도 마음도 힘들게 된 걸까. 조바심의 다른 말은 일을 잘하려는 동력이라고 하던데, 왜 누구에겐 동력이 되고 누구에겐 질환이 되는 걸까. 1년에 80만 명이 항상 불안해서 힘들다고 한다.[6] 원인은 알 수 없다고 한다. 그런데 우리는 늘 불안할 것을 요구받지 않나? 우리가 불안하지 않다면 이토록 많은 자기계발서가 팔릴 리 없다. 자기계발서는 우리에게 안주하지 말라고 한다. 제대로 하고 있는지 의심하라고 한다. 그 '제대로'의 기준은 자꾸만 높아진다.

덕분에 자기계발서의 주 독자층인 20대가 우울증과 불안장애를 겪는 비율이 늘고 있다. 건강보험심사평가원에 따르면 관련 증상으로 진료를 받은 경험이 있는 20대 인구는 17만 명에 달한다.[7] 이는 전 연령대 진료 유경험자의 약 20퍼센트를 차지하는 수치인데, 이 비율은 해가 갈수록 증가한다. 그리고 대다수가 여성이다.

진취적이고 성실한 빨간 모자

20대 중반인 정희가 불안장애를 겪게 된 것은 십 대부터였다. 배우가 되고 싶었다.

"중학교 때 연기 학원에 갔는데, 살 빼야 된다는 이야기랑 외모 지적을 많이 들었어요. 오디션 같은 데 가면 연기는 안 보고… 다들 어리니까 연기는 다 고만고만할 거 아니에요, 좀 특별하게 잘하는 아이가 아니라면 다 얼굴 이야기. '너 어디 어디 고치고 와. 그러면 연기 봐줄게.' 그러니까 항상 스스로 부족한 점만 보이는 거예요. 아버지가 가부장적이고 폭력적이었거든요. 엄마도 내 편이 아니었고. 그 집에서 내가 마음을 표출할 수 있던 수단이 연기였던 거 같아요. 내가 잘하는 게 뭔지는 모르겠지만 일단은 연기는 좋았어요. 즐거웠던 것 같아요. 그런데 연기를 배우러 가면 제 단점부터 보게 되니까. '내가 안 예쁘구나. 뚱뚱하구나. 살을 빼야겠다.' 석 달을 거의 안 먹고 뛰기만 했어요. 키가 170센티인데 몸무게가 42킬로까지 내려가더라고요. 그러면서 거식증 폭식증 계속 왔다 갔다 했어요. 음식 자체가 무서운 거예요. 예전에는 음식마다 칼로리 다 보고 성분도 다 보면서 이거 먹으면 운동을 몇 시간 더 해야 되는데, 계산하고. 그렇게 우울증이 왔죠. 성인이 된 후에는 연애하다가 헤어졌는데, 세상이 다 끝난 거 같은 거예요. 그때 공황장애가 온 거죠. 불안장애는 예전부터 있던 것 같아요."

정희의 이야기를 들으며 전형적이라는 생각을 했다. 20대 여성 우울증의 원인을 모아 하나의 이야기로 재구성한다면, 정희의 삶으로 표현될 것 같았다. 안정감을 주지 못하는 가정환경, 외모에 대한 사회적 평가, 성취에 대한 불안, 연애 과정에서의 젠더 폭력. 정희를 둘러싼 환경이 특별히 불행한 것이 아니었다. 그저 빨간 모자들이 겪는 일일 뿐이었다.

빨간 모자. 할머니에게 줄 쿠키를 들고 숲길을 가다가 늑대를 만나 잠시 다른 길을 구경했을 뿐인데 할머니로 위장한 늑대에게 잡아먹히는 동화 속 주인공. 정희가 '어린 여자'였기에 빨간 모자를 떠올린 것이 아니다. 물론 10~20대 여성들이 자신의 진로를 찾는 길 곳곳에는 덫이 도사리고 있다. 그 시기를 지나온 사람으로서, 세상이 얼마나 '어린 여자'를 잡아먹을 준비가 되어 있는지 안다.

그런데 어릴 적에도 그 동화는 조금 의아했다. 늑대가 있는 숲속으로 빨간 모자를 혼자 심부름 보낸 부모도 이상했지만, 그러려니 했다. 내가 의아했던 것은 빨간 모자였다. 왜 간다고 했지? 나는 집 앞 슈퍼를 다녀오는 길도 떨리고 두려운데 빨간 모자라 불리는 그 아이는 숲을 하나 건너야 하는 길을 선뜻 나섰다. 집 떠나는 길이 심심하지 않을까, 무섭지 않을까, 혼자서 외롭지 않을까. 그런 게 마음에 걸렸다. 정희를 볼 때도 그랬다.

정희는 고등학교에 올라가자마자 아르바이트를 했다. 아르바이트를 해서 연기학원 수강비를 내고, 오디션 때 입을 옷을 샀다. 돈을 모아 쌍꺼풀 성형도 했다. 대학에 가서는 아르바이트 횟수를 더 늘렸다. 일을 쉰 적이 거의 없다고 했다.

"저는 결핍을 일단 돈으로 해결하려는 것 같아요."

돈으로 해결되는 것이 많게끔 구성된 사회이다. 정희는 집에 머물며 무능하고 순한 딸이 되기보다, 집 밖에서 살길을 마련하려 했

142 일할 자격

다. 다만 길목 곳곳에 수납원들이 기다리고 있었다. 꿈에 가까워지는 일도, 안정된 공간을 갖는 일도, 시끄러운 집을 떠나 밖에서 머무는 시간에도 모두 돈이 들었다.

성인이 된 후 집을 떠나려는 정희에게 필요한 것은 보증금과 첫달 월세였다.

"사람들이 '휴가 다녀와라', '쉬어라' 해도 불안한 거예요. '나 일해야 하는데. 이 시간에 일할 수 있는데.' 어떻게 쉬는지 몰랐던 거 같아요."

지금도 그렇다. 주 5일은 직장에 나가고, 주말에는 카페 아르바이트를 한다. 나는 의아한 마음에 왜 직장인이 투잡을 뛰냐고 묻는데, 정희는 돈을 더 벌어야 한다고 가벼이 응수한다. "지금 다니는 회사가 월급이 많지 않아요." 놀라울 것이 없다. 20대 초중반 여성을 뽑았다. 정규직이건 계약직이건 별로 기대할 것 없는 월급일 것이다. 정희는 쉰 적 없이 일했다고 했지만, 그가 집에서 나올 때서야 원룸 보증금을 간신히 만들 수 있었다. 용모 단정하고 젊은, 그것 외에 다른 자원을 가지고 있지 못한 여성이 할 수 있는 일이라고는 서비스직이 대부분이었다. 편의점, 식당, 카페 아르바이트. 그곳들에서 최저임금을 모아 원룸 집주인 통장에 넣었다. 문제는 주 5일 출근하는 회사마저 가뿐히 다니는 게 아니라는 것.

"불편하거나 어색하거나 압박을 받는 자리에 있으면 심장이 떨려요. 힘들고 에너지를 다 쓴 느낌이 들어서. 저는 친구를 만날 때도 불편하다 싶으면 먼저 자리를 떠나거든요. 그래서 요즘은 진짜 친한 사람밖에 안 만나고 있어요. 그런데 회사에서는 그러지 못하잖아요. 안 맞는 사람들이랑 같이 일도 해야 되고, 불편한 상황도 생길 때가 있고. 그래서 저는 출근 전에 약을 좀 많이 복용하거든요."

카페 아르바이트를 할 때도 종종 문을 거칠게 열고 오는 사람이 있으면 흠칫 놀란다고 했다. 컵을 떨어뜨리거나 자연스럽게 응대를 하지 못한다. 내가 의사는 아니어도 정희에게 휴식이 필요하다는 것 정도는 알겠는데, 정희는 일터라는 공간에 자신을 계속 둔다. 일터는 안전한 공간이 아니다. "평균에 수렴하지 않는 언행이 입방아에 오르고", "입꼬리만 움찔해도 마음을 읽는 노련한 어른들의 공간"[8]이 일터이다. 매년 직업병으로 분류되는 500여 건의 정신질환이 생겨나는 곳이기도 하다.[9]

불편한 것도 불안한 것도 많다는 사람이 자신을 계속 일터에 둔다. 자신이 안전할 수 있는 수단을 금전이라 여기고 거침없이 일을 하러 간다. 뭐든 알아서 헤쳐 나가려 한다. 그 모습이 마치 손을 번쩍 들고 늑대가 사는 숲속으로 심부름을 다녀오겠다던 빨간 모자와 겹쳐 보였다.

"가끔은 말도 안 되는 상상을 하기도 해요. '우주에서 지구는 정말 이만하게 작고, 지구에서 나는 정말 먼지 같은 존재인데. 왜 나는 이렇게 혼자 아등바등하고 있지?' 그러다가도 '아니다, 열심히 살아야지' 하다가 또 '왜 내가 지금 이러고 살고 있지?' 왔다 갔다."

"답을 구했어요?"

"답은 못 구했어요. 구하지 못한 상태이니까 아직도 이렇게 열심히 일을 하고 있는 거 같아요."

돈이 통장에 쌓이는 것을 보아야 안도한다. 무엇이 그렇게 불안한 걸까. 다시 부모님의 집으로 돌아가게 될까 봐? 아니면 혼자 뒤처지는 것 같아서?

"어렸을 때, 부모님이 싸울 때가 된 것 같다 싶으면 집에 있는 비싼 가전제품이나 제가 아끼는 물건들을 항상 숨겨놨어요. '저거는 깨지면 안 된다' 이런 생각에. '내가 뭘 잘하면 부모님들이 싸움을 덜하려나.' 부모님이 싸우는 게 저 때문인 것 같고. 나이가 들고 나서야 내 잘못이 아니구나 생각했어요. 그때부터 저를 보호하기 시작한 거예요. '결국 나를 보호해줄 사람은 나밖에 없구나.' 그러면서 집을 나와야겠다는 생각이 들었어요. 요즘은 일 마치고 돌아와 밤에 집에서 도도(반려견)랑 놀고, 청소하고, 머리카락 보이면 돌돌이 테이프로 바닥 밀고. 그냥 이렇게 지내는 게 행복한 거 같아요."

집을 나온 뒤 아버지와는 연락을 하지 않는다고 했다. 지금 그가 누리는 안정감을 세상은 당연하게 내주지 않았다. 공짜가 아니었다. 많은 것을 희생하고 애써서 얻은 것이다. 세상은 한 사람이 '응당' 누려야 할 소속감과 안정감을 '가정'에서 얻어야 한다고 말한다. 그 '즐거운 나의 집'이 불안하거나 위협적인 존재라면? 더 화목한 가정을 이룰 수 있도록 노력하라고 한다. 그런데 왜, 대가 없는 소속감과 안정감을 지급받을 수 있는 단위로 가족이 유일해야 할까. 심지어 가족 내 구성원이 된다는 것은, 전혀 '대가가 없는' 일이 아니다. 가족이라는 공동체는 숱한 무상 노동과 위계로 굴러간다.

"명절에 할머니 댁에 가면 첫 상을 남자들이 먼저 받고, 다음 상은 아이들이, 제일 마지막에 딸들이랑 며느리들이 식사하는 그런 집이었어요."

그런 친지들 앞에서 아버지랑 크게 충돌하고 정희는 그 길로 집을 나갔다. 많은 이들이 '즐거운 나의 집'을 어떻게 떠날 것인지를 인생의 주 과제로 삼는다. 딸을 비롯해 가부장 공간에 머물 수 없는 소수자들은 그렇게 집을 떠났다.

광증과 우울

집을 떠난 이들은 종종 '미쳤다'. 이 현상을 정신의학적 질환으로 분류하지 않던 시절, 그것은 광기라 불렸다. 이성이 진보의 동력이라는 믿음으로부터 시작된 근대는 비이성을 징벌의 대상으로 간주하며 부도덕과 동일시했고, 비이성적 행동을 한다고 여겨지는 이는 부랑자와 함께 구빈원에 유폐됐다. 그렇게 규율 사회는 "광인과 범죄자를 낳았다".[10]

광기를 '수입'해온 식민지 조선의 지식인들은 문학작품(신소설)에서 여성의 행위를 광기(밋침증, 광증)로 표현했다. 당시 소설 속 여성들의 광기는 "이성적인 숭고한 영웅형" 남성과 대비되는 것(비이성적 특성)으로 여겨졌으나, 후대에 와서는 전통적 가부장제에 갇힌 여성들의 "저항의 몸짓"과 "이념과 풍속, 체험과 관념, 욕망과 명분 사이의 괴리에서 발생하는 다양한 불협화음의 표상"[11]으로 해석되기도 한다. 그런데 이 '미침'의 증상이 등장인물에게 모두 동일하게 나타나는 것은 아니었다. 집을 떠나지 못하는 여성은 광증보다는 화병(울화병)이라 부르는 것이 더 적합해 보이는 증상을 겪었다. ("「혈의누」에서 옥련의 모친인 최씨 부인이 집에서 홀로 가족을 기다리며 환각과 우울증에 시달리다가 대동강에 몸을 던지는 것"이나 "이해조의 「우중행인」(1913)에서 남편의 소식을 기다리던 부인이 울화로 인해 식음을 전폐한"[12] 경우들이 그러하다.)

한편 집을 떠난(도망을 가든 사랑의 도피를 하든) 여성들은 히스테리를 부리고 실성을 하는 방식으로 서술된다.[13] (가부장 공간인) 집을 떠나지 않는 여성들은 화병으로 시름시름 앓아가고, 가부장 규범에 억눌리기를 거부한 신여성들은 집을 떠나 광인이 되는 것이었다.

그 뒤로도 여자들은 곧잘 길을 떠나거나 떠나기를 꿈꿨다. 드라마 〈디어 마이 프렌즈〉에선 길 위에서 죽는 것이 꿈인 72세 여성이 나온다. 집을 떠나 길 위에서 죽고자 하는 바람이 객기 어린 말로 들리지 않는 것은 평생 길 위에서 살지 못한 인생이 얼마나 아름답지 않은지, 얼마나 막장인지 알기 때문이다.[14]

우리는 거리에서 '광년'이 될 줄 알았는데, 돌아보니 우울증 '환자'가 됐다. 집을 벗어났으니 무언가를 이뤄보고 싶었다. 그러나 모든 것을 (개인이) 이뤄낼 것을 요구하는 이 긍정의 사회는 우울증 환자와 낙오자를 만들었다. 번아웃이 만연했다. "내면화된 성취와 성공에 대한 요구"는 자신을 "끊임없이 담금질"[15]하는 자기 착취로 이어졌다.

하물며 성과사회의 여성들은 우울에서 그치지 않는다. 이들은 불안을 덮어쓴다. 우울은 "아무것도 불가능하지 않다고 믿는 사회에서만 가능"하다고 한다.[16] 그 불가능 없는 신화 속 세상에서 자신만은 불가능할지도 모른다고 생각할 때 불안은 커진다.

하지만 불안을 뒤쳐졌거나 부족한 상태로만 여기는 일에 의문이 든다. 신경인류학자들은 '불안 인지'가 외부의 자극이나 위험으로부터 인류가 스스로를 보호하기 위해 진화되어온 기능이라고 본다. 위기를 경험한 인류가 불안에 떨며 다음번 닥칠 위험을 대비하지 않았다면 우리는 진작에 멸종되었을 것이다. 그렇다면 누구의 딸도, 누구의 아내도 아닌 자신의 자리를 만들기 위해 집 떠나 혼자가 된 여성들의 불안도 진화의 산물인 걸까. 우리의 불안은 아직 세상의 문법을 바꾸진 못했으니, 그럼에도 홀로 서고자 애써온 시간의 반증일까.

관심을 가지지 않는

인터뷰가 끝나갈 무렵, 정희에게 지금의 회사를 편히 다니려면 무엇이 필요하겠냐고 물었다. 물으면서도 묻는 일이 소용없다고 생각했다. 그는 20대 중반의 여사원이자, 막내 직원이었다. 어떤 권한이 있을 리 없다. 주말이면 정희는 사장님의 골프장 예약을 잡기 위해 피시방에 가서 티켓팅을 한다고 했다. 수당도 나오지 않는 업무 외 노동. 같은 시간, 전국의 막내 비서들이 사장님의 취미 생활을 위해 열심히 마우스를 클릭하고 있을 테다.

그런 그에게 '무엇이 필요한지'를 물었다. 현명한 질문이 아니었다. 정희의 대답은 '사내 독서 모임'이었다.

"독서 모임을 하면 회사 생활이 나아질 것 같다고요?"

대화의 장에서 자신의 의견을 피력하고, 그로부터 이해를 구하려나 했다. 아니었다.

"여러 사람의 의견을 들어볼 수 있으니까요. 저 사람은 자신을 이렇게 표현하는구나, 이렇게 생각하는구나."

"그게 어떤 도움이 될 거라고 생각하세요?"

"해결 방안이 생기잖아요. '저 사람은 저렇게 생각하는구나. 저 사람에겐 나중에 이렇게 해봐야지', '이건 내가 생각하지 못한 건데, 저 사람이 말하는 방법을 나중에 나도 써먹어 볼까' 하고 배울 수 있으니까요."

사람들의 성향을 파악하고 그에 맞춰 대응해나가려 한다. 직장생활도 자신이 애를 쓰면 해결할 수 있을 문제라고 생각한다. 혼자서 헤쳐 가려고 한다.

"회사에 요구하고 싶은 것은 없나요?"

"제게 관심을 깊게 가지지 않는 거요."

약을 먹어도 뭘 먹는지 묻지 않는 일. 이 정도를 바란다고 했다. 정희가 약을 먹으면, 지나가던 동료들이 무슨 약인지 묻는다. "건강해지려고요." 이 정도 대답하고 만다. 정희가 먼저 자신의 상황을 말하고 싶어질 때도 있다. 사람은 다 그럴 때가 있으니까. 다른 부서 직원들과 함께 회식을 하는 자리에서 갑자기 불안도가 높아졌다고 했다. 술도 안 마셨는데 주변이 소란스러워서였는지, 순간 심장이 두근대는 증상이 시작됐다. 정희는 같이 자리한 사람들에게 자신의 상태와 이유를 말하려고 했다. 그런데 돌아오는 대답은 굳이 들을 필요 없다는 완곡한 거절이었다.

"왜 말하지 못하게 하지? 당황했는데. 그런데 저도 굳이 저 사람한테 이야기할 필요가 없겠다는 생각이 들어서 괜찮아졌어요."

상대가 왜 그랬는지는 모른다. 정희가 저 사람들에게 말할 필요가 없다고 생각했던 것처럼 그들도 들을 필요가 없다고 생각했을지도. 이게 정희가 말하는 '관심을 깊게 두지 않는 일'일까. 개인이 적당히 알아서 잘하면 되는 일일까. 정신질환이라 불리는 증상을 관리하는 일도, 숲속에서 늑대를 만나지 않는 일도, 돌부리에 걸려 넘어지지 않는 일도, 다 알아서 잘하면 되는 일일까. 숲이 있는 영토를 소

일할 자격

유한 영주도, 숲속 관리 책임을 진 파수꾼도 늑대가 돌아다니는 것을 방치했는데, 결과는 오로지 빨간 모자가 감당해야 한다.

회사가 막내 비서의 개인 신상에 어떤 대비나 투자를 할 리가 없었다. 정희는 스스로 헤쳐 나가야 한다. 숲속 파수꾼 같은 것을 찾을 시간은 없다. 역시나 이후 정희의 질환을 알게 된 회사로부터 돌아온 답은 "이런 줄 알았으면 채용하지 않는 건데"였다.

우리는 집을 떠나 광인이 될 줄 알았는데, 그저 우울과 불안장애에 시달리는 사람이 되었다. 집을 떠나고도, 홀로 잘 살아내기 위해 불안을 키운다. 그럼에도 불안이건 우울이건 강박이건, 나는 정희를 비롯한 인터뷰이들이 지닌 감각을 지지한다. 늑대에게 먹히는 것보다는 두 발짝 걷다가 뒤를 돌아보는 강박이 생기는 것이 나으니까. 불안한 마음에 숲속 지도를 내내 들고 다니는 것도 괜찮다. 숲속에 갈 수가 없을 정도로 무기력함에 빠져 드러눕는 것도 나쁘지 않다. 그것이 자신을 지키는 작은 움직임이라면, 찬성이다.

정상성과 노력

중증 우울증은 씻고 먹는 일조차 어려울 정도로 큰 무기력을 동반한다고 했는데, 연우는 오히려 더 부지런해졌다. 제일 먼저 출근하고 제일 늦게 퇴근했다.

기자인 연우는 출입처에서 일어난 고위공직자 성희롱 사건을 기사화했고, 이 사건을 계기로 출입처 사람들은 물론 동료 기자들에게도 공격을 당했다. 가해자, 2차 가해자, 방관자들이 가득한 취재처에서 연우가 선택한 방법은 자신의 건재함을 알리는 거였다. '너희들이 아무리 부당하고 치사한 짓거리를 해도 나는 타격을 받지 않았다. 굳건하다.'

"티를 안 내려고 발악을 한 거지. 일부러 7시에 출근했으니까. 출입처 앞에서 '뻗치기'를 했어. 뻗치기란, 특정 사건이 벌어지면 기자들이 그 사건 담당자가 나타날 때까지 무작정 가서 기다리는 건데, 출입처 발령을 처음 받은 신입 기자들이 보통 그걸 해. 그러니까 신입처럼 군 거야, 오기로. 어찌 보면 회사 생활은 계속 오기였어."

잘 싸웠다 싶지만, 잘 지내진 못했다.

"그때는 그냥 마음이 힘들다, 이런 걸 떠나서 내가 진짜 의도치 않게 위험에 처할 수 있겠구나. 정신건강의 위협을 심각하게 느껴서 헛것이 보이고, 막 밧줄이 내려오는 게 보이고 '아, 사람들이 저기에 목을 매러 가는 거구나.' 그런 게 보여서 병원에 갔지."

외상후스트레스장애PTSD라고 불러도 무방한 증상이었다.

"의사 선생님은 당장 거기 일을 그만두라고 하지."

성희롱 폭로 보도를 했을 때, 그는 7년 차 기자였다. 앞일을 예측하지 못하고 무모하게 감행한 보도가 아니었다. 해야 하니까 했다. 그 이후에는 싸워야 하니까 싸웠다.

그 시절의 연우를 기억한다. 오랜만에 만난 자리였는데, 연우는 우울하고 다급해 보였다. 이따금 분노로 눈물을 보였다.

"나는 그것도 싫었다? 그때는 내가 하소연을 하면서 주변 사람들을 괴롭히고 있는 거야. 그런 내 모습이 싫은데, 그걸 안 하면 나는 당장 어떻게 될 거 같고. 멘탈이 강한 사람들처럼 멋있게 이겨내고 싶고 그런데, 나는 너무 취약한 인간인 거야. 플라스틱처럼 물 한 방울도 흡수하고 싶지 않았는데, 나는 그게 안 되는 사람인 거지."

눈물 좀 흘린 걸로 그가 취약해 보이진 않았다. 연우는 오기라 부르고, 누구는 독기라 부르는 의지가 보일 뿐이었다.

"끄떡없다는 것을 보여주고 싶었어. 피해자가 도망가고, 그냥 쫓겨나고 끝나는 그 결과만은 막아야 한다. 그게 제1의 원칙이었기 때문에. 그렇지 않으면 내가 이 기사를 쓴 의미도 없고."

성희롱 사건을 고발하거나 이를 지지한 여성들이 직장에서 어떤 폭력에 노출되는지 말하면 입이 아플 지경이다. 5년이나 지난 일이지만, 그는 여전히 약물 치료를 받는다.

"사건이 정의롭게 마무리되면 내 고통은 자연스럽게 치유될 거라고 생각했던 것 같아. 그런데 정의로운 결과를 만들기 위해서는 내가 더 '갈려야' 하니까. 이게 충돌을 한 거지."

'갈린다.' 단지 애쓴다고 되는 문제가 아니었다.

"나는 내가 하고 싶은 말을 하는 사람, 특히 여성과 청년 문제에 대해 목소리를 내는 사람이 되고 싶다는 목표가 있는데, 그래서 성폭력 관련 문제가 생겼을 때, 절대 후퇴하지 않는다는 마음으로 문제 제기를 한단 말이야. 그런데 그렇게 문제를 제기하기 위해서는 '쟤가 이상한 애라서가 아니라, '정상'적인 애라서 그런 말을 하는 거야' 하는 평판이 있어야 하는 거지. 그걸 인정받기 위해 일도 더 열심히 하고 그랬어."

말할 '자격'을 얻기 위한 분투. 그 자격을 포기한 이들은 낙오되고, 자격에 저항하는 이들은 불순하다. 자격을 얻으려면 세상의 틀에 맞춰 자신을 갈아 넣어야 한다.

"그럴 수밖에 없는 걸, 사람들이 내 말을 믿게 하려면. 그 사건도 내가 이만큼 신뢰도를 쌓아왔기 때문에 그 정도라도 통했다고 생각하거든. 이런 폭로 기사 나오면 진상 조사를 하는 책임 단위에서 이 기사를 쓴 기자의 신뢰도를 본단 말이야. 이전에 쓴 기사들이 내 평판이 되는 거지. 싸울 자산을 만들기 위해 평소에 열심히 했고, 실제 그게 통한다는 확인을 그때 확인했지."

정상성과 노력, 그리고 자격이 만난다. 그래서 이 자격과 노력이 쌓여 어떤 결과물이 되었을까. 질문하면서도 답을 알고 있다. 우리의 경력이 축적될 리 없었다.

"10년 넘게 생활했지만, 수련자 위치에 오르진 않는 느낌이야. 힘들게 평판을 쌓고 능력을 보였지만 특파원으로 간다든지 연수를 간다든지, 그런 코스가 있잖아. '애는 가능성이 있고 그동안 고생한 기자다. 그래서 회사가 투자해서 키워줘야 한다' 하는. 나는 여성 문제나 성폭력 문제를 제기할 때 이런 기회들을 다 쓴 느낌이야. 맞아.

다 써서 없어졌어. 그러니까 열심히 할수록 허무해지는 거지. 소중한 자산을 다 썼는데, 나에게 남은 건 뭐지?"

하나의 작업에 1만 시간 이상을 투자하면 그 분야의 베테랑이 된다(1만 시간의 법칙)고 했다. 이 말이 '진공 상태'에서나 가능한 이야기로 들릴 때가 있다. 1만 시간 동안 한 분야에서 기술을 쌓는 것은 누구에게나 쉽지 않은 일이지만, 그 시간을 채우는 데 저항을 더 (덜) 받는 정체성과 사회적 지위가 있다. 진공 상태에 있을 수 없는 이들은 1만 시간을 끌어모아 채운 후에도 달라진 것 없는 자신의 지위를 깨닫는다. 여자들, 질환자, 장애인 등 사회적 자원 없는 사람들. 이들은 1만 시간을 일하는 동안 베테랑이 되기는 고사하고 슬슬 미쳐갔다.

인터뷰 자리에서 너무도 성실한 성소수자들을 만나왔다. 그들은 자신의 성 정체성이 밝혀질 때를 대비해 아무 일도 일어나지 않은 지금 최선을 다한다고 했다. 정체가 '탄로' 났을 때 사람들에게 손가락질을 덜 받고 싶다. 그러니 '괜찮은' 사람으로, 흠 잡히지 말고 살아야 한다. 같은 이유로 승진을 바라지 않는다는 이도 있었다. 높은 곳에 올라 '적'이 많아지는 것을 바라지 않는다고 했다. 적들이 자신의 흠을 찾는 일은 상상만으로 끔찍했다. 그들이 건져 올린 '흠' 중에 자신의 정체성과 관련된 내용이 있을지도 모른다. 이 사회의 '모범적' 정체성을 지니지 못한 사람들은 다양한 이유로 직장의 문턱들에서 낙오되고, 또 다양한 이유로 자신을 착취하며 일한다.

남자 상사들에게 무서워서 말 붙이기 어려운 여자 후배 정도로 인식될 연우도 최선을 다한다. 자신에게 '일은 제대로 하는'이라는 수식어를 붙이기 위해서다. "속상해." 나는 속으로 할 말을 뱉고 만다. "회사를 옮기면 안 돼?" 연우가 분투할 때마다 그의 회사는 방관하고 방조했다. 그에겐 어떤 의미로 '가해자 집단'이었다. 연우는 회사를 당장 그만둘 수 없는 이유 몇 가지를 말했다. 그리고 몇 분 후엔 연우가 물었다. "쉬면 안 돼?" 번아웃에 시달리고 있는 내 상태를 들은 후였다. 내 표정은 아마 아까 전 연우의 것과 똑같겠지. 이번엔 내쪽에서 일을 멈출 수 없는 이유를 장황하게 설명했다.

직장이 괜히 직장인가. 그곳에서 일할 이유가 있으니 직장이다. 잘하고 싶고, 인정받고 싶었다. 돈 벌기 위해 하는 일일지라도, 그 시간에 의미를 부여하고 싶었다. 그것을 바랐을 뿐인데, 우리는 야금야금 미쳐갔다.

연우는 한동안 정신의학과 치료비를 건강보험으로 처리하지도 않았다고 했다. 이후 다시 평판 조회를 당하거나 이직을 해야 하는 상황이 올 때를 대비해서였다. 이직이라. 권하는 말은 쉽지만, 그 길이라고 평평할 리 없다. 이 회사를 나온다고 달라질 것은 없다. 다른 회사를 간다고 해도 다를 것은 없다. 이직을 생각할 때조차 절망감을 피할 수 없다. 자신이 갈 수 있는 회사는 한정되어 있고, 이직을 준비하는 시간 동안 나이를 착실히 먹는다. 그 말인즉, 노동시장에서의 경쟁력은 더 떨어진다는 소리.

일할 자격

"더 좋은 기회로 그 사다리를 올라가고 싶어 하는데, 노력을 열심히 했음에도 불구하고 상황이 나아지는 건 없고, 점점 인생이 하향 곡선을 그리는 게 아닌가."[17]

퇴사, 재취업, 하향된 조건의 입사. 이것을 반복하다 보면 변하는 것은 세상이 아니라, 나 자신이다.

'90년대생 여성 노동자의 노동 실태가 우울에 미치는 영향'을 분석한 박선영 연구자는 토론회 자리에서 이런 말을 했다.

"퇴사나 이직을 반복하면서 결국은 내가 문제구나. 내가 여자라서 그렇구나. 이 감각이 젠더화된 문제의식으로 발전하지 않고, 자기 부정이나 자기 책임론으로 가게 됩니다."[18]

사실 퇴사라는 것이 그렇다. 사직서에 '개인 사정'이라는 사유를 적어내더라도, 한 사람이 퇴직을 앞두면 모종의 힘겨루기가 벌어진다. 회사(에 남은 사람들)는 떠나는 사람을 '이상한 사람'으로 규정하려는 경향이 있다. 저 사람이 남달라서 이렇게 일찍, 갑자기, 스스로 그만두는 거라는. 회사는 잘못이 없다는 말을 하고 싶어서다. 그 과정에서 개인은 삐끗하면 자괴와 자책을 뒤집어쓰고 나온다.

정희가 사장에게 들었던 말은 "네가 그래서 안 되는 거야"였다.

"그래도 참았어요. 정규직이니까."

첫 인터뷰로부터 2개월 후, 씩씩하게 헤쳐 나갈 수 있다고 자신하던 정희는 실직자가 되어 나타났다. 더는 참지 못한 것이다. 한국 사회에서 사장이 누리는 권력은 예상보다 더 절대적이다. 취재를 하며 회사 안에 교회 십자가를 세우고 주말 예배를 강요하는 사장을 본 적이 있다. 에너지 절약을 해야 한다면서 전 직원에게 손수건을 가지고 다니라고 훈시하고 감시하는 사장도 보았다. 수백 명의 직원을 둔 기업에서 일어난 일들이다. 사유재산권이 이토록 무서운 권리였는지, 누군가의 '내가 일군 회사'에 들어가 보면 안다. 심지어 '여성' 직원이 많은 사업장의 경우, 사장이 '아버지' 노릇을 하려고 하기도 한다. 이 '꼰대 짓'을 근무 시간 내내 감당해야 하는 직종이 있으니, 비서다.

사장은 정희의 손톱 색부터 개인 메신저에 올린 사진까지 검열했다. 체계화된 업무 교육의 형식이 아니라, 업무 외 시간을 가리지 않고 개인 메신저를 통해 지시를 내렸다. 말투는 이렇게 해라, 손님 응대는 저렇게 해라 등등. 사장은 이를 비서에게 응당 요구할 수 있는 내용이라 여겼지만, 가슴에 손을 얹고 생각해보면 사장이 자신의 위치를 월급 주는 CEO를 넘어 가부장으로 끌어올리고 있기에 가능한 일이었다.

유별난 꼰대 이야기가 아니다. 이런 문화를 견딜 수 없어 퇴사하는 청년들의 이야기는 기사로도 종종 접한다. 회사는 그들이 나갈 때 "요즘 애들은 말이야"라고 하지만, 회사를 떠난 사람들은 말한다. "회사가 괜찮으면 누가 퇴사해."[19]

이 팽팽한 입장들 사이에서 쉽게 타협점을 찾을 수 없다. 그런데 이 과정에서 정희와 같은 이들이 지닌 취약함은 '개인을 탓하기 좋

일할 자격

은' 사유가 된다.

"마지막 면담에서 '네가 우울증이 있는 줄 알았으면 안 뽑았을 거다'라고 말하는 거예요."

이로써 회사가 얻는 교훈은, 남들과 '좀 다른 사람'은 채용하지 않기가 된다. 누구든 회사에 와서 적응하고 일할 수 있도록 직장 문화를 개선해야겠다는 발상은 애초에 없다. 이 회사는 이전에도 비슷한 경험이 있었다. 장애인 고용 의무제로 장애인 직원을 채용했었는데, 그가 퇴사한 후부터 지금까지 회사에 남은 사람들은 그 시기를 이렇게 회상한다. "많이 도와줬는데 뭐가 불만이었는지 모르겠네." 그리고는 더 이상 장애인 직원을 뽑지 않는다. 직장이 왜 '정상인'들로만 구성되는지 알 수 있는 대목이다.

일터가 '정상 인간'들의 영역이라면, 회사를 다니는 동안 우리에게도 아무런 문제가 생기지 않아야 한다. 사고로 인한 신체적 손상은 물론, 번아웃, 산후우울증, 외상후스트레스장애 같은 것도 겪어서는 안 된다. 예민하지도, 감정적이지도, 편협하지도, 게으르지도, 무능력하지도 않은 '정상인'으로 출퇴근해야 한다.

그래서 정희가 나간 자리에는 어떤 '정상 인간'이 오는가. 스무 살 여자 직원을 새로 뽑았다고 했다. 어린 여자, 사회초년생. 학벌을 보지 않고, 스펙이나 경험치를 크게 요구하지 않는 요즘의 일자리들이 의미하는 것은 평등이 아니다. 쉽게 교체할 수 있는 값싼 노동력의 자리. 이곳에 올 직원에게 어떤 감내가 요구되는지는 상상하기 어렵지 않다. 그 이상의 것을 얻고자 한다면 스펙, 능력, 자격을 쌓아 파이 조각을 붙들고 쟁취해내라고 한다. 그 쟁취가 이뤄지는 공간은 자신의 성과를 주도적으로 경영하고 성취하는 능력주의 사회가 아니다. 일하는 인간으로서의 기본적인 권리조차 전리품이 된 사회다.

우리의 일터가 원하는 것이 '정상성'이라는 것도 착각이겠다. 기업이 진실로 원하는 것은, '정상성'의 추구에 갇혀 스스로를 검열하는, 기업이 시간과 비용을 투자할 필요가 없는 값싼 몸이다.

회귀와 과로

요즘 웹소설 분야에서는 판타지 로맨스물이 인기이다. 특히 회귀물 장르가 자주 눈에 띈다. 여자 주인공이 잘못된 삶을 살거나 억울하게 죽었다가, 기억을 가진 채 과거로 회귀해 그 사건을 바로 잡는 내용이 주를 이룬다. 다른 버전으론, 현실 도피용으로 읽은 판타지 소설 세계로 들어가 등장인물로 환생하는 내용도 있다.

이때 주인공의 여성상이 볼만한데, 뭘 딱히 하지 않아도 순수하고 아름답다는 이유만으로 왕의 사랑을 받는 기존의 여성 주인공 캐릭터가 아니다. 자신의 운명을 바꿔내고자 움직이는 똑똑하고 진취적인 여성이 극의 스토리를 이끌어간다. 로맨스 판타지 장르물의 주 독자층인 20~30대 여성들의 취향을 반영한 것일 테다. 나 역시 즐거이 봤지만, 어느 순간 그런 소설들을 읽을 때마다 '투잡'을 뛰는 것 같은 기분이 들었다. 추리물 탐정이 아닐까 싶을 정도로 주인공들은 생각하고 또 생각했다. 같은 잘못을 반복하지 않으려고 일하고 공부하고 또 일하고 공부했다. 그러니까 너무 성실했다.

장사를 하건, 정치를 하건, 궁중 살림을 관리하건, 능력을 보이기 위해 내내 일했다. 이들에겐 분명 마음의 병이 있었다. 한 번 죽었다가 살아난 사람들이고(외상후스트레스장애), 악몽을 꾸느라 자주 잠에서 깼다(수면장애). 특정 장면이 연상되면 숨이 가빠오기도 했다(공황장애). 하지만 회복 탄력성이 얼마나 좋은지, 이들은 증상에 연연하지 않았고 타인에게 증상을 들키지도 않았다.

남성 영웅 서사를 완성하기 위해 존재하는 '민폐' 여성 캐릭터에 대한 거부감이 '스스로 알아서 잘하는' 여성 캐릭터를 만들었다만, 이제 이들은 자기관리의 끝판왕이 되어 있었다. 주변을 앞장서 챙길지언정 폐를 끼치진 않겠다는 각오로 살고 있는 듯한 여성 주인공들을 보다 보면, 나 또한 과로에 시달리는 기분이었다.

그런데 인터뷰를 할수록 내가 판타지 소설을 읽고 있는 것은 아닌지 헷갈렸다. 인터뷰이들은 괴로움을 궁궐 침실에 두고 온 것마냥 굴었다. 일터에서 능력 있다는 칭찬을 듣고, 활발한 막내 사원 역할을 수행하고, 기사를 뚝딱 써냈다. 아파진 후에도 애썼다. 그래야 전생의 실패나 죽음을 반복하지 않을 수 있다는 듯이. 회귀까지 해서 그렇게 피곤하게 살 거면, 집을 떠나놓고 광인도 되지 못할 거면, 무엇을 위해 그토록 애를 쓰나. 그들의 인터뷰를 되새김질하며 품은 물음이었다.

"남 좋은 일이지. 나한테 좋은 게 하나도 없어. 그러니까 지금 너무 허무해. 부서 옮기고 나선 대충하려고 했는데, 어떻게 하다 보니 또 열심히 하게 되어 버렸어."

영화 〈극한 직업〉[20]에서는 본업인 수사를 잊고 치킨가게 운영에 열을 올리는 동료들을 보며 한 형사가 이렇게 외친다. "왜 열심히 하는데!" 그러게, 왜 열심히 하는 건데. 그 형사들이 명품으로 도배를 하고, 아파트 평수를 늘리고 싶어 '투잡'을 뛰는 것이 아니다. 손님이 오니까. 손님이 와서 치킨을 시켰고 이 사람이 못 먹을 걸 먹었다는 얼굴을 하게 하고 싶지 않으니까. 먹은 사람이 맛있다고 하면 2~3개월짜리 장사여도 기쁘다. 그것이 보람이 되고, 하루 더 일할 이유가 된다.

나에게 고맙다고 말해주는 고객이 있어서 진상 고객들 사이에서도 하루를 더 일한다. 내가 만난 사람들은 그랬다. 일용직 하루짜리 알바라고 아무리 물류 플랫폼 기업이 규정을 해도, 알바를 오래한 '고인물'들은 자신과 동료를 한 팀이라 생각했다. 일하기 싫어도 내가 없으면 다른 사람이 고생을 한다는 생각에 피곤한 몸을 이끌고 '하루짜리 알바'를 신청한다. 회사는 자신을 일회용으로 사용하는데, 정작 그들은 관계를 다져간다.

고객 서비스 업무를 콜센터 용역업체에 맡겨놓고, 겉으로 웃음 짓지만 뒤돌아서는 사람 부리는 비용을 제대로 지불하지 않으려는 기업. 그 기업의 외주를 받은 콜센터 용역업체의 비정규직들은, 고객의 횡포에 대응할 수 있는 어떤 권한도 갖지 못했다. 이들이 스트레스로부터 몸과 마음을 돌보는 방법은 동료에게 의탁하는 것이다. 동료들끼리 웃고 울고 농담하고 수다를 떨. 그렇게 서로에게 위로받으며 하루 더 출근한다. 이런 고용 유지 비용은 기업의 계산서에 들어가 있지 않다.

기업이 그 비용을 부정하고 무시해도 노동 안에는 관계가 있다. "남 좋은 일이지. 나한테 좋은 게 하나도 없어." 이렇게 말하는 연우조차 자신이 무엇을 위해 '남 좋은 일'을 했는지 알고 있다.

대단한 야망이 있어서 '열심'을 반복하는 것이 아니다. 연우는 회사를 당장 그만두지 않는 이유로 마음에 담은 동료 두어 명을 언급했다. 그들을 남겨두고 떠날 생각이 없어 보였다. 직장 내에서 무언가를 해보려고 애쓰는 집단, 그 동료들을 만들기 위해 쏟은 시간이 있었다. 의원실에서 일하는 태린은 함께 일하는 일부의 사람들에게만 정신과 치료를 받는다는 말을 편히 할 수 있다고 했다.

"정신과 다닌다는 이야기를 모두에게 편하게 할 순 없잖아요. 20대 후반 30대 초반의 여성들? 이분들은 저를 이해하는 폭이 더 크니까. (정신의학과) 병원이나 치료에 대한 주변 경험이나 정보도 더 많고. 그래서 제가 겪는 어려움을 미리 알아채는 분들도 계셨어요."

남성으로 구성된 보좌관, 젊은 여성으로 구성된 비서 직무 등 대부분의 의원실은 직무 배치가 뚜렷하게 성별화되어 있다. 그에 따른 위계도 심하다. 국회의원 성비만 봐도 알 수 있다. 그런 환경에 둘러싸여 일하며 태린은 젊은 여성 비서관들과 행사 하나를 치른 적이 있다고 했다.

"대선 전에 저희들 아이디어로 성사된 행사가 있었거든요. 코로나 직후 청년 여성 자살률이 크게 늘었잖아요. 사회적으로 이슈가 되진 못했지만, '조용한 학살'이라는 이름도 붙고. 20대 30대 여성들의 자살 이야기를 다뤄야 한다는 생각이 들었어요."

우울증을 앓는 20~30대 여성들을 인터뷰해 책을 쓴 하미나 작가[21]와 당시 대선후보였던 심상정 의원을 패널로 하여 청년 여성의 우울과 정신질환을 주제로 행사를 기획했다.

"당사자로서, 내가 일하는 국회에서 정책을 만들고 메시지를 만드는 데 영향을 끼칠 수 있구나. 내가 당사자이기 때문에 볼 수 있는 부분이 있고, 어떤 운동을 조직할 수도 있을 것이고…. 해방감 비슷한 것을 느꼈어요."

일터에서 해방감을 느끼는 사람이 얼마나 된다고. 부럽다. 당시 열린 토크쇼 제목은 이러했다. '20대 여성, 우울 너머로 가보자고'[22] 제목을 보고 나는 그만 피식 웃었다. 주로 젊은 여성으로 구성된 비서관 그룹과 주로 중년 남성으로 구성된 보좌진 그룹이 '가보자고'라는 문구를 서로 다른 억양으로 읽을 것이 상상되어서였다. 나이든 사람들이 신조어나 유행어를 모른다고 웃은 것이 아니다. 그런 말은 나조차 낯설다. 다만 같은 문구를 다르게 읽듯, 대선을 앞두고 저

토크쇼의 의미를 서로 다르게 받아들인 채 행사를 치렀을 것이 눈에 선했다. 자신과 다른 것을 보는 사람들 속에 태린이 꿋꿋이 존재한다. 다른 시선들 사이에서 나만의 시선을 굽히지 않는 거, 어렵다.

"이 이야기가 날 얼마나 취약하게 만드는데."[23]

하미나 작가의 글에서 이런 문장을 보았다. 서사는 강하지 않다. 어떤 서사는 우리를 취약하게 만든다. 그럼에도 말하고 곱씹고 퍼즐 조각을 맞추듯 이야기를 해석한다. 해석하다 보면 '날 취약하게 만들었던 이야기'가 방향을 틀어 힘을 갖게 되는 순간과 만난다. 이를테면 정상성의 궤도에 머무는 기존의 이야기들을 내 것으로 받아들이지 않겠다고 결심하게 되는 순간들. 이 순간이 지나면 이전과 같은 삶을 살 수 없고, 사회가 정해둔 길로 갈 수 없다. 이 힘의 세계, 긍정의 세계, 정상의 세계가 '우리'를 허락하지 않기 때문이다. 길이 막혀 있기에 다른 길을 꿈꾼다. 지금의 삶을 살 수 없기에 다른 세상을 상상한다. 상상하기 위해 가능성을 찾는다. 가능성이 보여야 상상을 하고 새로운 행보를 할 수 있다.

하지만 그 길마저 현실에 존재한다. '다른 서사'는 현실을 하루하루 조직하는 과정에서 구체적으로 만들어진다. 그래서 이들은 오늘도 성실하다. 주어진 현실에서 자리를 넓히기 위해 몸을 움직인다. 일터에서 발언력을 높이고 주체이자 구성원으로 인정받고 싶어 한다. 이를 위해 검열하고 발화하고 인내하고 표출하는, 숱한 과정이 이어진다. 이것은 분명 말 못 하고 참고 사는 일과도 다르고, 지르고 보는 행위와도 다른 일이다. 자신의 행동에 곁가지로 따라오는 노동을 감당하겠다는 자세이기도 하다. 그 과정에서 동료를 만들고, 서로를 지킨다. 진흙탕 같은 사회에서 꼭 붙들게 되는 손이 있다.

정신이 아프다는 건?

"언제까지 약을 먹어야 하지?"

이들은 의사도 답해주지 않은 질문을 인터뷰 도중 한숨처럼 뱉었다. 약을 먹지 않아도 되는 예전의, 아니 회복한, 건강한, 평범한, 그러니까 어떤 정상의 상태에 도달하고 싶다고 했다. 정상성에 뭐 그리 큰 기대를 지니고 살아서가 아니다. 매일 약을 먹어야 하는 삶이 많이 불편하니까 '낫기를' 바랄 뿐이다. 그런데 '정신이 아프다'는 것은 무슨 의미일까? 이 물음에서 글을 다시 시작하려 한다.

정신과 문을 열고 진료실에 앉았을 때, 나는 자꾸만 질문을 삼켰다. 이 모든 것이 도파민 때문이라고요? 자율신경계 때문이라고요? 하지만 그 순간은 '약을 타 오는 것'이 최대 목표였기에 얌전한 내담자처럼 굴었다. 내가 가진 질문은 의사에겐 별로 중요할 거 같지 않았다. 이것을 병증이라 부를 수 있나. 이상이나 장애라 불러야 하는 걸까. 완화하여 증상, 증세 또는 성향이라고 불러도 될까? 우울하지 않은 뇌, 무기력하지 않은 뇌, 도파민이든 자율신경 체계이든 모두 '일정한 기준' 안에서 움직이는 뇌는 아프지 않은 것이고, 그 외는 병증이거나 장애일까.

　수연도 헷갈린다고 했다. 이게 나의 성향인지, 질환인지, 장애인지. 평생 '나 자신'이라 생각해왔던 정체성이 병원에 들어서자 '치료 대상'이 되었다. 의사는 수연의 전두엽이 남들과 다르다고 했다. 전두엽 발달 장애에서 비롯한 주의력 결핍과 과잉 행동이 증상이라 불리는 ADHD. 이를 두고 질환이나 장애가 아니라 '신경다양성'이라 부르는 그룹도 있다.[24] 하지만 왠지 '다양성'이라는 말이 입 밖으로 잘 나오질 않았다. 팔이 없거나, 한쪽 다리가 짧거나, 키가 아주 작거나 기타 등등. 신체의 다양함을 장애라 부르는 세상이었다. 신체의 손상에 따른 사회적 제약과 불편을 무시한다고 세상 살기가 수월해지지 않는다는 것을 알기에, 수연과 나는 명칭 하나에도 망설였다. 우리는 이것을 부를 마땅한 명칭을 찾지 못하고, 일단 '증상'이라 일컬으며 대화를 이어갔다.

　진단을 받고 약물 치료에 들어가자, 나에게는 이상한 안경이 생겼다. 썩 마음에 들지 않는 안경이었다. 원래 나는 갑갑한 것을 못 견디는 사람이었다. 얽매이는 것도 싫어했다. 규범과 규율이 잘 통하는 사람이 아니었다. 낯가림이 많아 티가 잘 나지 않을 뿐, 나와 비슷한 사람들을 만날 때 마음이 놓였다. 길에서 갑자기 춤추는 걸 부끄러워하지 않는 사람, 사람을 초대해놓고도 어수선한 집을 치우지 않은 채 태연한 사람, 감정 기복이 커서 오늘의 나와 내일의 내가 다를 정도인 사람, 다리를 달달 떨며 인터뷰에 응해도 뭐가 문제인지 모르는 사람…. 그 사람들 앞에 앉으면, 나도 편히 양반다리를 하거나 턱을 괴거나 몸을 반쯤 기댔다. 허리에도 안 좋고 (다른 데에서 했다면) 대인 관계에도 안 좋을 행동을 자유롭게 할 수 있는 여지를 주는 사람들이 좋았다.

그러나 약을 먹기 시작하면서, 나에게 '문제 행동'을 구분하는 시각이 생겼다. 이전까지 나를 자유롭게 하던 누군가의 몸짓과 언행이 그의 정신건강을 판단하는 척도로 바뀌었다. 감정 기복이 큰 사람을 만나면 예전에는 나 또한 저런 측면이 있으니 저 사람을 어떻게 대해야 하는지 알 것 같다고 생각했던 내가, 이제는 저건 약으로 '(기분) 균형'을 맞출 수 있는데 하고 생각했다.

모나지 않고, 티 나지 않고, 걸리적거리지 않고, 폐를 끼치지 않고, 별나지 않을 수 있는데. 약을 먹으면 되는데. 치료받고 교정하면 되는데. 정상성을 검열하는 사회가 지긋지긋하다고 해놓고 어느새 빠르게 습득하고 있었다. 진단-치료-복용. 이 과정 또한 학습이었다. 온갖 감정에 빠져 허덕이는 나도 싫었고, 정상성 안경을 장착한 나도 싫었다.

평소 나는 이 말을 아꼈다.

"내가 살아남았다는 사실은 가장 멋진 결말이었다."[25]

동화를 통해 장애에 대한 편견들을 짚어낸 어맨다 레덕이 한 말이다. 휠체어를 이용하던 그는 어느 날 산으로 난 길을 보다가 이런 생각을 했다.

일할 자격

'휠체어를 탄 공주는 블랙베리를 따는 게 힘들 거야.'

그럴 리가. 휠체어를 탄 공주는 없다. 그때 어맨다는 동화 속에 없는 장애, 그 장애 이야기를 해야겠다고 생각했다. 『휠체어 탄 소녀를 위한 동화는 없다』라는 책이 떠오른 이유는 우리가 헤치고 나아갈 수풀 길에도 휠체어가, 목발이, 시각장애인의 지팡이가, '멀쩡'하다는 것과는 거리가 먼 무엇이든지 지나갈 수 있을까 싶어서다.

"그거 알아? 정신질환을 겪는 공주도 없어."

진료실을 나오자 뭔가를 깨달았다는 듯 이 말을 하고 싶었는데, 들어줄 사람이 없었다. 지인들은 공주나 왕자에 별 관심이 없었다. 수연도 그랬다. 과학기술원을 나와 바이오 제약 회사에 근무 중이라는 수연은 커트 머리에 재킷을 입고 인터뷰 자리에 나왔다. 나는 잠시 생각했다. 수연의 지정 성별이 뭐였더라? 인터뷰 소개 과정에서 들은 바 없었다.

나는 눈썰미가 없는 편이다. 사람의 인상착의를 잘 기억하지 못했다. 몇 해 전 성소수자 노동을 취재하며 트랜스젠더 또는 젠더퀴어로 자신을 정체화한 사람들을 만났을 때였다. 내가 남녀를 구분할 줄 모른다는 것을 처음 알았다. 짧은 치마나 짙은 화장같이 분명하게 구별되는 차림을 하지 않은 이상, 저 사람이 지금 여성에서 남성으로 성별을 정정한 건지(FTM), 남성에서 여성으로 자기 성별을 되찾은 건지(MTF) 구분하지 못했다.[26] 사실 관심도 없었다. 그가 남자인지 여자인지 부러 알아서 무엇할 것인가.

어차피 초면인지라 내 앞에 있는 사람이 누구인지 알 수 없었다. 아무것도 모르는데 성별 하나 안다고 크게 달라지는 것이 있을까. 나는 이것이 성별 이분법에 국한되지 않는 열린 시각이라 생각했다. 정신의학에서는 인지 기능 저하로 설명하겠지만.

여하튼 내 앞의 수연도 살면서 공주가 되고 싶다는 생각을 품어본 적 없는 사람으로 보였다. 수연은 그냥 물건을 잘 잃어버리고, 과제 제출 기한을 자주 어기고, 우선순위를 쉽게 정하지 못하고, 선약을 잊어 이중 약속을 잡는 일이 빈번한, 그러니까 덜렁거리고 산만한 아이였다. "너는 그렇게 덜렁대는데 어떻게 성적은 좋은 거야?" 이런 말을 듣는 학생. 학교 성적으로 인해 산만한 특성이 가려진 전형적인 ADHD 케이스였다. (산만한데 공부를 못하면 문제로 여겨지지만, 성적이 좋으면 산만함 정도는 개성으로 취급된다. 진짜 문제는 이 사회가 아닐까.)

약속을 빈번하게 잊는 수연을 보고 섭섭해하던 친구들도 적응이 되어 이제는 "수연이 수연했네"라고 한다고 했다. 물론 그 과정에서 망가진 관계도 많았다.

"친구들한테 미안한 건 있어도, (진단받고) 약 먹기 전까지 성취감에 부족함을 느끼지 않았던 것 같아요. 만날 잃어버리고 놓치고 그랬지만, 그냥 좀 받아 들여가는 과정이었던 듯해요. 뭐 잃어버리고 그러면 힘든데, 매번 힘들어하면 그것도 그렇잖아요."

스스로에게 적응하고 살다가 몇 년 전 ADHD 진단을 받았다.

일할 자격

우울증으로 정신의학과 병원을 찾던 중이었다. 성인 ADHD라는 진단명이 자신이 지나온 삶을 설명해주는 요소가 많아 수연은 후련했다고 했다. 사람마다 진단에 따른 반응은 다 다르다. 그 자신이 당사자이자 ADHD를 판별해내는 임상심리학자인 신지수[27]는 진단 앞에서 이유 모를 수치심이 몰려왔다고 했다. 『젊은 ADHD의 슬픔』[28]을 쓴 정지음은 진단을 수용하는 과정을 인간이 죽음을 받아들이는 5단계(부정-분노-타협-우울-수용)에 비유했다. 내가 아는 어떤 이는 진료실 의자에 앉아 태어나 가장 많이 잘난 척을 했다. "저는 어릴 적부터 공부도 잘하고, 책도 많이 읽고 성적도 좋았는데요." 집중력 장애라는 ADHD가 학습 부진이나 능력치 부족으로 받아들여질까 봐 겁이 났기 때문이다.

수연에게는 2주간 지속된 우울 상태를 우울증이라 부른다는 모호한 말보다 전두엽 발달 미숙과 도파민 전달 약화로 설명되는 ADHD가 더 명쾌하게 다가왔다. 이공계 계열 특성인가. 투약을 겁내지 않는 수연에겐 이공계의 '쿨함'이 있었다. 자신의 진단명을 별 저항 없이 받아들였다. 거기에는 다른 이유도 있었을 것이다. 그는 석사 졸업 후 대기업에 입사했다. 수연이 '성취'한 것들이었다.

능력주의 사회에서 도태된 적 없는 사람의 여유가 '장애' 수용성을 높였다. (수연은 이런 나의 추측을 부정하겠지만) 그런데 놀라운 것은, 직장인 수연이 ADHD 진단을 '더 노력하라'는 경종으로 받아들였다는 점이다.

"그때는 ADHD라는 진단을 받고 더 열심히 해야겠다는 생각이 컸던 것 같아요. 남들만큼 내가 못하고 있다는 진단을 받았다고 생각했거든요. '난 남들만큼 못하니까 더 열심히 해야 돼. 좀 더 노력해야 돼.'"

ADHD를 능력치의 문제로 받아들인 것이다. 앞서 언급한 임상심리학자 신지수는 겉으로는 증상이 잘 드러나지 않는 '조용한' ADHD 당사자였다. '백인 남성 아이'를 표본으로 한 검사지는 더 조용하고, 더 인내하고, 더 애쓰는 '여성적' 특성을 가진 이들의 ADHD 증상을 가려낼 수 없었다. 남성·서구권 중심의 의학은 성차에 따른 차이를 볼 줄 몰랐다. 여성들은 이유도 모르고 괴롭기만 했다. 그의 표현대로라면, 여자들이 "제 발로 진료실을 찾아오기 시작하면서" 문제가 알려진다.

"ADHD 여자아이들은 ADHD 남자아이들에 비해 지능에서 더 많은 손상이 발견되었음에도 불구하고 성취도에서는 동일한 성과를 보였다는 연구 결과도 있다. … 여자아이들이 얼마나 노력해왔는지 잘 드러나는 지점이다."[29]

사회적 성취와 성별에 따른 규범을 동시에 충족할 방법은 '굉장한 노력'밖에 없었던 것이다. 그런데 진단명을 받아든 후에도 요구되는 것은 여전히 '노력'이었다.

한편 저자인 그는 책에서 자신이 ADHD임을 확신한 순간, 이렇게 말했다.

"아, 어쩐지 내 인생이 비효율적으로 돌아가더라니."[30]

너무도 정확한 말이라서 그 문장에 밑줄을 쳤다. 삶에 비용이 많이 들었다. 이렇게 직접적으로 표현하진 않아도, 신경질환이나 정신장애가 삶의 난도를 높인다는 사실을 부정할 수는 없다. 소수자는 돈 벌 가능성이 더 적은데, 사는 데 드는 비용은 더 크다. 물론 '도대체 삶에 있어 효율이란 무엇인가' 하는 의문이 따라붙지 않은 것은 아니다.

"실제로 어떻게 보일지는 모르겠는데, 약을 먹기 전과 먹은 이후에 제가 받는 평가가 크게 다르진 않아요. 확실히 정신이 깨어 있는 듯한 느낌은 있는데, 그것으로 삶이 나아졌다고 말할 순 없고. 약 증량을 하면 (부작용 등으로 인해) 몸 상태가 힘들어지고. 그렇지만 회사에서 효율이 높아진다면 감수하는 건데, 이게 내 간을 소모해가면서까지 얻어야 하는 효율인가? 회사를 위해 내가 왜 그래야 하지? 싶고."

한 사람이 자신의 진단명을 듣고 효율에 대해 반성하게 하는 사회는 아무래도 이상하다. 수연의 말을 들으며 나는 이런 생각을 했다. 그가 복용하는 약이 자동차 엔진에 넣는 연료 첨가제 같다고. 엔진 성능을 높이기 위해 첨가하는 유기용제.

"ADHD가 농경하고 사냥하던 시절에는 문제로 여겨지지 않았을 거라고 하잖아요."

장시간의 집중력이나 치밀한 업무 계획은 인간이 톱니바퀴처럼 움직일 필요가 없던 시절에는 능력치로 취급받지 않았다. 4시간 일하고 한 시간의 점심시간을 가질 필요가 없는 사회에서는 한자리에 진득하게 앉아 있는 차분함이 생존을 위한 조건이 아니었다. 효율적인 멀티 플레이어가 되어야 하는 사회가 아니라면, 업무 리스트를 짜고 우선순위를 결정하는 일이 곧 효율로 치환되진 않을 테다. 특정 시간 동안 특정 장소에 묶여 일해야 하는 공장 노동을 거부하며 도망친 18세기 영국 부랑자(전직 농민과 수공업자)들은 지금 기준으로는 모두 ADHD 증상자이다.

실제로 많은 ADHD 직장인이 주말에는 약을 먹지 않는다고 했다. 집중력을 높이고, 일의 우선순위를 정하고, 사람들의 말을 기억해야 할 필요가 없는 휴일에는 약을 먹을 필요가 없기 때문이다. 정말이지 연료 첨가제가 따로 없다.

우리는 기계인 걸까? "놀라울 정도로 부지런한 사람, 피곤해하지 않고 여러 가지 일을 잘 해내서 주변의 부러움을 받는 사람." 소설 「저건 사람도 아니다」[31]에 나온 문장이다. "이런 사람을 의심해본 적 없습니까? 그분들은 저희 회사의 트윈사이보그를 이용하고 계실 확률이 높습니다."

자동차 연료 제조업체는 첨가제 사용을 반대한다고 한다. 이미 적정하게 균형이 맞춰진 혼합체인 연료에, 성능을 높인다면서 특정 성분을 증량하면 기체에 무리가 갈 수 있다는 것이다. 이것이 우리가 말하는 부작용이겠지. 수연의 몸 어디에도 예상하지 못한 부작용이 존재할까? 알 수 없지만 약을 먹는다. 수연은 월, 화, 수, 목, 금을 살고 있으니까.

톱니바퀴를 원하는 세상의 시스템이 사람마다 가지고 있는 창의력이나 가능성을 억누른다는 것이 '신경다양성'이라는 용어를 쓰는 이들의 지론이다. 이런 뇌 기능의 다양함을 '에디슨 유전자'라 칭하기도 한다. 실화인지는 모르겠지만, 교사에게 1+1의 답이 왜 2인지를 계속 물었다던 어린 시절의 에디슨. 관심 있는 분야에서는 높은 집중력을 발휘하지만, 그 외의 것에는 관심도나 사회성이 현격히 떨어졌던 천재 에디슨이 소환될 만큼 신경다양성인들에게는 '긍정'의 시선이 필요했다.

신경다양성 지지 모임 세바다 등 국내에도 당사자 운동이 존재하지만, 한국에서는 이 문제를 '좀 독특한' 자녀의 교육을 어떻게 할 것인가의 관점으로 접근하는 경향이 크다. 어린 시절의 교육은 중요하다. 그런데 신경다양성 특성을 지닌 자녀들이 '남다르게' 교육받아 특정 분야에서 창의성을 발휘하는 예술가, 전문가, 개발자 등이 된다면 그것으로 해피엔딩인가. 물음을 달리하면 이렇다. 가족이라는 사회적 자원이 부족한 신경다양성인은 어떻게 해야 하는가. '(월급) 노동'을 중심에 놓는 사회에서 이들은 어떻게 살아가야 하나.

톱니바퀴와 사람 탑

수연은 이제 3년 차 직장인이다.

"회사라는 게 뭔가 시스템으로 딱딱 굴러가는 게 아니라, 중간 중간에 사람들이 들어가 만들어나가는 방식이라는 것. 그걸 받아들이게 된 거 같아요."

갓 입사를 했을 때는 회사의 쓸모 있는 톱니바퀴가 되고 싶었다. 그런데 회사원으로 3년을 보내니, 직장이라는 곳이 시스템에 의해 짜 맞춰지는 성벽이 아니라 사람을 쌓아 만들어지는 탑 같은 곳임을 알게 됐다. 알게 되었다고 달라지는 것은 없었다. 오히려 탑을 지탱할 수 있도록 자기 몫을 다해야 한다는 새로운 압박을 받을 뿐이었다. 시스템 없이 일하는 것 같은데, 실은 그 자신이 시스템이 되어 일한다. 어떻게 해도 무너지지 않는 성벽을 보는 기분이라고 했다.

현시대의 노동을 두고 정신과 전문의인 요하임 바우어는 사회의 '퇴보'라고 불렀다. 과중한 업무량, SNS 등을 통한 24시간 업무 태세, 시간 압박, 업무의 파편화, 멀티태스킹, 조각난 (직장 내) 인간관계…. 이런 '천박한' 노동의 형태가 직장인을 "ADHD 노동 모드"로 전환시킨다.[32] "왜 우리는 행복을 일에서 찾고 일을 하며 병들어 갈까?"[33]라는 물음의 답을 그는 노동 시스템에서 찾는다. 노동에 걸맞지 않은 인간이 있는 것이 아니라, 과도한 집중력과 업무 내용의 빠른 전환을 요구하는 노동 환경이 어디에도 집중할 수 없는 인간형을 만든다. 그럴수록 그런 환경에 적응하기 위한 특정 자질이 능력으로 추켜올려지고, 그렇지 못한 사람을 가르는 범주가 엄격해진다는 것. 우리가 이토록 우선순위를 정하는 데 목을 매는 이유는 시간 활용(효율) 압박이 있기 때문이다. 단지 직장·일터 내에서 벌어지는 일이 아니다. '지금의 학교'가 아니라면 소아·청소년 ADHD가 이토록 급증할 리 없다.

"신경의 기준을 정한다는 게, 몸을 BMI 지수(저체중과 비만을 판별하는 기준)로 나누는 것과 다를 바가 없잖아요. 단순하게 키와 체중만으로 평균과 비평균을 만들어내는. 인간의 신체 구성비는 정말 다양하고 다채로운데. 그 지수의 평균 범주 안에 들어오는 사람만을 건강하다며 나눠버리는 게 갑갑하죠."

그렇게 주류에서 벗어나고 있다는 생각을 하다 보면 '외국으로 가야 하나?' 하는 생각이 든다.

"비슷한 사람들과 이야기해보고 싶다는 생각을 많이 해요."

자신이 감당할 수 있는 조건 속에서, 자신을 이해해줄 폭이 조금 더 넓은 곳에서 살고 싶은 마음이라고 했다.

ADHD는 우울증과 불안장애를 동반할 가능성이 크다고 했다. 어릴 적부터 행해온 '나사가 빠진 것' 같은 행동들이 인간관계, 성취감, 사회성에 영향을 주기 때문이라고 한다. 자기상self-image이 부족해 자존감이 떨어지기 때문에 우울을 동반할 가능성이 크다는 설명 또한 흔히 볼 수 있다.

하지만 앞서 이야기한 것처럼 수연은 ADHD 진단을 수월히 받아들인 편이었다. "만날 잃어버리고 놓치고 그랬지만, 그냥 좀 받아들여 가는 과정이었어요." 자신이 표본에 딱 맞는 사람이 아니라는 것은 알고 있었다. 수연은 자라는 내내 '주류'에서 벗어나 있다는 감각을 가졌다고 했다.

"저는 어릴 적부터 주류 사회에 편입되어 있지는 않았던 것 같아요. 부모님이 운동권이어서 학교 다닐 때 부모님하고 노동, 인권 이런 거에 대해 얘기를 많이 나눴고, 소수자의 삶에 대해 그런대로 배우며 살아온 것 같아요."

그렇기에는 그의 학벌이 너무 주류적이긴 하다. 인생은 모순적이고, 이러한 인생의 모순을 잘 설명해주는 말이 있다. "보수적인 부모들은 단지 아이가 일류대 학생이 되길 바라지만, 진보적인 부모들은 아이가 진보적 의식을 가진 일류대 학생이 되길 바란다."[34]

"해외에 나간 경험도 크게 영향을 미친 것 같은데, 제가 간 곳은 우리나라처럼 시험으로 줄 세워 틀리면 체벌받고 이런 분위기가 아니었어요. 어느 날은 경찰이 학교에 와서 가정폭력에 대한 교육을 하는데, 제가 물어봤거든요. 교사가 학생에게 폭력을 행사할 경우는 어떻게 하냐고. 그랬더니 경찰이 너무 당황하면서 그런 경우는 있을 수가 없대요. 그 사람이 상상해보지 못한 경우였던 거예요. 이런 문화권을 접하면서 오히려 우리나라 실정에 안 맞게 내가 너무 유연해져 버린 게 아닐까."

나 또한 그런 경험이 있다. 우울이 깊은 내가 나 자신을 부정하며 살아오지 않을 수 있었던 까닭은 중학교 시절 만난 한 선생님 때문이었다. 그가 무슨 대단한 행동을 한 것은 아니었다. 다만 그에게서 이전까지 보아온 교사들과는 다른 면모를 보았을 뿐이다. 기혼 교사들이 교탁 앞에서 양육의 연장선에 있는 것 같은 모습을 보일 때(그들은 부채감을 지닌 맞벌이 아내이자 어머니였고, 동시에 학생들을 훈육해야 할 교사였다), 그는 그저 자유로웠다.

그 교사는 바쁜 활동 때문에 집 꼴이 엉망이라는 이야기를 아무렇지 않게 했다. 농담처럼, 에피소드처럼. 집에 수도꼭지가 고장 나서 틀면 위아래로 물이 나온다 했고, 그걸 고치지 않아서 분수처럼 시원하다고 했다. '집이 깔끔한 게 뭐가 중요하니. 내가 행복한 게 중요하지.' '여자라고 꼭 정리를 잘할 필요가 있니.' '남자라고 꼭 용기 있을 필요가 있니.' 이런 이야기를 했다. 자라며 그런 말을 하는 사람을 가물에 콩 나듯 만났다. 소수였지만 인상 깊었고, 그 작은 경험들이 '여자애가 되어서' 덤벙거리고 어딘가 어긋나 있는 나를 크게 자책하지 않도록 성장시켰다. 이후 여자대학을 갔으니 말할 것 없고. 내 주변 퀴어-페미니스트 지인들은, 나를 이상할지언정 자신을 혐오하는 애로 만들진 않았다.

그런 시절이 잠시 있었다고, 수연과 내가 행복한 것은 아니다. 우리는 우울하다. 아주 깊게. 약에 의존할 정도로. 그러나 평균, 주류, 정상성에 목을 매진 않는 사람들이라 인생의 선이 어긋나게 그어졌을 때 충격을 덜 받을 수 있었다. 이 사회가 육성하려는 자존감은 이런 종류의 것이 아니겠지만, 수연은 스스로 감당할 수 있는 폭을 넓히며 살아왔다.

자신을 긍정하고 싶은 취약한 사람들은 이렇게 이야기한다. 우리의 우울이 타인의 아픔에 공감할 수 있게끔 한다고, 우리의 불안이 우리를 보호한다고, 우리의 집중력 장애는 창의력의 다른 말이라고. 이 상황을 탈피하고 싶으면서도, 이대로의 삶에 지고한 의미를 찾는다.

수연은 이런 말을 했다.

"오히려 ADHD가 사실 회사 생활에 더 적절한 거 아닌가 싶기도 해요. 이것저것 많이 건드리게 되니까. 중간에서 업무 배분을 할 수 있는 사람만 따로 있으면, 이 정체성으로 인해 내가 굉장히 많은 일을 한 번에 이렇게 진행할 수도 있는 게 아닐까라는 생각도 가끔 들거든요."

그리고 곧 이렇게 말했다.

"그런데 또 결국은 효율성을 생각하고 있네요."

딱히 수연에게 동조하고 싶은 생각은 아니었는데, 내 입에서 이런 말이 나왔다.

"어쩌겠어요. 우리가 그런 사회에 살고 있는데."

멀티태스킹은 능력으로 인정받는 것을 넘어 기본 업무 태도가 되었다. '예측할 수 없는 수많은 신호에 반응하라'는 요구가 만연하다. 경기 변동, 산업구조의 변화, 마케팅의 변화. 판매를 위해 예측

불가능하게 변동하는(동시에 어딘가로 끊임없이 책임을 전가하는) 시장
이 보내는 수많은 신호에 반응해 살아남거나 낙오되거나.[35]

세상에 저 홀로 '높은' 능력은 없다. 사회가 그것을 효율, 확장, 성
과 등의 이점으로 인정할 때 가능하다. 질환의 기준도, 능력의 기준도
사회가 만든다. 그러니 말한다. "우리가 그런 사회에 살고 있는데."

다만 그 함정에 너무 빠져들지는 않으려고 노력한다. 다양성에
대한 이야기를 효율과 능력의 이야기로 전환시키지 말아야지. 우리
가 가고자 하는 곳은 휠체어를 타고도 지팡이를 짚고도 갈 수 있는
곳, 기어서도 뛰어서도 날아서도 갈 수 있는 길이다. 그렇지 않다면
굳이 숲길로 가 블랙베리를 딸 필요가 있을까.

자원과 스피커

덧붙여 하고 싶은 이야기가 있다. 수연을 인터뷰하면서, 그가 이
글에 적합한 인터뷰 대상자인지를 고민했다. 그는 아무리 봐도 고기
능 ADHD[36]였고, 이는 보편적인 경우는 아니었다. 같은 증상이어도
자신이 놓인 환경과 조건 등에 따라 다른 경험을 한다. 그의 이야기
가 공감받지 못할까 봐 하는 우려가 아니다. 각자가 지닌 사회적 자
원을 고려하지 않고 수연의 이야기만으로 ADHD 증상자에 대한 이
야기를 다룰 수는 없다는 반성이었다. 수연을 비롯해 이 글의 인터
뷰이 대부분이 서울 소재의 대학을 나왔다. 대학이라는 것이 뭐 그리

대단해서 그러는 것이 아니다. 아무리 고교생 대학 진학률이 70퍼센트를 넘는다고 해도, 대학 입학은 사회적 자원이 없으면 안 되는 일이다. 소위 상위권 대학일수록 더 많은 자원이 요구된다. 학원비와 같은 금전적 자원은 물론, 입시 정보를 가져오는 정보력(을 제공하는 노동)도 필요하다.

사회적 소수자에게 어떤 자원이 배분되는지는 중요한 문제인데, 이 장에서는 그 자원을 어느 정도 갖춘 이들의 이야기만을 다뤘다는 아쉬움이 있다. 이 글의 한계이다. 기록자인 내가 어떤 계층·계급·사회적 조건의 인물에게 더 귀를 여는지의 문제이지만, 동시에 늘 반복되는, 이 사회가 누구에게 주로 스피커를 주는지의 문제와 맞물려 있다.

우울증은 전 세계적으로 가장 흔한 정신질환 중 하나다. 세계 인구의 4퍼센트가 겪고 있는 증상이며, 국내에서는 유병률이 5퍼센트로 집계되었다(2017년 조사[37]). 세계보건기구(WHO)는 정신질환이나 정신장애[38]를 겪고 있는 이를 9억여 명으로 추정하고 있다.

2021년 보건복지부 정신건강 실태조사에 따르면, 국내에서는 성인 4명 중 1명이 정신건강 문제를 경험하고 있다고 한다.[39] 이때 평생 유병률[40]은 남자 32.7퍼센트, 여자 22.9퍼센트로 나타났다. 알콜과 니코틴 등 약물 사용 장애(의존·남용)는 남성이 높게, 우울장애(우울증과 기분부전증)와 불안장애(외상후 스트레스 장애, 공황장애 포함)는 여성이 현저히 높게 나왔다.

정신의학 관련 진료 통계에 의하면[41] 2021년 우울증 증상자는 93만여 명으로, 이는 2년 전에 비해 24만 명이나 증가한 수치이다. 세대별로는 20대 증상자가 가장 많았으며 여성이 남성의 2배가량 많았다. 지역별로는 서울 거주자가 가장 많다. 정신의학과의 진입 장벽이 서울 거주자, 여성, 청년층에서 상대적으로 낮다는 점도 고려하지 않을 수 없다. 국내 정신건강 서비스(정신의학과 진료) 이용률은 7.2퍼센트이다.

한국의 정신건강 서비스 이용률은 낮은 편이다. 미국은 43.1퍼센트, 캐나다는 46.5퍼센트, 호주는 34.9퍼센트의 이용률을 보이고 있다. 이 비교는 보건복지부 언론 보도자료에 근거한다. (반면 국내 정신장애 환자의 평균 입원 기간은 176.4일로, OECD 27개국 평균인 30.6일의 약 6배이다. 정신질환·장애에 대한 왜곡된 인식과 시설 수용 문제를 엿볼 수 있는 지점이다.[42])

그런데 미국의 경우, 그 수치가 2000년대 이후 가파르게 증가세를 보이고 있다. 한 기사에 따르면, 미국식품의약국(FDA)이 난치성 우울증 치료 목적으로 2019년에 승인한 '케타민 클리닉'은 3년 사이 20배나 증가했다. 코로나19를 거치며 우울을 호소하는 사람이 증가한 것은 국제적인 현상이지만, 이토록 급격한 성장에는 시장과 투자의 영향을 고려하지 않을 수 없다. 현재 미국을 비롯해 국제적으로 투자 붐이 불고 있는 영역이 바로 정신건강서비스 분야이다.

투자의 영역은 단지 병원이나 클리닉으로 국한되지 않는다. 미국 내 "정신건강 관리를 지원하는 모바일 애플리케이션 시장 규모만 작년 기준 42억 달러(약 6조 원)로 집계"[43]된다. 정신질환 관련 온라인 약물 처방, 전문가 연결, 진료 중개 등의 서비스를 제공하는 플랫폼(애플리케이션) 기업이 빠르게 성장하고 있다.

투자의 집중 이면에는 과잉의 결과를 떠맡는 집단이 있다. 『도파민네이션』의 저자이자 중독의학 연구자인 애나 렘키는 "지역의 사회·경제적 지위가 낮을수록 정신 치료제의 처방 횟수가 늘"고 있다는 것을 지적하며 정신건강 서비스가 계급·지역 문제와 이어져 있음을 밝혔다.[44] 정신의학과 진입 장벽이 높은 국내 상황과 차이가 있겠지만, "인종·계급적 특권이 없는 환자들의 기본적 욕구에 주목하지 않으면 약물치료만으로서의 BMT(부프레노르핀 유지 치료라고 불리는 중독 처방 치료)는 해결책이 아니라 기관의 방치와 구조적 폭력의 형태가 된다"는 지적은 주목할만하다.

그리고 우울의 극단적인 결과이기도 한 자살 문제가 있다. 우울과 자살의 연관 관계가 높다는 분석은 익숙하다. 서울시에서 발간한 '2021 성 인지 통계'[45]에 따르면 20대 여성 우울감 인지율은 2020년 8.9퍼센트로 다른 연령대에 비해 높았다. 응급실에 오는 자살 시도자 5명 중 1명은 20대 여성이라고 한다.

그러나 가장 높은 자살률을 보이는 세대 집단은 80세 이상이다. 20대 여성의 자살 위험이 부풀려졌다는 말이 아니다. 한국의 자살률은 세대로만 구분할 수 없다. "한국은 1981년 이후 출생자의 높은 자살률이 특징적이다."[46] 같은 나이대라도 1951년생에 비해 1980년부터 2000년까지 출생한 이의 자살률이 높을 것으로 추정된다. 청년 여성의 자살 문제를 통해 이와 같은 내용을 분석한 이는 다음의 전망을 내놓았다.

"현재의 노년 세대 자살 사망이 빈곤과 독거, 사회적 자원과 지지의 부족 등으로 인한 것이라 진단하는 보고들이 꽤 있다. 그러나 빈곤이 어느 정도 해소되고, 높은 교육 수준을 가진 지금의 청년들이 나이 들었을 때 자살률이 과연 낮아질까? 이 연구 결과에 의하면 그렇지 않을 것이라는 결론이다."[47]

4. 늙은 사람을 돌보는 늙은 사람의 노동
: 노년 돌봄노동자의 자기관리

#젊은 #나이 든

#건강한 #골골대는

#독립적인 #짐스러운

가치 있는 것을 하는 데 있어서 늦었다는 건 없다.
그런데 내 경우엔, 네가 원하는 누군가가 되기엔,
내가 너무 어리구나.

<벤자민 버튼의 시간은 거꾸로 간다>[1]

인터뷰 자리에서 나이를 묻는 일이 가끔 있다.

"실례지만, 연세가 어떻게 되세요?"

단박에 나이를 말해주는 사람이 없다. 이렇게 되묻는 이도 있다.

"몇 살로 보여요?"

때론 "나이 많은데…"라며 말을 얼버무린다. 나이란, 어쩐지 알려주기 망설여지는 숫자다. 어려도, 늙어도, 나이를 말할 때는 (정도의 차이는 있지만) 망설이게 된다. 나는 언제부터 주춤거렸던가. 모 연예인이 방송에 나와 여자 나이는 크리스마스 케이크와 같아서 25살부터 가치가 떨어진다고 했을 때였나. 아니면 서른 중반을 넘어서면서부터였나. 인터뷰 자리에서 상대방의 나이를 잘 묻지 않는 편이다. 글에 꼭 들어가야 하는 정보여도 마지못해 묻는다. 나이 묻기를 꺼리는 이유 중 하나는, 그 질문을 함으로써 상대방이 역으로 내게 나이를 물을 구실을 주기 때문이다. 사람들은 참으로 나이를 궁금해한다.

나이는 입 밖에 나오는 순간, 더는 숫자가 아니다. 그 사이로 묘하게 위계가 생겨나고 평가가 매겨진다. 세상의 높낮이를 가르는 기준으로 폭넓게 활용되는 나이는 노동의 영역으로 들어와서는 속도와 효율, 유용을 가르는 기준이 된다. 자신이 '유용한' 몸이 아니라는 것을 들킬까 봐 나이를 속이는 노동자들이 있다. 젊은 사람들 이야기가 아니다. 요양보호사들과 종종 나누게 되는 대화를 가져온다.

"연세가 어떻게 되세요?"

"몇 살쯤 되어 보여요?"

역시 한 번에 나이를 알려주지 않는다. 이들은 자신이 돌볼 대상자(장기요양 수급자)들에게도 제 나이를 알려주지 않는다. 예순이 넘은 요양보호사는 '어르신'[2] 앞에 가면 자신의 나이를 대여섯 살 정도 낮춰 말한다고 했다. 이유를 물으니 이렇게 말한다.

"나이 많은 게 뭐가 좋아요. 다 안 좋아해요. 젊은 사람 좋아하지."

"나이를 물어보세요?"

"그럼 물어보지. 몇 살인지부터 물어요."

누군가는 이랬다.

"기운 없는 노인이 와서 일하면 뭐가 좋아요?"

"기운이 없으세요?"

"나야 팔팔하지."

"그렇게 보이세요."

"그렇지만 사람들이 그렇게 생각하나."

"돌보는 어르신은 연세가 어떻게 되시는데요?"

팔순이 넘었다고 했다. 아흔 가까이 되는 어르신도 있다. 65세 노인이 85세 노인을 돌보는 식이다. 통계 수치로 증명된 이야기이다. 요양보호사 자격증 취득자의 평균 나이는 60세에 가깝다.[3] 요양보호는 노인이 노인을 돌보는 노동이다.

몇 살까지 일하고 싶으세요? 하고 물으면 적지 않은 요양보호사들이 이렇게 말했다. "70까지 일할 수 있어요."[4] 같은 사람이 말했나 싶을 정도로 각자 마음에 품은 '정년'이 비슷했다. 이들이 줄곧 이야기하는 "두 다리랑 두 팔 쓰는 게 자유로운 그때까지"라는 표현을 수치화한 것이 70세였다. 이 사회는 한 사람이 일을 그만두어야 하는 나이를 만 60세로 정해두지만, 이들은 그보다 10년 정도 더 일하고 싶다고 했다. 70세까지 일하고 싶은 사람들이 예순에 일터에 가서 나이를 속이며 일하는 것을 본다.

처음 만난 돌봄노동자

요양보호사를 인터뷰하며 좀 혼란스러웠다. 처음에는 요양보호 일의 열악한 환경에 대해 듣고 오면 된다고 단순하게 생각했다. 단

일할 자격

시간, 저임금, 돌봄, 노년 노동. 내가 기록해온 키워드들이었다. 어렵지 않게 인터뷰할 수 있을 거라 여겼으나, 오산이었다. 간과한 것이 있었다. 돌봄은 사람과 사람이 만나 관계를 만들어내는 일이었다. 그들은 한 사람의 일상에 깊숙이 들어가 노동을 한다.

그 노동의 속성 덕분에 요양보호사의 입을 빌려 그가 돌보는 어느 한 사람의 인생을 들을 수 있다. 한국전쟁 피난 시절부터 시작해 박정희 정권 시기의 판자촌과 산동네 삶을 거쳐 지금의 작은 반지하로 온 경위로 이어지는 이야기들. 듣다 보면 이들의 삶 조각조각에 민중의 삶과 현대사의 역경이 녹아 있다는 생각이 절로 든다. 그렇게 흥미롭게 듣다가 도착한 곳에는 '독거'나 '빈곤'이라는 단어가 있다. 모든 노년이 홀로 가난하진 않으나, 적지 않은 노인들이 이 단어를 가까이 두고 살아간다.

혼자서는 자신의 몸을 돌볼 수 없는 노인과 그 노인을 오롯이 혼자 돌봐야 하는 요양보호사. 요양보호사들은 때때로 사적인 공간에서 벌어지는 폭력에 대해 고발하듯 말하곤 했다. 폭언과 무시, 부당한 업무 지시 등. 듣는 사람으로서 화는 났지만, 오히려 이 경우에는 문제를 명확하게 판단할 수 있었다. 마음이 복잡해지는 건, 어르신에게 애정을 쏟는 요양보호사와 그런 요양보호사에게 고마워하며 의존하는 대상자들을 볼 때였다.

요양보호사는 자신이 돌보는 노인을 안쓰럽게 여겼다. 정확히 말하자면 그들이 지닌 나약함을 연민했다. 그래서 계약된 시간을 넘겨 일했다. 주 3일로 정해진 요양방문을 매일 하기도 하고, 불편한 몸으로도 새벽 기도를 빠지지 않는 어르신을 염려해 교회 가는 길에 동행하기도 했다.

"나는 그 어른 상황을 아니까. 혼자 그 길을 간다고 생각하면 좀 그렇잖아요. 계단도 많아요. 넘어지기라도 해봐요. 그런 생각 하면 가슴이 두근두근하지."

주말이면 요양보호사는 초조했다. 평일 내내 그 어르신이 자기 없이는 생활하기 어렵다는 걸 보고 왔는데, 주말은 휴일이라고 돌보는 일을 멈춰야 한다니. 불안을 이기지 못하고 무급노동을 하러 가는 이도 있다.

"동네잖아요. 가는 길에 들르는 거예요. '어르신 뭐 하세요?' 하고 고개라도 내미는 거죠."

일을 마치고 가려는 채비를 마치면 문까지 쫓아와서 "가? 가는 거야?" 묻는 노인들도 있다. 직전까지 잔소리하고 소리를 지르고도 막상 간다고 하면 외로워했다. 직장 내 괴롭힘과 연민이 뒤섞이는 순간이다.

"가끔 집에서 눈을 감고 이렇게 있다가도, 생각이 나는 거지."

그러니 간다. 얼굴만 보고 오는 게 아니다. 가면 음식도 챙기고 말동무도 하고 돌아온다. 요양보호사 노동 권익단체나 노동조합에서는 지양하는 일이다. 선의로 하는 행동이 무급노동이 된다. 그들이 선의로 메꾼 돌봄 부재의 자리에 필요한 것은 충분한 예산과 인력 충원이다.[5] 이들이 그 사실을 몰라서 초과 노동을 하는 것이 아니다. 내가 따라잡을 수 없는 마음이다. 그렇게까지 애쓰는 이유를 알 수 없어 물으면 돌아오는 답은 별스럽지 않다.

"나밖에 없잖아요."

애정이라는 말을 정정해야겠다. 자신에게 의지하는 존재를 책임지려는 마음이다. 양육자들은 이것이 돌봄의 근원이라고 했다. 입양 가정을 꾸린 이에게 이런 말을 들은 적이 있다. "모성애는 본래부터 주어진 게 아닌 거 같아요. 나 아니면 이 아이가 살아갈 수가 없으니까. 당장 살게 해야 한다는 생각이 책임이 되고, 정이 되고, 사랑이 되는 거 같아요." 그 말을 듣고 나는 어느 장애인 활동지원사를 떠올렸다.

"나밖에 없잖아요."

그에겐 오랜 시간 지원해온 발달장애인이 있었다. 돌보던 이가 코로나19에 걸려서 격리 시설로 이송될 때, 그는 보건소로 연락해 문의했다. 자신도 함께 가면 안 되겠냐고. 그는 감염되지 않은 상태였다. 함께 시설로 가면 감염이 될 것이 확실한데도, 동행 가능 여부를 물었다. 물론 받아들여지지 않았지만, 나는 고개를 절레절레 흔들며 이유를 물었다.

"당장 그 사람을 돌봐줄 사람이 없잖아요."

봉사와 무급노동

이 무거운 책임감이 예순 해를 살아온 요양보호사의 입에선 이렇게 표현된다.

"봉사하는 마음 없으면 이 일을 못 하지."

엄연한 임금노동을 봉사라고 부르다니. 노동권을 중심으로 이야기를 듣는 나로선 그 단어가 툭 걸렸다. 그러나 사람들이 반복적으로 하는 이야기를 불편해하기만 할 수는 없었다. 이들이 살아온 세월에선 자신의 손해를 감수하면서도 남을 돕는 일이 봉사였다. 요양보호사의 낮은 임금과 무급노동은 손해로 계산됐다. 어쩔 수 없어 감수하는 일이었다. '봉사'라는 단어는 이 사실을 지우는 데 도움을 주었다.

독거노인 반찬 나눔, 목욕 봉사 등 이들에겐 종교 기관이나 사회단체에서 주최한 봉사활동 경험이 있다. 그때의 보람과 봉사자의 위치를 기억한다. 사회적으로 여성들의 봉사·자원 활동은 "중산층 여성들의 고상한 외출, 여성들이 지닌 천부적인 이타심의 발로, 가진 자로서 행하는 나눔의 일환, 건강한 사회 시민으로서의 의무이자 권리"[6]로 여겨진다. 봉사자가 실제로 어떤 계층에 속해 있건, 봉사활동은 고상하고, 이타적이고, 건강한 '시민'의 이미지를 심어준다. 건강한 노동자보다는 건강한 사회 시민이 더 나은 지위라고 생각하는 사회에선 자신의 무급노동을 봉사라고 명명하는 것이 다음날 출근하기에 더 이롭다.

거기까지다. 출근만 조금 수월해졌을 뿐이다. '이타심에서 비롯된 나눔의 행위'로 여긴다고 해서 돌봄 종사자가 갑甲의 자리에 오르는 것은 아니다. "(어르신에겐) 나밖에 없어서"라고 생각하는 마음을 돌봄 받는 대상자(어르신)들도 안다. 자신을 돌봐줄 유일한 사람이 그라는 것을 본능적으로 안다. 그래서 의존하고, 그러니 불안해한다. 다른 사람으로 바꾸면 더 낫지 않을까 의심하고 이 사람이 떠나면 어떻게 하나 초조해한다. 을乙일 수밖에 없는 신체적·정서적 조건(의존에 따른 불안과 노년의 우울, 인지장애 등)과 요양서비스의 소비자라는 위치(센터에 전화 한 통만 넣으면 요양보호사가 새로 교체되는 상황 등)가 복합적으로 얽혀 돌봄 대상자의 횡포도 만만찮다. (물론 의지하는 만큼 정을 주는 마음도 있다. 요양보호사에게 주려고 손에 꼭 쥐고 있던 사탕이 녹아 손가락이 끈적끈적해진 어르신의 이야기를 듣곤 한다.)

요양보호사를 도둑이라 모는 일도, 김장을 담그라는 등 무리한 요구를 하는 일도 비일비재하다. 폭언과 폭력, 성희롱 사건도 발생한다. 인지 능력이 떨어진 노인이라 위험한 것이 아니다. 타인의 사적인 공간에 '혼자' 방문해 일하는 사람들이 맞닥뜨리는 위험이다. 그 공간에 요양보호사와 대상자인 어르신 두 사람만을 남겨둔 것은, 나이 든 부모를 홀로 둔 가족의 책임이 아니다. 그 책임은 국가에 있다. 국가인권위원회는 재가요양보호사들을 폭력으로부터 보호할 수 있는 방안 중 하나로 2인 1조 근무를 권고했으나 보건복지부는 이를 시행하지 않고 있다. 늘 그렇듯 비용과 예산이 이유였다.

요양보호사는 일방적으로 돌보는 대상을 사랑하는데 늙은 어르신은 그들을 폭력으로 대한다는 이야기를 하려는 것은 아니다. 관계라는 게 그리 일방적일 수 없다. 내가 만난 요양보호사들은 어르신을 애틋하게 생각했다. 먹이고 입히고 재우고 어르고 달랬다. 정을 주지 않고는 할 수 없는 것이 돌봄노동이고, 챙기다 보니 정이 들었다. 그래서 순하게 말한다.

"어르신은 애기예요. 애 대하듯 해줘야 해요."

인지저하증을 앓는 노인만을 두고 하는 말이 아니다. '벤자민 버튼의 시간은 거꾸로 간다'[7]는 영화 제목처럼, 인간의 시계가 정말 거꾸로 가는 걸까. 노년에 기억력 장애를 겪는 이는 가까운 시간의 기억부터 상실한다고 한다. 그렇기에 유년기 기억이 커지고, 그에 따라 어린 시절의 추억 속으로 침잠한다. 하지만 '아이 같다'는 소리가 단지 질환과 노화 증상에 따른 과학적 현상을 비유하는 말로만 느껴지진 않는다.

요양 대상자는 자신의 집을 닦고 쓰는 요양보호사에게 '선생님'이라 부르려 하지 않는다. 대신 '아줌마'라고 부른다. 그 아줌마라는 말이 '식모'라는 말로 들리는 요양보호사들은 울컥한다. (현재, 가사를 담당하는 노동자는 '가정관리사'라고 불리고 있다.) 일터의 위계가 호칭 하나에 사정없이 드러난다. 그리고 요양보호사는 돌봄 대상자를 '어르신'이라 칭하며, 그를 아이로 대한다.

"애기가 되었다고 여기니까. 참고, 하나하나 가르치고, 이해하는 거지."

이 고운 말이 심상치 않게 들리는 이유가 있다. 선한 마음으로 장애인에게 반말을 하는 사람들이 두루 존재하는 사회이기 때문이다. 반말을 하는 건 아니더라도 장애인이라 더 칭찬하려 들고 더 훈계하려 한다. 본인도 모르게 나오는 태도이다.

내 마음을 불편하게 하는 요소가 하나 더 있다. 돌보는 '어르신'이 "애기가 되었다"고 말하는 요양보호사들은 자신이 '애'가 될 일을 몹시 두려워하고 있었다. 나이 듦에 대해 연민을 품는 동시에 노화가 안겨줄 나약함을 끔찍하게 여겼다. 거칠게 말하자면 노화에 대한 혐오였다.

저렇게 되지 말아야지

'어르신'을 거울삼아 자신에게 닥칠 질병과 늙음을 본다. 그러면서 다짐한다. '저렇게 되지 말아야지.' 특히 '치매'를 향한 공포가 큰데, 인생 늘그막에 정말 애가 되어버릴까 두렵다고 했다.

"치매만은 걸리지 말아야지. 어르신 댁에 가면 이 생각부터 들어요. 나는 내 가족한테 짐이 되지 말아야지."

그래서 운동을 한다. 산에 오르거나 동네를 걷는다. 에어로빅도 하고 댄스 교실도 나간다. '치매'를 예방하겠다며 셈을 하고, 단어를 외우고, 무언가를 배운다. 엄청난 스트레스를 받는 일에 종사하면서도 거듭 말한다. "스트레스를 받지 않으려 노력한다"고. 스트레스는 만병의 근원이니까. 이들은 병이 무섭다. '저렇게 되지 않을 방법'으로 선택한 것은 체력과 건강 유지이다. 정확히는 건강을 잃지 않기 위한 자기관리이다.

나이 듦을 향한 차가운 시선은 일방적이지 않다. '어르신'들은 나이가 많은 요양보호사를 탐탁하게 여기지 않는다. 저 사람이 일을 '제대로' 할 것인지 의심한다. 노인에 대한 이 사회의 '못 미더움'이 있다. '무능하고 쓸모없다.' 이러한 시선을 알기에 두 다리를 쓸 수 있을 때까지는 일할 수 있다고 자신하던 이도 '무능의 낙인'에 갇히는 것을 염려하여 나이를 낮춰 말한다. 이들에게 '나이'는 일자리를 위협하는 약점이다.

만 60세 정년을 정해둔 세상에서 만 61세의 노인이 일하지 않고는 살아갈 방법이 없다. 60세 노인의 생필품에 가격표가 붙지 않는 것도 아니고, 나라에서 조건 없이 생활비를 주는 것도 아니다. (국민연금 수령 연령도 갈수록 높아져 현 중장년층은 65세 이후에나 연금을 지급받게 된다.) 노동하지 않는 삶이 존중받는 것도 아니다. 그러므로 누구든 일자리를 찾는다.

그런데 현실은 녹록하지 않다. 우리 어머니가 한탄하듯 하는 말이 있다. "나이가 60이 넘어가면 학력이 평등해진다." 그 시절, 대학을 졸업한 것이 남들과는 다른 변별력이라 여겼을 어머니는 어느 시점이 되자 학력이 자신의 쓸모를 증명해줄 어떤 수단도 되지 않는다는 사실에 상처 입었다. 고졸과 대졸의 차별이 엄격한 한국 사회이지만, 정년을 넘어서면 어디든 고용해주는 데가 없으니 '평등'해진 다고 했다. 어머니는 정년 이후 새로 직장을 구하는 과정에서 몸소 깨달았다.[8] 학력의 차이가 연봉의 차이를 만들어내는 데 동의하는 것은 아니지만, 졸업장이 직장 업그레이드용으로 쓰이는 현실에서 노년의 노동자에겐 학력이 일자리 수준을 상승시키는 효과를 주지 않는다.

그런데 사실, 내 어머니에겐 '정년'이라는 단어가 걸맞지 않다. 정년은 정규직 일자리에서나 통용되는 개념이다. 어머니의 퇴사는 정년퇴직이 아니었다. '정년이라 불리는 나이'가 되어서 그만두게 되었을 뿐이다. 어머니는 반평생 '가짜 사장'이었다. 90년대 서비스 업종에서는 '주부 사원'을 적극적으로 모집했다. 이 주부 사원들은 애초 계약직으로 취업을 하였거나 정규직 취업을 했더라도 몇 년 후 닥친 1997년 외환위기를 기점으로 특수고용직, 파견직, 비정규직으로 전환됐다. 학습지 교사였던 어머니도 회사가 내민 서류에 서명할 때마다 고용 지위가 낮아지는 것을 느꼈다. 하지만 '남편 있는' 여자들은 '그런 일'에 왈가왈부하는 것이 아니었으므로 그냥 넘어갔다. 그렇게 반평생 '가짜 사장'으로 일한 어머니와 동료들은 회사를 그만둘 때 퇴직금조차 받을 수 없었다. 기업에 손실분 금액을 물어주지 않으면 다행이었다.

퇴직금조차 주지 않는 세상에서 자본 없이 늙어버린 노동자들이 있다. 자본 없는 여성들이 나이가 들어 찾는 일 중 하나가 요양보호였다. 내가 만난 이들은 요양보호사가 되어서도 공부를 했다. 사회복지 관련 자격증이 인기가 좋았다. 쉰이 한참 넘은 나이에 자격증 공부를 시작했다. 그러나 무엇을 공부하건 이들에게 주어지는 일은 요양보호밖에 없었다. "5년 전에만 자격증을 땄어도…." 후회의 말을 하지만, 5년 전 그들에겐 더 많은 직업의 문이 열려 있었다. 그러니 자격증에 눈 돌릴 이유가 없었다. 직업 선택의 문이 닫힐 즈음 급히 이것저것 배워두었지만, 세상은 냉혹하게도 그들이 갖춘 '자격'에 관심이 없었다.

자식들 '잘 두어서' 용돈을 받고 살거나, 연금이 빵빵하거나, 부동산 투자를 잘해 세입자들에게 월세를 받거나, '대단한' 전문직이거나 '진짜 사장'이 아닌 이상은, 그러니까 나이가 들어서도 돈을 벌어야 하는 형편이라면 노동시장에서 자신의 경쟁력이 급격히 하향하는 것을 지켜봐야 한다. 그리하여 유일한 자원은 육체뿐이다. 노년 노동자가 "한참은 더 일할 수 있다"고 강조하며 노동에 필요한 유일한 자산인 몸의 능력치(건강)를 잃지 않으려고 애쓰는 이유다. 그 노동 능력이 평가 절하되어 저임금 일자리 시장으로 간 상황인데도 말이다. 노동하는 몸으로서 능력을 인정받지 못한 이들의 유일한 대안이 노동하는 몸일 수밖에 없음은 모순적이다.

아프면 안 되는 몸

이들의 바람과 일터의 현실 사이에도 모순이 존재한다. 누구보다 건강을 바라는 이들이지만 이들의 일터는 건강을 지키기 어렵게한다. 요양보호 대상자의 집을 방문하기 위해 산동네 계단을 오르다가 무릎이 상한다. 어질러진 집을 치우기 위해 가구를 옮기고 거동이 불편한 어르신을 안아 옮긴다. 연골 닳는 소리가 들린다. 게다가 늘 물과 불을 가까이한다. 데고 미끄러지고 넘어진다. 한편 시설 요양보호사는 너무 많은 대상자를 돌본다. 업무가 과다하다. 과다한 노동량은 과로 질환으로 이어지게 마련이다.

게다가 요양보호사의 고용 형태는 단시간 근로거나 일용직이다. 이들의 고용주가 산재를 예방할 의무를 방기하기 좋은 고용 형태다. 이들을 위험으로부터 지켜주지 못하는 요인이 하나 더 있다. 바로 나이다. 어느 기사의 내용을 가져온다.

"2013년 척주관협착증 등의 진단으로 업무상 재해를 주장했던 요양보호사는 퇴행성 질환으로 보인다는 이유로 불승인 처분됐다. 또 다른 요양보호사도 잠을 이루지 못할 정도의 심각한 어깨 통증으로 산재를 신청했으나 '여성이 50대가 되면 아플 때가 됐다'며 인정받지 못했다."[9]

산재 인정률도 낮고, 산재 신청률 자체도 낮다.[10] 아프면 알아서쉬고, 다치면 자체적으로 치료한다. 이들은 건강을 자신하고 건강을 지키고 싶어 하지만, 세상은 일하다 다친 몸마저 외면한다. 이미 닳고 닳은 몸이라며 보상하지 않는다. 이럴 경우, 방안은 무엇일까.

요양보호 돌봄 종사자들을 중심으로 한 권익단체, 시민단체, 노동조합의 요구는 이러하다. 현행 법령상 규정되어 있는 예방 교육 의무나 보조 기구 설치 의무 등에 대한 엄격한 관리 감독, 근골격계 질환 등에 있어 업무적 특성을 고려해 산재 인정 기준 완화, 시설 요양보호사 1명당 돌봐야 하는 입소자를 2.5명으로 축소(현행 시행규칙 상으로는 주간 9.7명, 야간 16.5명이다) 등.[11]

현재, 비정규직이자 노인 노동자인 개인이 선택할 수 있는 현실적인 방안은 이것이다. 병들지 않는 것, 아프지 않는 것, 다치지 않는 것. 체력을 키운다, 병원을 자주 찾는다, 티브이 건강 방송의 열혈 애청자가 된다…. 그렇게 건강은 '지켜내는' 것이 된다. 건강 관리가 개인의 노력으로 실현 가능한 일이라 믿을수록, 병들고 약한 몸은 목표에 어긋난 부정의 대상이 된다. 그리하여 병든 어르신에게 가장 많은 마음을 내준 이가 노쇠한 몸을 가장 혐오하는 이로 변하게 된다.

나 역시 이러한 혐오에서 자유롭지 않다. '안티에이징'이 모든 이의 욕망이 되어버린 현상을 비판하지만, 나도 젊어지고 싶다는 욕망에 시달린다. 젊음의 샘물을 마시고 싶은 까닭은, 주름이 없고 생기가 돌아 더 아름답다고 말해지는 얼굴을 가지고 싶어서가 아니다. 이른바 '나잇값'이 요구되는 사회에서 젊어 보일수록 피해 갈 수 있는 질문이 많기 때문이다. 15년 전 『페미니즘의 도전』을 읽었을 때, 학생이었던 나는 이 문장의 의미를 제대로 이해하지 못했다.

"단지 나의 나이 때문에, 남들은 질문받거나 문제되지 않은 것들이, 늘 나에게는 해명하거나 투쟁해야 할 과제가 되었다."[12]

지금은 이 문장이 무엇을 말하는지 정확히 이해한다. '해명'하는 번거로움을 피하고 싶은 마음에 나 역시 젊은 외모를 그리워하기 때문이다. 서로가 서로를 스쳐 가는 사회에서 언뜻 봤을 때 실제 나이보다 두어 살이라도 젊어 보이면 피할 수 있는 질문이 많다. '그 나이에 왜 아직도'라는 속마음을 숨긴 질문들 말이다.

나이에 걸맞게 해야 하는 일이 있다고 한다. 나이가 차면 연애를 하고, 결혼을 하고, 자녀를 가져야 하며, 연봉은 얼마가 되어야 하고, 재테크와 노후 자금도 어느 정도 모아놓았어야 한다. 기존 사회의 보편적 생애주기를 따라가지 않는 사람의 생활 방식이 '욜로'라 불리며 허용되는 나이 또한 암묵적으로 정해져 있다. 그 시기를 지나면 욜로는 포장지를 벗는다. 그때부터는 한심하고 무능하다는 평을 넘기 힘들다. 이 사회의 "나이에 맞는 삶에 대한 문화적 규율이 워낙 막강하기에" 압박을 넘어 "낙오로 연결"된다.[13]

그러나 안티에이징은 마음만으로 되는 일이 아니다. 자본주의 사회에서 젊음과 건강은 비용을 내고 사들이는 것인데, 보편적 생애주기를 따르지 않는 사람은 대부분 경제적 보상을 크게 획득하지 못할 가능성이 크다. 그러니 젊어 보이는 것도 한낱 꿈일 뿐이다. 하지만 꿈꾼다. 꿈은 잠시의 도피라도 할 수 있게 해주니까.

나이 든 요양보호사도 눈이 어두운 노인들 앞에서 자신의 나이를 서너 살만 낮추면 "그 나이에 아직도 일을 해?" 같은 측은한 질문을 받지 않아도 된다. 출근하는 마음이 살짝 가벼워진다. 나는 이제 그들의 심정을 이해한다. 그러니 이번에는 질문을 바깥으로 돌려본다. 정년이라는 개념은 왜 생겨난 것일까. 왜 모든 사람이 같은 나이에 직장에서 물러나야 할까. 그 나이는 왜 만 60세로 정해진 것일까.

'사회 활동에서 손을 떼고 한가히 지낼 나이'라는 발상으로 만들어진 정년 퇴직자는 과연 벌이 없이 한가하게 살 수 있는가. 이 현실적인 의문은 나이를 기준으로 노동할 수 있는 몸과 노동할 수 없는 몸을 나누는 일이 '자연스럽게' 받아들여지는 사회에 대한 의혹으로 이어진다.

노동을 멈춰야 하는 나이

사회가 만 60세를 노동을 멈춰야 하는 나이로 본다면, 그 이후 노동 없이 살아갈 이들을 부양할 수 있는 사회적 방편이 전제되어 있어야 한다. 그러나 그럴 리가. 우리는 빈곤 노인이라는 단어에 익숙해져 있다. 만 75세 이상의 후기 노인 10명 중 6명이 '빈곤한 상태'에 놓여 있다. 2020년 기준 국민연금 평균 수령액은 55만 원 수준이다. 이런 상황이니 저소득층 노인 가구에 지급되는 기초연금액 인상에 "국민연금을 꼬박꼬박 납입해온 가입자들이 상대적인 '박탈감'"[14]을 토로하는 이상한 경쟁이 펼쳐진다.

'일할 수 없는 나이'라 규정된 노인을 부양하는 집단은 가족이다. 조부모에게 효도하고 어른을 공경하는 일은 너무나도 사람 된 도리처럼 여겨졌지만, 군사독재 시절 '개발', '성장' 키워드 사이에서 이러한 전통적 가치가 살아남을 수 있던 까닭이 있었다. 1984년은 65세 이상의 노인들의 전철 이용이 무료가 된 첫해이다. 노인 문제에 국가적 대책을 마련할 것이 요구되고 있던 이 시기, 전두환 정권이 전철 무료 이용과 함께 선택한 것은 경로사상을 담은 미풍양속의 강조였다.[15] 돌봄·부양의 주체를 가족 단위로 묶어두는 데는 미담만한 것이 없었다. 효도는 부양의 다른 이름이었다.

그러나 이 가족주의적 발상은 현실성마저 없어지고 있다. 노인만으로 구성된 가구에 사는 이가 전체 노인 중 78.2퍼센트를 차지한다. 이 중 노인 혼자 사는 가구의 비율은 20퍼센트가량이다.[16] '누굴 모시고 사는' 시대가 아니다. 가족과 함께 지내는 사람이라고 해서 노년 문제에서 벗어나는 것도 아니다. 오히려 가족이 돌봄의 거의 유일무이한 주체라고 강력하게 믿고 있는 사회인지라, 가족이 존재하는 순간 누구도 그 가족 구성원의 돌봄을 염려하지 않는다. 그 때문에 가정 내 여성 폭력이 발생하고, 아동 학대가 벌어지고, 장애인 구성원이 방치되어도 사건이 뒤늦게 알려지거나 가족 간의 일이라고 두둔을 받는다. 사건을 '발견'하는 순간 누가 그 사람의 부양을 책임져야 하는지를 둘러싼 혼잡한 문제가 발생하기 때문이다. '가족 내'의 일은 그렇게 제삼자가 개입하기 애매한 일로 굳어진다.

그 부재의 자리에, 요양보호사가 간다. 이때 요양보호사는 평균 나이 60세. 일할 수 있는 노인들에게 일할 수 없는 노인들을 돌보게 한다. 여성 노인은 노동시장에서 가장 저렴한 인력이다. 국가는 선별적 복지의 자리마저 값싼 비용으로 메우고 있다.

노인들은 일한다. 보건복지부 실태조사에 따르면, 65~69세는 39퍼센트가, 70~74세는 31퍼센트가 경제활동을 한다. 심지어 85세 이상의 노인 중에서도 6퍼센트가량이 일을 하고 있다. 일할 수 있으니 정년을 늘려달라고 요구하려는 것이 아니다. 정년을 65세로 연장해야 한다는 논의가 있긴 하다. 노인 세대를 '골든 에이지'라고 지칭하며 "제2의 인생에서도 벌어서 쓰는 체제"[17]를 갖춰야 한다는 주장도 나오고 있다. 정부가 적극적으로 나서 노인 재취업을 돕는 정책을 만들어야 한다는 취지의 이야기지만, 어딘가 씁쓸하다. 부양도 허황되지만, 실업률이 높아져만 가는 불황의 시대에 '벌어서 쓰는 체제'라는 말은 저임금 노인 노동력을 보다 효과적으로 활용하겠다는 속내를 우아하게 감추고 있는 표현처럼 들린다.

지금도 많은 노인들이 일하고 있다. 다만 그들의 벌이와 소득이 경제활동을 한다고 말하기가 무색할 지경이라, 이들의 노동은 빈곤과 동의어로 읽힌다. 궂은일밖에 안 내주면서 궂은일 한다며 불쌍히 여긴다. 그렇게 노동을 하나 노동자로 인정받지 못하는 집단이 만들어진다.

지원받을 자격

근대 국가는 '건강한' 성인 남성을 표준 시민상으로 삼아 이 정상적이고 건강한 시민을 만들어낼 어머니이자 '부녀자'를 표준 여성상으로 제시했다. 그런데 여성을 만들어낸 세상에선 '노인'도 창조물이다.

근대의 공간에서 '아이들'은 학교라는 공교육 체계에 포함되고, 성인은 산업 역군이 되고(여성은 재생산 노동까지 담당한다), 노인은 부양의 대상이 된다. 경로 우대를 말하는 사회는 정년도 정해놓는다. 우대라는 이름은 "늙음을 근대적 공적 영역으로부터 배제"하는 기능을 한다.[18] 노인 정책이라는 이름 아래 복지 제도의 수혜 대상 연령과 노동이 종료되는 연령(정년)이 정해진다. 정년은 근속연한에 따라 호봉이 정해지는, 그러니까 주로 남성 가장의 생애주기에 따라 임금을 지급하는 연공서열제가 유지될 때 유의미했던 숫자이다. 그러나 그 시절은 1997년을 기점으로 끝났다. 그나마 안정적이라고 여겨지는 대기업 직장인들이 체감하는 정년퇴직 예상 연령이 49.5세가 된 시대다.[19]

국가는 연공서열제 시절의 가족임금은 포기하였으나, 가족만은 포기하지 않았다. 가족만이 복지의 부담을 감당할 대상이었기 때문이다. 가족은 복지 기능의 완충지대이며, 여성은 최후의 복지 제공자이다. (같은 시기, 이 복지 제공자들이 돌봄 시장으로 불려 나왔다. 국가는 '저렴한' 여성 노동력도 포기하지 못했다.) 완전 고용이라는 환상이 무너지기 시작하던 외환위기 시절, 국가가 애타게 걱정한 것은 가족의 해체였다. 직장을 잃은 가장은 노숙자가 되고, 가정주부는 집을 버리고 떠나며, 아이들은 부모 없이 남겨진다. 이것이 90년대 말을 뒤덮은 공포였다.

인류학자 송제숙이 저서 『복지의 배신』[20]에서 외환위기 직후 가족해체 담론과 국가의 선별적 복지 제도를 분석한 대로, 당시 노숙인을 대상으로 한 복지 제도가 반발 없이 시행된 것은 이들이 외환위기로 인해 실직을 한 아버지라는 믿음이 있었기 때문이다. 부랑인과는 구분되는 '과거의 아버지'들. 이들은 복지 지원을 받을 '자격이 있는' 가장이었으며, 이 아버지들을 가정으로 돌려보내는 것이 국가의 목표가 되었다. 같은 이유로, 집을 떠나온 (방탕한) 여자이거나 정신질환자로 인식되었던 여성 노숙인은 '지원받을 자격'에서 배제된다. 여성 노숙인들은 복지의 대상이 되기는커녕 그 존재 자체를 부정당했다. 그런 여자는 있으면 안 되니까.

신자유주의적 복지 제도가 문을 연 그 자리엔 '정상가족'이 버젓이 선다. 정상가족의 구성원만이 국가가 제공하는 복지 제도의 수혜자가 될 자격을 갖춘 집단이라는 인식이 사회적으로 널리 인정되었다. '가장'이 바로 세워진 그 자리에, 해고 위험과 임금 삭감으로 부부가 모두 벌어야 하는 상황에 직면했음에도 여성은 '푼돈 버는' 보조적 역할로 설정된다. 실제로 그런 일자리밖에 주어지지 않았다. 부차적인 일이라고 여기지 않는다면 납득되지 않을 만큼 불안정한 노동의 자리. 여성의 일자리 대부분이 비정규직이라는 것은 여러 통계가 증명한다.[21] 한 줌 남은 안정적인 자리는 (아직 해직되지 않은) '가장'의 것이었다. 신자유주의 정책을 관철한 이들은 노동시장에서 능력에 따른 자유로운 경쟁을 추구하는 듯 굴었지만, 실은 (능력 있는 자들의) 자격을 운운하며 이쪽과 저쪽을 더 엄격하게 구분 지었다. 그 경계를 긋는 데 활용하기 용이한 기준이 '성별(젠더)'이었다.

불황으로 실직한 가장(이 꾸리는 가정)과 취업 기회를 잃은 안쓰러운 청년에게 국가 재원이 지원되고 있을 때, 여성들이 의존할 수 있는 것은 '카드 긁기'였다. 2000년대 초 금융기관은 도산의 위험이 있는 기업에게서 시선을 돌려 '가계'를 새로운 타깃으로 삼는다. 기업보다 안정적인 자금 회수가 가능한 대상이라고 여긴 것이다. 서민을 대상으로 대출이 쉬워지고 카드 사용이 권장되었다. 카드 한 장 쥐여주고 "여러분, 부자 되세요"[22]라던 시절이었다. 당시 대학 동아리 방에 앉아 있으면 중년 여성들이 노크를 하고 들어와 신용카드를 홍보했다. 그것은 마치 녹즙 배달 서비스나 신문 구독을 권유하는 것처럼 별스럽지 않아 보였다. 소득이라고는 아르바이트비 몇십만 원이 전부였던 스무 살 학생들에게 카드를 권할 정도로, 당시 한국은 금융자본의 숨구멍을 트여주기 위해서 각종 규제를 완화하고 있었다. 숨통 트인 금융기업이 숨 쉴 때마다 서민들의 카드 빚은 야금야금 늘어났다.

2003년, 신용불량자가 300만 명 선을 돌파했다. 이 중 여성은

150만여 명으로 집계됐다. 여성 실업난이 또 하나의 원인임은 분명했다. 특히 중년 여성(40대)의 비율이 가장 높았는데, 이 시기를 거쳐온 여성들이 이제 노년을 맞았다. 한평생 '정년'의 개념이 있는 정규직 직업을 가져본 적도 없는데, 정년의 나이가 지났기에 노인 일자리를 받아들여야 했다.

노동하는 할머니

삶은 동전의 양면 같은 것이라, 나이 듦을 혐오하는 태도는 '노인이라는 거울'을 유심히 볼 수 있는 사람만이 가질 수 있다. 내가 만난 요양보호사들은 자신이 돌보는 사람을 자신과 무관한 대상으로 여기지 않았다. 그러니 두려움도 느끼는 것이었다. 돌봄을 받는 저 자리에 자신이 가 있을 날이 온다. 장기요양 정책을 만드는 정부 입법자들은 해본 적 없는 생각일 테다.

요양병원에서 일하는 돌봄노동자는 자신도 나중에 갈 곳이니 요양시설이 달라졌으면 좋겠다고 말했다. 자신도 나이가 들면 요양보호사가 집에 방문할 테니 재가 요양보호사의 처우가 달라지길 바란다고 했다. 자신이 일해본 결과 돌보는 사람의 처우가 나아져야 돌봄 대상자와의 관계도 수월해지기 때문이다. 두려움은 사람을 움직이게 한다. 그런 바람을 안고 노동조합이나 지역센터 등에 가입해 권익 활동을 하는 이들이 있다.

물론 이 말들은 '나의 권익만을 위해 싸우는 게 아니다'라는 것을 강조하고 싶어 찾은 이유일 수도 있다. 그러나 내가 왜 이런 행동을 하는지 설명하다 보면 그 말을 지키기 위해 행동하는 순간들이 온다. 말한 것을 지키기 위해 살다 보면 그게 삶의 방향이 된다.

　한편, 건강을 잃고 싶지 않은 마음은 요양보호사를 밖으로 나가게 한다. 건강을 위해 이들이 찾는 곳은 보다 저렴하고 익숙한 공간인데, 보통 동네 복지관이나 주민센터로 간다. 그곳에서 풍물, 다이어트 댄스, 배드민턴 등을 배운다. 이때 수강생들 사이에서 형성된 네트워크가 확장되어 이들은 노동조합이나 권익 지원 센터에서 여는 강좌에 참여하기도 한다. 권익 지원 센터에서 여는 강좌 종류를 몇 가지 적어본다. 다과 예절, 홈 트레이닝, 원예, 마음 치유, 요가 강좌, 그리고 좋은 돌봄 교육, 성희롱 대응 워크숍, 돌봄 현장 리더 양성 교육, 근무 시점별 권리 찾기 교육 등이 있다.[23] 차차 자신이 찾아갈 수 있는 길이 넓어진다. 이들이 어떤 이유건 움직인 덕분이다.

　이 글을 쓰며, '나를 돌보는 일'과 '자기관리'가 모습을 드러내는 방식이 유사하여 이 둘을 구분하는 데 애를 먹었다. 자원 없는 개인이 제도 없는 일터에서 자신을 돌보는 것은 쉬운 일이 아니다. 일터에서 다치거나 아프지 않고 일하는 것이 얼마나 어려운지 알기에, 자신의 건강을 지키고자 애쓰는 요양보호사들의 마음을 '노화에 대한 반감으로부터 오는 자기관리'라고 적는 손이 민망했다. 그럼에도 요양보호사들의 두려움을 나 또한 알기에 썼다. 그들은 나의 거울이기도 했다. 나이 듦이란, 조각의 크기만 다를 뿐 우리 모두가 쥐고 있는 취약함의 대표적인 이름이다. 우리는 우리의 취약함을 두려워한다. 취약함을 공포로 여기지 말고 이 사회 구성원들 간의 의존과 돌봄에 대해 이야기해야 한다고 말하지만, 두려움이 쉬이 사라지지 않는다. 취약해짐에 따라 어떤 가능성들이 사라지고, 생존을 위협받기도 한다. 그렇지만 받아들이며 배운다.

"나이 든다는 것은… 어떤가요?"

"참 별로야."

"어떤 점에서요?"

나이 든 이에게 나이 듦에 관해 묻는다.

"몸이 예전 같지 않잖아."

"예전에는 어땠는데요?"

"손이 보들보들했지."

'어르신'을 돌보는 요양보호사가 다가와 말을 거든다.

"그거 아세요? 내 손이 거칠해야 남의 손이 보드랍다는 걸 안다는 거."

요양보호사의 말을 받아 적는다. 그래, 손이 부드럽다는 것은 맞잡아야 아는 거다. 보편적 생애주기와 이 세상의 나이 각본을 따르지 않은 채 늙어가는 일을 전보다는 덜 두려워하게 된 것은 어느 날 읽은 이 문장 때문이었다.

"모든 '비정상'에는 우울과 분노, 도발과 저항이 뒤엉킨다. 삿대를 단단히 쥐고 마음과 삶의 향방을 최대한 주도할 일이다. 불온함과 변태變態야말로, 돈과 가족이 최고라는 세상의 끝에서 재난을 즐겁게 통과하고 다음 재난을 맞이할 힘을 키우는 잉여들의 '가오'다. 먼저 추락한 사람들 덕에 더 추락해도 살아지겠구나 싶다."[24]

먼저 '추락'한 사람들 덕분이다. 요양보호사를 만나 이야기를 들으며 그들에게 언뜻 비친 혼란과 두려움을 설명하고 싶었다. 그들이 돌보는 대상을 향해 느끼는 애정과 공포가 이어져 있음을, 그 두려움으로부터 나 또한 자유롭지 않다는 것을 깨닫기 위해서다.

"이상하고 자유로운 할머니가 되고 싶어"[25]라는 욕망과 "무사히 할머니가 될 수 있을까"[26]라는 걱정 사이에서 살아가는 우리는 정상성의 경계를 짓고 나이와 젠더를 활용해 '노동할 수 있는 몸'과 '아닌 몸'을 가르는 사회에서 살고 있다. 젊음을 꽃이라 표현하지 말라고 날을 세우는 사람이지만 "사람도 꽃처럼 다시 돌아오면 얼마나 좋겠습니까"[27]라는 말이 무엇인지 알기에 울컥 눈물을 쏟는다. 지나간 것에 대한 갈망과 슬픔은 어쩔 수 없다. 나이 들어 자원 없이 노동할 일을 떠올리면 두렵다. 솔직한 심정이다. 그렇지만 그 두려움에 빠져 내가 어떤 세상에서 살고 있는지를 마주 보는 일을 놓치진 말아야지, 마음을 다잡는다.

한국 사회에서 가장 높은 자살률을 보이는 세대는 80세 이상이다. 10만 명 중 70명이 자살을 한다고 한다. 60대에 들어서면 자살률이 급격하게 올라가는데, 10만 명 중 50명꼴이다. 그런데 노년 자살률이 치솟는 것은 결코 자연스러운 현상은 아니다. 일본의 자살 사망률을 보면, 20대부터 80대까지 큰 차이가 없다(10만 명당 20명).

자살을 생각해본 적 있다는 국내 고령자들은 그 원인으로 경제적 어려움을 꼽았다(27.7퍼센트).[28] 자산과 소득이 모두 빈곤한 상태인 노년 가구 비율은 20퍼센트가 넘는다.[29] 노년 소득이 부족하다는 결과가 나오지만, 한국에서 60세가 넘으면 직장을 잃을 확률이 절반을 넘는다(60세 이상 고용률 42.9퍼센트).[30] 그러나 일하지 않는 노인은 드물다. 한국의 실질적 은퇴 나이는 73세이다.

이들은 어떻게 일하며 늙어왔나. 통계청에서 진행한 '고령층 부가조사 결과'에 따르면, 2020년 기준 55세부터 79세 사이 노년층이 가장 오래 근속한 기간은 평균 15년 7개월. 그 직장을 그만둘 당시 나이는 만 49.4세였다. 여성의 경우 가장 오래 일한 기간이 11년 9개월, 그만둘 당시 나이는 47.9세였다.

지난 1년간 취업을 한 경험이 있다고 응답한 노년 남성은 76퍼센트, 노년 여성은 56퍼센트에 가까웠다. 그러나 현재 미취업 상태라 밝힌 이가 남성은 3명 중 1명(23.8퍼센트), 여성은 절반 이상(54.5퍼센트)이었다. 직장을 가진 이들 중 많은 수는 공공 서비스업이나 요식업, 숙박업에 종사하고 있었고, 4명 중 1명은 단순 노무직으로 일하고 있었다.

본인이나 배우자가 직접 생활비를 마련하는 노년층의 비중은 65퍼센트이다.[31] 조사된 바에 따르면 최저 노후 생활비는 124만 원이지만[32] 국민연금 평균 급여액은 월 54만 원이다. 개인의 사적 연금을 합쳐도 고령 인구의 연금 수령액은 월평균 138만 원이다.[33]

노년 노동자의 월 평균 임금은 조사된 적 없다. 65세 이상 노동자는 취업해도 고용보험 적용 대상에서 제외되기 때문이다. 고용보험이 없으니 취업 규모와 처우 등을 파악할 길이 없다.

다만 다음의 수치로 이들의 빈곤 정도를 가늠할 수 있다. 국민기초생활보장법 수급자의 66퍼센트 이상이 1인 노년 가구이고, 이 중 소득이 0원에 가까운 노인은 30퍼센트가량이다.

그런데 빈곤은 '개인의 소득'에만 국한된 개념이 아니다. 사회 안전망의 문제까지 함께 고려해야 한다. 최저 노후 생활 비용 보장을 목표로 국민연금 제도를 개혁해야 한다거나 단계적으로 사라지고 있는 부양의무제를 완전히 폐기해야 한다는 견해 등 노년 빈곤에 관한 목소리들이 나오고 있다. 노년알바노조(준)는 기초연금법을 '노인수당법'으로 바꿀 것을 요구했다. 2021년 10월 2일 노인의 날에는 노년유니온·노후희망유니온·시니어노조 등이 공동 기자회견을 열어 기본 생계 유지비 지급, 폭력과 착취·정신적 학대로부터의 해방, 일·소득 기회 제공 등 10대 의제를 제시하기도 했다.

정년을 65세로 연장할 것을 요구하는 목소리도 크다. (국민연금 지급 연령이 65세로 늦춰진 영향이다.) 옆 나라 일본도 연금 수령 연령이 65세로 변동됐다. 다른 나라들도 연금 보험료율을 올리거나 수급 개시 연령을 늦추는 등 개정을 추진하고 있다. 정년 연장은 국제적 추세이다. 그런데 이 문제로 홍역을 치르는 국가가 있다.

2010년, 프랑스 노동자들은 "임금 인상, 양질의 일자리, 65살이 아닌 60살 은퇴"를 외치며 거리로 나왔다. 사르코지 정부가 퇴직과 정년 수급 연령을 높이겠다고 발표한 직후의 일이었다. 이때 62세로 연장된 정년은 이후 10년 넘게 쟁점이 된다. 2023년에도 프랑스의 노동자들은 거리로 나왔다. 정년을 현행 62살에서 64살로 늘리겠다는 마크롱 정부의 계획에 반발한 것이다.

프랑스 노동자들은 오래 일하길 원하지 않는다고 했다. 이들이 이른 퇴직을 꿈꿀 수 있는 이유는 공적 연금 소득대체율이 65퍼센트에 이르기 때문이다. (한국은 12~25퍼센트에 불과하다.)

고령화와 장기 불황으로 연금 납부자들의 부담이 커진 것은 프랑스도 마찬가지였다. 그럼에도 연금 개혁안에 반대하는 프랑스 국민은 70퍼센트가 넘는다고 조사되었다.[34] 시위 참여자는 200만 명으로 추산된다. 그리고 정년 연장에 맞선 파업에 동참하는 의외의 집단이 있다. 바로, 고등교육기관 학생들이다. 이들은 국민연금 적자 부담을 짊어져야 할 '젊은 세대'다. 그런 이들이 앞장서 정년(연금 수급 연령) 연장에 반대한다.

이를 두고 국가와 사회의 역할을 축소하려는 정부에 맞서 '사회적 연대를 중시하는 유럽식 모델'을 지키기 위한 시민들의 저항이라 분석하는 이도,[35] 프랑스 국민이 불공정 자체에 분노하고 있다고 보는 이도 있다.

"프랑스 정부안대로 수급 개시 연령을 늦출 경우 유독 불리해지는 계층이 있다. 블루칼라, 육체노동자들이다. … 이들의 은퇴 시기는 비교적 빠를 수밖에 없다. 이들을 더 불리한 연금 체계에 빠뜨리는 게 '과연 공정하냐'는 질문을 던진다."[36]

분노의 원인이 무엇이건, 이들이 지키고자 하는 대상이 늙어가는 '개인'들일 뿐 아니라 세대를 막론한 공동체임을 엿볼 수 있다.

5. 뚱뚱해서 게으르다고 여길까 봐
: 과체중과 함께 살아가는 사람들의 공적 활동

- - - - - - - - - - - - - - - - - - - -

#민첩한 #둔한

#지적인 #멍청한

#절제력 있는 #무절제한

몸은 한 번도 '결과'였던 적이 없다.

박선영·유지영, 『말하는 몸 1』[1]

"여름에 나시를 입은 게 올해가 처음이에요."

소라의 말에 내가 검은색 압박 스타킹을 신지 않게 된 날을 떠올렸다. 서너 해 전, 성소수자의 노동을 다룬 책을 출간한 후 북토크를 하는 자리였다. 이 책을 쓰고 어떤 변화를 겪었냐는 물음에 나는 이렇게 답했다.

"더는 압박 스타킹을 신지 않게 되었어요."

하체 비만이 콤플렉스였다. 학창 시절 내내 교복 치마가 끔찍했다. 대학에 가서는 치마나 반바지를 입지 않았다. 치마를 입더라도 겨울에만 입었다. 검은 스타킹을 신을 수 있으니까. 검은색은 사물을 실제보다 작아 보이게 하니까. 그러다가 압박 스타킹을 만났다. 고전 영화에서 중세 여자들이 힘겹게 코르셋을 입는 장면을 보며 인상을 찌푸렸지만, 치마를 입는 날에는 나 역시 별다르지 않았다. 압박 스타킹을 신는 데는 꽤 많은 시간이 들었다.

소수자들의 노동을 기록하는 일은 직장 문턱을 넘을 수 없는 '예외적인 몸'에 관해 알게 되는 사건이었다. 이들이 '나답게' 살고 노동하기 위해 싸우는 과정을 기록하며 스스로에게도 '나다움'이 무엇인지 묻게 됐다. 그 과정에서 압박 스타킹을 벗어버리게 된 것이었다. 북토크에서 이 말을 꺼냈을 때 분위기가 좀 경직되었던 것 같다. 퀴어 노동을 취재해온 작가가 앞으로의 결심이라며 압박 스타킹을 신지 않겠다고 말하다니. 성 정체성을 고민하는 사람들 앞에서 그리 적절한 말은 아니었다. 하지만 나는 솔직하고 싶었고, 솔직히 그건 큰 용기를 필요로 하는 일이었다.

소라는 나시를 입고 자유로이 누비는 경험을 하고 싶어, 외국으로 갈 계획이라고 말했다.

"호주로 가요. 호주는 지금 여름이잖아요. 팔뚝 살을 개의치 않고 나시를 입어보려고요. 나시를 입어야 보일 수 있는 곳에 타투도 했거든요. 제발 제가 제 금기를 깨기를 바라고 있어요."

이 나라에서는 팔뚝이 굵은 여성이 나시를 입는 것은 금기 행동이다. 법으로 정해져 있는 바는 아니나, 암묵적으로 그렇다. 소라가 왕복 비행기 표를 사면서 상상한 것은 나시나 짧은 상의를 입고 걸을 때 자신의 모습을 힐끗거리는 행인이 없는 길거리였다. 겨우 그것 하나를 위해 적지 않은 비용을 들여 멀리 떠난다. 그래도 아깝지 않다.

소라는 자신을 긍정하는 사람이었다. 굳이 이런 말을 하는 이유는, 세상은 뚱뚱한 사람이 "나 자신을 싫어하는 걸 당연한 일로 여길 거라고 추측"[2]하기 때문이다. 적지 않은 사람들이 몸의 무게를 두고 절절매지만, 그러는 사람들조차 인생의 화두가 몸(무게)뿐인 것은 아니다. 인생에는 수많은 요소가 있다. 다만 우리가 아무리 스스로의 몸을 긍정하기로 마음먹는다 해도 '타인의 시선을 의식하지 않기'라는 자기 긍정의 최종 관문을 통과하기란 여간 어려운 일이 아니다. 사람들의 시선을 개의치 않기 위해서는 '개의치 않는 시선'을 받아본 경험이 필요하기에 다른 문화권으로 간다.

"바닷가에서 수영 안 한 지 20년 넘었어요. 수영복 입기 싫어서."

그와 이야기를 나누면서 우리가 살아온 삶이 '여우와 신 포도' 같다고 생각했다. 수영복을 입을 수 '없는' 몸을 지녔다는 사실을 인정하기 싫으니 물놀이를 좋아하지 않는 사람이 되었다고 했다. 나도 물놀이를 싫어했다.

일을 구할 때도 우리는 신 포도 우화를 떠올려야 했다. 어릴 적부터 영화를 좋아한 소라는 영화관에서 일하면 한 달에 한두 편씩 무료로 영화를 볼 수 있다는 이야기에 솔깃했다고 한다. 영화관 아르바이트가 너무 하고 싶었다. 하지만 이력서를 넣지 않았다.

"당시 영화관 유니폼이 흰색 셔츠에 검은 에이치라인 스커트였어요."

신 포도가 우리에게 주는 것은 현실을 직면하지 않음으로써 상

뚱뚱해서 게으르다고 여길까 봐　　　221

처받지 않을 기회였다.

"지금의 일도 내가 즐거워서 선택한 건지, 아니면 이 공간이 나를 받아줄 만하다는 믿음이 더 컸던 건지 모르겠어요. 돌이켜보면 지금껏 제 외양이 일하는 데 불합리한 영향을 미치지 않을 거라고 생각되는 곳만 지원해왔어요."

덜 익은 포도라 원하지 않는 건지 아니면 딸 수 없기에 그 포도는 맛이 없을 거라고 여기는 건지 알 수 없는 기분이 된다. 부정적인 시선을 받지 않을 수 있는 곳을 자신의 활동 공간으로 만드는 것은 현명하고도 어려운 일이다. 특별한 재주가 있거나, 운이 따라주거나, 자본주의 사회에서 돈에 연연하고 살지 않겠다는 담대함이라도 갖춰야 도모해볼 수 있는 일이다. 그러나 우리는 그 담대함을 선택하기 이전에 자신을 스쳐 간 어떤 마음을 안다. '피하고 싶다.' '상처받고 싶지 않다.' 이러한 마음에서 비롯된 일들을 여우와 신 포도에 비유하는 것은 가혹하지 않나. 생각이 여기에 다다르자 신 포도 우화를 떠올렸던 마음을 욱여넣어 보이지 않는 곳에 둔다. 스스로에게 너무 가혹해지지는 말자는 다짐으로.

당신 같은 사람도

세상의 시선을 끔찍해하면서도, 나 역시 세상 사람이라 인터뷰 초반에 소라에게 이런 말을 했다.

"당신 같은 사람도 이런 고민을 하나요?"

그가 '별로 뚱뚱하지' 않다는 말이었다. 내 말에 소라는 한국에서 나고 자란 여성들이 흔히 하는 말을 했다. "겨울이라서 그래요." 자신이 입고 온 두꺼운 옷이 살을 가렸다는 소리였다. 나 역시 비슷한 말을 하고 다닌다. 긴 치마를 입어서 그래요. 옷이 검은색이라서 그래요. 얼굴 살만 빠지고 있어요. 많은 여성들이 하는 이야기다. 왜냐하면 우리는 허리가 통짜이고, 팔뚝 살이 있고, 얼굴이 각지고, 피부색이 어둡고, 머리숱이 적고, 키가 너무 작고, 종아리에 알이 뱄고, 치아가 하얗지 않고, 목이 굵고, 가슴이 작고, 손가락이 두껍고, 보이는 곳에 점이 있고, 쇄골이 드러나지 않는 몸을 가졌기 때문이다.

여자인 우리는 몸의 어딘가를 숨기고 있었다. 열심히 숨긴 그 '치부'를 들킬지도 모른다고 걱정하면서. 그럼에도 체구, 그러니까 몸의 부피는 숨기거나 가리기가 어렵다. 고민거리다. 타인의 시선에 위축되는 일, 짓궂은(실은 폭력적인) 농담을 예고 없이 마주하는 일은 어디에서나 일어난다. 그러나 이 책에서는 일터에서 벌어지는 일을 주로 이야기하려 한다. 과체중인 몸은 '예쁘지' 않아서 문제가 되는 게 아니다. 그 몸에 부여된 이미지가 노동을 방해한다.

소라는 직업 특성상 기자회견장 단상에 서야 할 일이 있다. 그럴 때면 그 장소에서 자신보다 더 체중이 많이 나가 보이는 여성이 있는지를 찾는다.

"어릴 때부터 '비만아'로 자란 사람으로서 본능적으로 그렇게 되는 것 같아요. '나보다 뚱뚱한 사람이 있나?', '저 사람 나보다 팔뚝 굵은데 나시를 입었네.'"

앞서 내가 "당신 같은 사람도 이런 고민을 한다고요?"라고 물었던 것은 단지 소라의 체구만을 두고 한 말은 아니었다. '당신처럼 활발하게 사회 활동을 하는 사람도 그렇다고요?'라는 의미도 포함되어 있었다. 그는 기자회견을 조직하고 정당 정책을 알리는, 그러니까 정치 활동을 하는 사람이었다. 5년 전, 인생 첫 출근을 일반 회사가 아니라 정당 사무실로 했다.

"멋있는 여성들은 그런 생각을 안 할 거라고 생각했어요."

외양에 휘둘리지 말자고 이야기하면서도 '멋있는'이라고 말할 때 소라의 피어싱에 시선이 머물렀다. 내가 피어싱을 한 누군가의 모습을 보며 그가 자유로운 사람일 것이라고 상상하듯, 이 사회는 '과체중'의 몸에 게으르고 굼뜨다는 이미지를 씌운다.

소라가 기자회견장 연단에서 그 장소에 자신보다 뚱뚱한 여성이 있는지를 찾는 동안, 그 무대에 설 필요가 없는 나는 조금 떨어진 위치에서 기자회견 단상을 살핀다. 연단 위 참가자 중 남들과 몸이 좀 '다른' 사람들이 있는지를. (이 세상을 살기에) '편리한' 몸을 가지고 있지 않은 사람이 무대에 몇 명이나 있을까. 휠체어 탄 사람이 한 명도 없는 기자회견을 자주 본다. 노년이거나 과체중인 여성도 거의 보이지 않는다. '다른 몸'은 유니폼을 입어야 하는 곳에만 들어갈 수 없는 것이 아니다. 몸집이 크거나 살집이 많다고 여겨지는 몸이 취업 문턱을 넘지 못하는 이유가 단지 유니폼이 맞지 않아서는 아니니까. 일터와 기자회견장 같은 공적인 공간은 '공적인 몸'을 반긴다. 그것은 '시민으로서' 적합한 몸이기도 했다.

"예전에는 지방선거에 후보가 나오면, 이런 이야기들이 들려왔어요. '누구 후보가 마음을 독하게 먹었다. 살을 몇 킬로나 뺐다.' 이런 이야기들이 칭찬으로 나오고. 그걸 보고 사람들이 '이 사람 정말 프로답다', '정치를 잘할 것이다' 그렇게 이야기하는 걸 들으면서 '아, 선거를 나가려면 샤프한 이미지가 필요하겠구나' 생각할 수밖에 없었던 거죠."

살을 뺐다는 얘기가 들리는 정치인은 대부분 여성이었다.[3] 이것이 소라가 적극적으로 정당 활동을 하면서도 선거에 적극 나갈 생각을 못 했던 이유이다. 이미지 정치라는 말은 익숙하고, 선거 기간에 정책 홍보는 물론 후보의 외양마저 관리하는 선거 기획사 이야기는 낯설지 않다. 소라가 활동하는 곳은 진보 정치를 추구하고 있는 당이었지만 선거는 세상 사람들에게 표를 받는 현실에서 이뤄진다. 후보자들은 '예뻐' 보이기 위해 체중 감량을 하는 것이 아니다. '보기 좋아 보이도록' 살을 뺀 것이다. 부지런하고 빠릿빠릿하고 지적이고 강단 있는 이미지를 연출하기 위해서는 얼굴 살이 없는 편이 더 낫다고, 이른바 옷태가 나는 몸이 낫다고 판단한다. 그러니까 '적합해' 보이기 위해서 체중 관리를 한다. 한국에서만 벌어지는 일도 아니다. 독일 여성 정치·경제 아카데미EAF는 독일 여성 정치인의 60퍼센트

가 정치적 성과와 외모의 상관관계가 실재한다고 말했음을 밝혔다.[4]

살을 빼는 일이 독한 것(의지가 강한 것)이라면 살을 빼지 '못하는' 일은 의지박약한 것이라는 말이 된다. 절제력이 없어 목표를 이루지 못한다고 평가받는 사람을 일터가 인정해줄 리 없다.

"몸이 크다는 이유로 사람들이 나를 나태하다고 생각할까 봐. 이를테면 늦잠을 자서 지각을 하면 면목이 없잖아요. 그런데 면목 없다는 생각보다 사람들이 나를 게으르게 보면 어쩌지 하는 걱정이 더 컸어요. 지각과 내 몸을 '게으름'이라는 단어로 연결할까 봐…. 그게 걱정이 됐었어요. 지금은 안 그런데."

나를 게으르게 보지 않을까, 둔하게 보지 않을까. 과체중인 사람에게서 아침부터 헬스장에 가서 운동하는 이미지를 떠올릴 수 없고, 이는 '자기관리에 서툰 인간'이라는, 그를 향한 판단으로 이어진다. 누워 있기를 더 좋아하는 게으른 사람. 먹을 것을 절제하지 못하는 통제력 없는 사람. 운동을 꾸준히 못 하는 끈기 없는 사람. 음식을 탐하는 탐욕스러운 사람. (이상하다. 우리는 더 많은 돈을 가지고자 하는 욕망은 당연하게 여기면서 음식을 더 먹고 싶은 욕망은 탐욕스럽다고 한다.)

'못된' 면접의 일례로 사람들 입에 오르내리던 일화가 있다. "운동 같은 거 해볼 생각은 없었습니까?" 체중이 많이 나가는 면접자에게 면접관이 던진 말이다. 이런 말은 면접장 밖에서는 갑질로 명명되지만, 사람을 점수 매기는 면접장 안에서는 '자기관리가 철저하지 못하다'는 평가가 된다. 현대사회에서 운동은 선택이 아니다. '피트

니스는 도덕적 의무'이다. '도덕적 의무'를 다하지 못한 (것처럼 보이는) 몸은 신입사원도 될 수 없지만, 관리자가 될 가능성도 적다. "자기 자신의 몸을 통제할 수 없는 사람이라면, 어떤 의미에서 다른 사람을 통제하는 데도 부적합한 사람이라는 의혹"을 받기 때문이다.[5]

자기관리가 기본인 사회에서 이를 수행하지 못한 사람들의 낙오는 당연하게 여겨진다. 여성에게 더 각박한 기준이 적용되기는 하지만 체중이 많이 나가는 남성도 비슷한 평가에 시달린다. 이 사회에서 자유로운 몸이란 없다. 성별을 넘나들며 '관리된 몸'을 향한 환상이 커져만 가고 있다. 그 대표적인 현상이 바디프로필의 유행일 것이다.

균형 잡힌 몸을 찍는 바디프로필 촬영이 젊은 층 사이에서 크게 유행하고 있다. 그런데 이 유행은 단지 예쁜 몸이나 SNS의 '좋아요' 숫자를 향한 욕망만으로 설명할 수 없다. 최근에는 바디프로필 중독이 문제로 말해지고 있다. 몇 개월마다 한 번씩 바디프로필을 찍느라 일상이 망가진 사람들이 등장한다. 바디프로필의 부작용은 탈모나 식이장애, 월경불순만이 아니다. 중독자들의 두려움은 체중 증가 너머에 있었다. 자신을 계발하고 관리하는 일이 중요하다고 말하는 사회에서 관리의 성과를 증명하는 길은 요원하다. 무한 경쟁 속에 성적도 취업도 투자도 성과가 나질 않는다. 실패밖에 없도록 설계된 길. 능력주의의 실체이지만 그럴수록 사람들은 증명하고 싶어진다. 그럴 때 "내 의지로 바꿀 수 있는 게 딱 하나" 눈에 띈다. 바로 몸.[6] 몸을 통제해 증명한다. SNS 게시물의 조회 수와 '좋아요' 개수로 즉각적으로 표현되는 인정. 그 숫자들에 안도한다. 그 안도감이 희미해질 즈음 다시 바디프로필 촬영 준비에 들어간다.

이토록 증명은 주요한 과제이다. 사람들은 '딱 하나' 남은 육체를 가져와 자신의 관리 능력을 증명한다. 이 증명의 시대에 '나 자신의 몸을 사랑한다'면서 다리가 굵어도 맨다리로 치마를 입고, 뱃살이 두툼해도 크롭 티를 입고, 그렇게 나 자신을 소중히 여기면 그걸로 만사형통일까. 나를 향한 인정과 나의 노동은 세상의 시선 안에 존재하는데.

소라도 고민했다. 출마하려면 다이어트부터 해야 하는 게 아닐까. 지금의 몸으로 선거에 나갈 수 있을까. 부당하고 비논리적인 인식이라는 것을 모르지 않는다. 부당하고 비합리적이기만 한 일이었다면 차라리 판단이 쉬웠을 것이다. 그러나 소라는 선거에 출마할 꿈을 가진 정치인이자 선거운동을 조직하는 정당 사무처 기획자이기도 했다. 소라는 선거를 위해 이미지를 잘 활용하는 사람이고 싶었다. 자신과 동료 정치인들의 캐릭터를 얼마나 객관적으로 판단하고 기획하고 구현하는지가 소라에게는 업무 능력의 지표가 된다. 그 '객관' 안에 세상의 온갖 낙인과 편견이 들어가 있음을 모르지 않는다. 현실과 지향 사이에서의 갈등은, 단지 소라가 만들고자 하는 정책 안에서만 이뤄지는 일이 아니다.

일할 자격

내 몸이 아닌 몸

"나도 선거에 나가려면 살을 빼야 되는 걸까?"

그러나 소라는 몸에 관한 고민을 입 밖으로 내본 적이 거의 없다고 했다.

"인정할 용기가 없었어요."

입을 열고 말하는 순간 '지금'의 몸이 나의 몸이라는 것을 인정하는 셈이니까. 팟캐스트에서 나눈 여성들의 몸 이야기를 엮은 책 『말하는 몸』은 책 두 권의 분량에 걸쳐 내내 체중 이야기를 경유한다. 그것이 전혀 과하게 읽히지 않는 것은, 여성들이 얼마나 체중계 숫자판에 지배당하는 삶을 살고 있는지 알고 있기 때문이다.

"레몬수 다이어트로 일주일 만에 살을 뺀 친구는 며칠 만에 원래 몸집보다 더 불어난 모습으로 나타났다. 가끔씩 누군가의 손등 위 잇자국과 상처를 눈치챌 때도 있다. 한 친구는 어떤 음식이든 늘 두 숟가락만 먹는다. 그 모든 것을 알면서도 나는 아무 말도 건네지 않는다."[7]

모른 척하고 넘어간다. 우리가 서로에게 침묵하는 이유는, 세상이 우리의 몸에 너무 많은 말을 걸기 때문이다. '얼굴 좋아졌네.' '살이 올랐네.' '밤늦게 먹어?' '그렇게 관리를 안 해서 어쩌려고 그래?'

"가장 큰 문제는 사람들이 비만 혐오를 다른 차별과 같은 문제로 보지 않는다는 것이다. 누군가 뚱뚱하다면 그것은 그들의 잘못이고 고쳐야 한다고 생각하기 때문이다."[8]

인터넷에서 '쉽게 살이 찌는 생활 습관'이라는 제목으로 소개되는 내용을 보면, 이 사회가 말하는 '긍정적 인간상'과는 거리가 먼 행동 패턴이 나열되어 있다. 부정적 행동들의 결과로 살집이 있는 몸이 만들어진다고 결론 내린다. 개인의 체질, 선호하는 경향, 질병이나 호르몬의 변화에 따른 체중 증가·감소 같은 것은 고려 대상이 되지 않는다.

"내가 살이 쪄서 여자로 보이지 않겠지?"

이렇게 말하는 명은은 어릴 적 소아마비를 앓아 휠체어를 주 이동 수단으로 삼고 있었다. 나는 언젠가 '장애인'을 '무성'의 존재로 취급하는 사회적 시선에 관해 글을 쓴 적이 있었다. 그러나 그는 휠체어가 아닌 체중이 자신에게서 '여성성'을 빼앗는다고 보고 있었다. 체중이 가지는 막강한 힘 앞에 할 말이 없어졌다. 그 앞에서 "여자다운 것이 뭔데?"라는 말이 무슨 의미가 있을까.

명은은 자신의 장애가 사라질 것을 기대하진 않지만, 지금보다 날씬한 몸이 될 수 있다고는 생각한다. 그렇게 되려고 노력도 한다. 하지만 살이 오르는 것은 그의 의지 문제가 아니었다. 명은이 휠체어에 앉아 이동하기 때문에 어쩔 수 없다는 말이 아니다. 모두가 살을 빼야 하는 것은 아니지만, 누구든 자신이 원한다면 운동을 할 수 있어야 한다. 그런데 국내에 장애인의 특성에 맞는 운동 장비를 갖춘 시설이 얼마나 될까. 그 시설까지 이동하는 일도 만만치 않다.[9] 장애인 단체가 지하철역에서 이동권 투쟁을 괜히 하는 것이 아니다.

이것뿐인가. 그가 남들보다 간편식 식품(조리는 간단하나 칼로리는 높은 음식들이 대다수다)을 더 자주 찾게 되는 것도, 그가 다른 취미가 아닌 맥주 한 잔으로 스트레스를 푸는 일에 더 익숙한 것도 그의 '이동권'과 관계가 있다. 장애인 비만의 심각성을 짚는 칼럼이나 기사는 한결같이 개인에게 체중 조절과 건강 관리에 힘쓰라고 말한다. 장애인이 집 밖을 나가기도 어려운 현실에서 실질적인 방도를 찾는 글은 적다.

이런 제목의 기사를 봤다. "스트레스받을 때마다 폭식하나요? 정신질환입니다" 거기에 다른 제목을 붙이고 싶다. "폭식하나요? 그건 정체성과 계급의 문제입니다" 누가 충분한 수면을 취할 수 있는가, 누가 규칙적인 생활을 하기 유리한가, 누가 균형 있는 식사를 할 수 있는가. 노동은 노동력을 재생산하는 시간을 포함한다. 먹고 자고 살아감으로써 노동력을 재생산할 때 그 조건은 소득과 계급, 그리고 정체성과 긴밀히 연결되어 있다.

명은은 불평등 문제를 깊이 인지하는 사람이다. 그러나 나와 마찬가지로, 그도 자신의 몸 앞에서 그 불평등을 종종 잊는다. 자신의 몸무게 앞에선 자책이 크다. 내가 더 의지가 강했다면, 더 부지런했다면, 장애가 없었다면. 그런 까닭에 명은은 기사 속 무책임한 훈계를 귀담아듣는다. 곧 도래할 몸을 떠올리며.

이 책을 통틀어 이번 장이 인터뷰이를 섭외하기 가장 어려웠다. 당신이 과체중이기에 인터뷰를 하고 싶다고 섭외 이유를 밝힐 수 없었다. 스스로의 몸을 부끄럽게 여길까 봐서가 아니다. 그가 지금의 몸을 자신의 것으로 여기지 않을 가능성이 크기 때문이었다.

"몸은 한 번도 '결과'였던 적이 없다."[10] 적지 않은 여성들에게 지금의 몸은 나의 몸이 아니다. 나의 몸은 앞으로 만들어갈 더 '합당하고 적합한' 몸이었다.

머지않아 변할 것이므로 지금의 몸에 관해 이야기하지 않는다. 지금의 몸이 부정적인 행동과 버릇의 결과라면, 그것은 고쳐야 하는 것이지 인정해선 안 되었다.

나 또한 내 몸에 관해 이야기하기 꺼려왔다. 글을 쓸 때, 나는 직업도 있고 가족도 있고 동료도 있고 사회에서의 위치도 있는 사람이었지만, 오직 나의 몸만은 없는 듯 굴었다. 내 노동의 결과물인 글에 내 몸이 들어갈 자리는 없었다. 여지를 주지 않았다. 몸이 주는 불안과 공포, 불만족과 결핍을 숨긴 채 노동했다. 그 모든 감정이 나의 노동과 깊게 연결되어 있음을 알면서도 나의 몸에 관해 이야기하지 않았다. 말하는 순간 초라해질 것도 같고 들킬 것도 같았다. 무엇보다 인정하기가 무서웠다. 이 몸이 변함없이 나의 현재라는 것을.

소라도 유니폼 앞에서 구직 시도조차 하지 않으며 생각했다.

"왜 포기하는지 내가 말하지 않으면 아무도 모르겠지. 그런데 저는 알거든요. 다른 여성들도 이렇게 생각하고 있다는 걸."

일할 자격

그녀는 예뻤다

나는 은수가 '통통'했던 시절부터 그를 알았다. 똑똑하고 적극적인 여성. 그는 직업을 말하면 사람들이 '아, 전문직'이라고 할만한 일자리에 종사했었다. 전문직의 세계에도 성차별은 당연히 있다. 변리, 노무, 회계 같은 이름을 단 법인에서도 성별에 따른 차별이 존재했다. 신입 여성 노무사들이 왜 자신이 같은 시기에 입사한 남성 노무사보다 10만 원가량 적은 월급을 받고 있는지 한탄하는 것을 보았고, 규모가 큰 기업을 상대하는 일에는 남성 회계사를 보내고 작은 사건엔 여성을 보내는 암묵적인 관례[11]에 대해서도 알고 있었다.

은수가 전문직 종사자라고 해서 자유롭게 살아갈 거란 생각을 한 적은 없다. 다만 놀라웠던 것은 그가 살을 뺀 이후 겪은 변화였다. 그는 개인적인 이유로 체중 관리를 시작했고 그 과정에서 다소 건강을 잃었다. 회사는 그의 체중 감량을 몹시 반기는 눈치였다. 즐겨 입던 면바지 대신 정장 투피스를 입자 몹시도 자연스럽게 그는 커리어우먼의 이미지를 획득했다. 전보다 더 주요한 업무가 주어졌다. 사람들이 전보다 그의 말을 경청했다. 무슨 드라마 여주인공 이야기를 하고 있는 것 같겠지만 실제로 일어난 일이었다.

드라마처럼 해피엔딩으로 끝났냐고? 드라마의 결말은 늘 '결혼 골인'이지만 나는 은수의 결혼 이후를 본 시청자였다. 임신한 은수는 다시 살이 올랐다. 출산 후 몸이 약해진 상태라 병치레도 잦았다. 육아를 병행하느라 야근을 하지 않고, 회식에 빠지고, 탄력 근무를 신청하고, 업무량을 줄이고자 했다. 이전의 급격한 환대와 인정이 무색할 만큼 회사는 빠르게 은수를 '무능력자'로 취급했다. 태도 전환이야말로 드라마틱했다. 기업이 여성 근무자를 채용할 때 '외모'와 '장기근속 가능 여부'를 주요하게 고려한다는 연구 결과가 있다. 출산으로 은수는 두 가지를 모두 잃어버린 것이다.

결국 은수는 직장을 그만두었다. 아이가 좀 크면 자기 사무실을 내겠다고 했지만 아직은 먼 이야기였다. 동료들이 안부 인사와 함께 전해주는 회사 소식을 들으면 괴롭다. 아직 벗어나진 못했다. 다만 떨어져 있다. 떨어져 있는 것만으로 마음이 편하다고 했다. 은수가 살을 빼게 된 계기는 사적인 것이었지만, 체중 감량을 촉진한 원인에 회사가 없었다고 보기 어려웠다. 더 인정받고 싶은 욕망이 있었을 테다. 은수는 직장에서 '날씬한' 여성이 어떻게 '능력을 갖춘' 여성으로 취급받는지 구체적으로 알고 있었다. 지금 은수의 마음이 편한 것은 직장생활과 육아를 병행하느라 발을 동동 구르고 회사 눈치를 보고 동료들과 갈등을 빚고… 그런 일이 사라져서만은 아니었다.

"그때는 나도 그 사실을 인정 못 했던 것 같아, 아마."

내 몸이 일터에서 능력을 발휘하는 데 방해가 된다. 내 체중이 나의 노력을 갉아먹는다. 은수는 이 사실을 인정할 수 없었다. 그러면 자신의 몸을 미워할 것 같았다. 당장 바꿀 수도 버릴 수도 없는 존재를 미워하는 것은 힘겨운 일이었다.

내게도 은수와 비슷한 경험이 있었다. 인생에서 가장 독하게 다이어트를 하던 때였다. 흔히들 이야기하는 '첫사랑에게 차인 후 각성'했기 때문이 아니었다. 당시 나는 '빡센' 직장에서 일하고 있었는데, 그곳의 유일한 여성이었기에 업무 능력은 고사하고 제 몫을 하는 사람으로 인정받을 길조차 요원했다. 일찍 출근해서 늦게 퇴근했지만, 주요한 업무는 맡을 수 없는 그런 시간을 보내던 중 사무실에 방문한 누군가가 이런 말을 했다.

"살 오른 거 보니까 일이 편한가 봐."

그 순간 내가 느낀 것은 모욕감이었는데, 몸에 대한 수치심 때문이 아니었다. 엉뚱하게도 내 업무가 존중받지 못하고 있다는 모멸감이 먼저였다. 이를 상쇄할 방법은 없었다. 남초 직장 문화에서 내가 업무적으로 존중받을 가능성은 없어 보였다. 방향을 잃은 분노는 나의 과다한 노동량을 기필코 보여주겠다는 결심으로 이어졌다. 내가 여기서 얼마나 스트레스를 받고 있는지, 얼마나 일에 몰두하고 있는지 보여주려 했다. 다이어트를 결심했다. 이상한 전개지만 아주 자연스러운 연결이기도 했다. 눈에 가장 잘 띄는 것이 몸이니까.

"바쁘다는 것을 과시하는 문화가 언제 시작되었는지 모르겠지만, 그것은 내가 아는 계층 상승을 지향하는 커리어 우먼들을 모두 감염시켰다."[12]

바쁨은 능력의 다른 이름이었다. 이 책의 3장에서 말했듯이, 자신의 능력을 인정받을 수 있는 요소가 '노력'밖에 없는 여성들이 있다. 그런데 이 노력마저 증명이 필요했다. 자신의 노력을 증명하기 위해 '쇼잉'을 한다.

"쇼잉이란 일을 열심히 하고 많이 하고 있다는 것을 끊임없이 보여주는 방식이다. 그래야 성과 싸움에서 유리한 고지를 차지하고 있는 남성 동료에게 밀리지 않는다."[13]

'성과'를 증명하기 위해선 몸이라는 상징물도 협조를 해야 한다. 끼니보다는 일이 우선이라는 것을 증명하는 몸, 철저한 자기통제력을 보여주는 몸, 아침에는 어학원에 가고 야근이 없는 날에는 헬스장에 갈 것 같은 몸. 그 몸은 건강하고 날씬해야 한다.

1장에 등장하는 미리는 이런 말을 했다.

"회사에 화장을 안 하고 다니다가 어느 날부터 '그래, 나도 제도권에 한번 편승해보겠어' 하는 마음으로 화장도 하고 옷도 정장 같은 걸 입기 시작했어요. 놀랍게도 그 이후부터 부장님이 저한테 '요즘 회사에 적응하려고 노력하는 거 같다, 일도 열심히 하고'라는 거예요. 난 변한 것이 없는데."

우연일 수도 있다. 하지만 이런 우연들이 모여 직장 문화가 된다.

매일매일의 몸

은수는 아이를 낳으며 세상에 날씬하거나 통통하거나 뚱뚱한 몸만 존재하는 것이 아님을 알았다고 했다.

"전혀 다른 몸이, 내가 이전에는 생각해본 적 없던 몸이 되어간 거야.”

골반과 가슴, 피부 톤과 살결이 바뀌었다. 자유분방하게 변하는 몸을 보고 있자면, 극심한 다이어트를 했던 지난 시간을 떠올리며 피식 웃음이 날 정도라고 했다. “그 웃음은 자조야 아니면 깨달음이야?” 내가 물었을 때, 은수는 “다른 세상으로 온 거야”라고 답했다. 나는 그 말을 제대로 이해할 수 없었지만, 이제 마음이 편하다는 말만은 믿을 수 있었다.

퇴직 직전까지 괴로워하던 은수를 지켜보면서, 나는 비출산의 결심을 굳혔다. 동시에 몸에 연연하지 말자는 다짐을 했다. (물론 이런 결심과 다짐은 해마다 수백 번쯤 이뤄지기 때문에, 그저 반복되는 생각 중 하나일 뿐이다. 임신·출산한 몸이 얼마나 공적 세계의 입맛에 맞지 않는지만을 또 한 번 확인했을 뿐이다.) 이 사회가 원하는 몸은 ‘날씬하면서도 건강한’ 몸에서 그치지 않는다. 그것은 젊고 날씬한 채로 고정된 몸이다. 임신도 출산도 없이, 어떠한 변화도 없이 늙지도 않은 채. (그러면서 저출생은 그렇게 걱정을 한다.)

하지만 사람은 늙는다. 나이 듦은 단지 주름의 수가 늘어나는 문제가 아니다. 몸이 손상과 기능 저하를 겪는 일이다. 그러니 세상이 말하는 완성형 몸에 도달하는 것은 결코 가능하지 않다. 우리가 버릴 것은 ‘지금의 몸’이 아니라, “신체의 완벽함을 추구하고 통제하려는 환상”이어야 할 것이다.[14]

예측과 통제는 이 사회의 뿌리 깊은 욕망이다. 어떤 생산도 예측하지 못하고 어떤 소비도 통제하지 못해, 아니 오히려 욕망을 추동해 지구별을 나락으로 떨어트리는 과잉(생산)을 저지르고 있으면서도, 자본주의는 예측과 통제에 대한 환상을 버리지 못한다. 현대 의학은 건강을 통제할 수 있다고 생각한다. 노화마저 몸의 실패로 여긴다. 인구를 통제하겠다며 재생산권을 파괴한다. 노동자에게는 시간을 통제하라고 압박한다. 무방비하게 낭비되는 시간이 있어서는 안 된다고 한다. 종국엔 스스로를 통제하고 관리하고 운용하라 한다. 효율적으로.

"나 혼자 지금 내가 어떻게 보일까를 생각하느라고 시간 낭비를 했다는 걸 생각하면 되게 자괴감이 들더라고요."

나 또한 망설이다가 놓쳐버린 일들이 한두 개가 아니다. 내 몸으로 그 장소에 가도 될까? 이딴 고민을 하느라 시간을 흘려보냈다. 하지만 시간 낭비라는 소라의 말이 걸렸다. 우리의 인생에서 어떤 시간이 낭비일까. 소라가 낭비한 시간이라 부른 그것은, 우리의 몸을 길들이는 사회의 수많은 장치와 싸워온 과정이 아닐까. 보편적 시선에서 벗어나는 일에도 시간이 든다. 비용을 들이면서까지 외국의 거리를 걷고 오겠다는 이도 있고, 나처럼 책 한 권을 다 쓰고 얻은 것이 압박 스타킹을 벗는 일인 사람도 있다.

우리가 이렇듯 막대한 시간과 비용을 들여 얻은 것은 '다른 사람들'이다. 다른 몸을 긍정하고 싶다면 다른 사람을 만나야 한다. 나는 직장 문턱을 넘을 수 없는 성소수자 노동자들을 만났다. 그들을 만나며 깨달은 것은 내가 그동안 '정상 규격 틀' 안에 존재하는 몸을 가진 사람들만을 만나왔다는 사실이었다. 일하다 부당함을 겪은 사람들을 기록해왔다. 일터에서 어떤 사건을 겪었다는 것은 그가 직장 문을 통과할 수 있는 정체성과 신체를 가졌다는 의미였다. 기업이 원하는 속도와 효율을 만들어낼 수 있는(또는 그럴 수 있을 거라 기대되는) 몸. 직업병 사건 취재는 그 속도와 효율을 좇다가 병이 든 사람을 만나는 일이었다. 하지만 머리카락이 길다는 이유만으로 취업을 포기해야 하는 현실과 그 머리카락이 자신을 자신이게끔 하는 것이기에 자를 수 없다는 사람들을 만나며, 우리가 '정상'이라 부르는 기준에 대해 생각하게 됐다. 그렇게 '다름'을 만났다. 소라는 그것을 춤을 통해 만났다고 했다.

자유로운 몸들의 몸짓

춤추는 일을 좋아했다. 하지만 점차 자신이 춤추기에 적합한 몸이 아니라는 것을 깨달았다. '춤 선이 예쁜' 몸이 아니었다. 하지만 아프리카 댄스를 배우면서 자신의 몸에 어울리지 않는 것은 '춤'이 아니라 K팝 댄스였다는 것을 알게 됐다.

"제 몸은 춤에 너무 적합한 몸이었던 거예요. 단련된 하체가 필요한 아프로팝 댄스를 2시간 동안 쉼 없이 출 수 있는."

아프로팝 댄스는 콩고, 가나, 나이지리아 등지의 팝 음악에 맞추어 움직이는 춤이다. 힘 있고 자유분방한 몸놀림이 특징이다.

"춤을 추다 보니 서아프리카 대륙 쪽 젊은 사람들의 음악을 듣게 되는 거예요. 그러면 제 인스타그램에도 알고리즘으로 그 사람들 춤 영상이 뜨고요. 영상에서 저보다 덩치가 두 배나 큰 여성들이 드레스나 민소매를 입고 살이 흔들리도록 춤을 추는데, 너무 좋은 거예요."

춤에 적합한 몸이 따로 있는 것이 아니었다. 그제야 소라는 춤을 진정으로 즐기게 되었다. 그의 말을 들으며 나는 우리가 예전으로 돌아갈 수 없는 사람이 되었으면 좋겠다는 생각을 했다. 규정과 규격이 있는 세계에 잘 맞지 않는 사람인 것을 넘어, 우리가 그 세계로 돌아갈 수 없게 되었으면 싶었다.

"생각보다 안 뚱뚱하네?" 오랜만에 남매가 만나는 날, 소라의 친오빠는 인사 대신 이렇게 말했다. 그리고 뒤이어 향한 식당에서 친오빠는 그곳이 진짜 맛집일 수밖에 없다며 이유를 설명했다. 인터넷에 떠도는 맛집 선별법에 따르면, 맛집에는 세 가지 조건이 있다고 했다. 우선 사장님이 민머리일 것. 여기까지 들었을 때는 음식에 머리카락을 떨어뜨리지 않는 문제, 그러니까 위생에 관해 이야기하는 건 줄 알았다. 다음 조건들이 의외였다. 수염과 문신이 있을 것.

"그런 외양을 가진 사장님은 회사에 취직할 수가 없기 때문에, 이 장사에 모든 걸 건 사람이라고, 그러니까 식당 음식이 진짜 맛있을 수밖에 없다는 거죠."

회사로 돌아갈 수 없기에 식당 장사에 열의를 다한다는 말이었다. 드러나는 곳에 문신이 있는 것만으로도 취직이 어렵다. 인터넷에는 이런 농담도 있었다. 한부모 가구주(이혼 여성) 구직자가 면접을 보자, 사장이 이 사람을 꼭 뽑아야 한다고 강력하게 추천했다는 일화. 생계를 혼자 책임져야 하기에 어떤 업무 지시를 해도 거부할 수 없을 거라는 판단이었다. 이 두 '유머'는 직장이 원하는 노동자상이 무엇인지를 보여준다.

육아를 하며 자신을 돌보는 중인 은수는 그런 세상과 떨어져 있는 것만으로 괜찮다고 했다. 나 역시 그런 세계로 돌아가고 싶지 않다. 그러나 나는 계속 글을 써야 하고, 은수도 다시 일을 시작해야 하고, 소라는 출마 결심을 세웠다. 출마를 결심할 만큼 펼치고 싶은 정치가 뚜렷하다. 그것을 이루기 위해선 세상의 시선에 위축되지 않을 만큼 강해져야 한다.

소라는 정치적 이미지를 영민하게 활용하는 사람이 되고 싶다고 했다. 세상이 '보기 좋아하는' 모습으로 자신을 길들이겠다는 말이 아니었다. 소라는 세상의 시선을 삐딱하게 보고, 그 시선에 움츠러드는 자신을 직면하고, 저항이건 미러링이건 전환이건 전복이건 무언가를 할 수 있는 실력을 키우고 싶어 했다. 그것은 글을 쓰는 내가 나의 글에 바라는 것이기도 하다.

우리는 살아 숨 쉬는 몸을 가지고 있기에 매일 같이 몸과 싸운다. (월경 때는 더 싸운다.) 도전하고 적응하고 체념하는 일을 반복한다. 나는 이 싸움이 지긋지긋하다. 하지만 이 분투가 개개인의 몸을 규정하려는 세상과 맞서는 일로 나아갈 거라는 믿음이 있다. 막연하지만 그렇게 믿어왔다. 나도 모르는 새 그 믿음은 멀리서 또 가까이에서 하나둘 실현되고 있었다.

영국의 브리스틀대학의 데이비드 고든 연구팀은 건강을 위한 10가지 조언을 내놓았다. 그중 몇 가지를 가져온다.

- 가난하지 마세요.
- 가난한 동네에 살지 마세요.
- 스트레스가 많고 임금이 적은 단순직 일자리를 갖지 마세요.
- 교육을 활용해서 사회·경제적 지위를 높이세요.

이는 공중보건학 마이클 마멋 교수가 저서 『건강 격차』[15]에서 소개한 내용이기도 하다. 안전하고 깨끗한 환경에서 살수록, 전문직에 종사하거나 연봉이 높은 직업을 가질수록, 학력이 높을수록 건강하니 맞는 말이다. 소득 상위 20퍼센트 인구의 기대 수명과 소득 하위 20퍼센트 인구의 기대 수명은 7년가량 차이가 난다. 각각 85.1세와 78.6세이다.[16]

소득이 낮을수록 흡연율, 우울감, 고혈압, 당뇨가 높게 나타난다. 학력에 따른 자살률 차이는 더 크다. 전문대 이상을 졸업한 사람과 초·중·고졸 학력자의 자살자 수는 2배 차이가 난다. 초등학교를

졸업하지 못한 이와 비교했을 때는 무려 7배 차이이다.[17]

　그러니 보통 보건복지부에서 하는 건강 조언, '담배를 피우지 마세요, 균형 잡힌 식사를 하세요, 운동을 하세요, 술을 적당히 마시세요, 건강검진을 주기적으로 받으세요…'보다 브리스틀대학 연구팀의 조언이 더 현실적이다. 불평등한 사회의 문제는 불평등한 상황에 깊숙이 처해 있는 사람들이 자신의 생활 습관이 "건강에 해롭다는 걸 안다고 해도 개인으로서 할 수 있는 일이 별로 없다는 점이다".[18] 노동시장은 '건강한' 노동자를 원하지만, 건강은 개인의 책임일 수만은 없다.

　새로운 주장이 아니다. 많은 사람이 건강불평등을 인지하고 있다. 한 연구에 따르면[19] 조사 참여자의 67.7퍼센트가 '사회계층 간·지역 간 건강불평등이 있다'고 인식했다. 이 중 절반 가까이는 '매우 심각'하다고 봤다. 그런데 여기에도 집단별 차이가 있었다. 학력이 높을수록, 연령이 낮을수록 '건강불평등'을 인지하는 비율이 높았다. 이는 취약 집단이 건강 문제를 '개인 책임의 결과물'로 여길 확률이 높다는 것을 의미한다. 취약 집단일수록 아프고, 몸이 불편하고, 담배를 태우고, 알코올 의존 문제를 겪을 가능성이 크다. 문제를 실제로 겪고 있는 사람은 그 문제의 책임을 자신에게 돌릴 가능성이 더 크다. 자책하기 때문이다.

　비만율마저 소득(환경·계급 등)과 관계가 깊다. 2018년 국민건강영양조사 결과를 보면 저소득층 여성의 비만율은 33퍼센트로 다른 집단과 비교할 때 가장 높았다. 신체 속성이 사회 계급별 분포 상태와 무관하지 않다는 연구 결과도 속속 등장한다. "이러한 계층별 차이는 대체로 건강 증진 서비스를 구매할 수 있는 경제력의 차이나 자신의 몸을 돌볼만한 시간적 여유의 차이로 해석"된다.[20]

당연한 일이다. 우리가 사는 사회에서 음식은 상품이고, 상품의 질과 그에 따른 배분은 자본의 흐름에 의해 결정된다. 한 가지 예로, 1991년 걸프전은 쿠웨이트 국민의 88퍼센트를 과체중으로 만들었다. 이는 미국 다음으로 높은 비만율이었다. 걸프전 당시 미군을 위해 각종 패스트푸드 체인이 중동에 진출한 결과였다.[21]

자본은 누군가의 노동과 연관된다. 당연히 음식이라는 상품도 노동을 통해 만들어진다. 국내 농업·어업 산업 종사자 중 많은 수가 이주노동자이다. 특용작물 재배업의 이주노동자 고용 비율은 47퍼센트이고, 원예는 37퍼센트, 채소·산나물 채집은 36퍼센트, 김 양식업은 무려 95퍼센트이다.[22]

그러나 정작 이주노동자가 신선한 채소나 해산물을 섭취하긴 어렵다. 채소는 많이 먹어도 든든하게 느껴지지 않는 데다, 쉽게 상하기까지 한다. 손질하는 데도 오래 걸리고 비싸다.[23] 그뿐 아니다. '이주와인권연구소'의 실태조사에 따르면, 간소한 취사도구조차 없는 숙소에서 지내는 이주노동자가 다섯 명 중 한 명꼴이었다.[24]

6. 군대보다 편하니까
: 국방의 의무를 다하지 않는 이들의 첫 직장

- - - - - - - - - - - - - - - - - - - -

#남자다운 #남자답지 못한

#건장한 #결격사유가 있는

#성숙한 #미성숙한

복종시킬 수 있고, 쓰임새가 있으며, 변화시킬 수 있고, 나아가서는 완전하게 만들 수 있는 신체가 바로 순종하는 신체이다.

미셸 푸코, 『감시와 처벌』[1]

지금까지 이 책에서 다뤄온 일터의 낙인은 저자인 나와 연결된 정체성들이었다. 마지막 장은 군대에 관한 이야기이다. 여성인 내가 군대와 연관된 것은 없어 보인다. 어느 정도 사실이다. 병역이 나의 의무라 생각해본 적 없고, 그런 까닭에 양심적 병역 거부 운동을 눈여겨본 적도 없다.[2]

"미인과 노인과 아이는 보호해야 한다는 것이 내 원칙입니다." 이런 대사는 드라마 〈태양의 후예〉[3]의 주인공 유시진 대위의 입을 통해 나왔다 하더라도 질색이었다. 어쩌면 "내 가족과 내 나라를 지키는 남성 군인과 후방에서 보호받는 비남성 가족이라는 구도"[4]에 속하지 않을 길을 찾아다녔다고 해도 맞을 것이다. 군대, 그곳은 '진짜 사나이'들의 세계였고, 나는 진짜건 가짜건 '사나이'들의 세계와 무관하고 싶었다.

그러다 군대를 둘러싼 어떤 경계가 눈에 들어왔다. '군필'이라고 말하는 것은 금기시되고 '군대'라는 단어도 통용되지 않지만, 병역의 의무가 수행되는 영역이었다. 이 경계에 존재하는 사람들은 방위병, 공익요원이라는 명칭을 거쳐 요즘은 사회복무요원이라고 불렸다. 이들이 내 눈길을 끈 이유는 경계에 있는 모든 존재가 그렇듯 이들도 '정상성'을 완성할 퍼즐 한 조각을 잃어버린 상태였기 때문이다.

4급

병역 판정 신체검사 과정에서 4급 판정을 받으면 보충역(사회복무요원)이 된다. 군사훈련이나 병영 생활을 하기에는 적합하지 않은 신체라는 판단이다. 이들은 병역법 제2조에 의해 사회서비스나 행정 등 공익 분야에서 대체복무를 한다. 신체검사에서 4급으로 분류되는 조건은 이러하다. 표준 신장과 체중에서 크게 벗어난 자,[5] 구금 6개월 이상의 실형을 받은 자, '성전환'[6]을 한 남성, 정신적·신체적 질환자 그리고 시력·청각 등에 손상이 있는 사람까지.

2019년 기준, 보충역은 3.5만 명에 달한다. (현역병은 21.9만 명이다.) 요즘은 평발(편평발)이어도 정도가 경미하다면 현역병으로 배치된다. 시력, 키와 체중(BMI 지수)에 대해서도 현역 면제 기준이 강화되고 있다. 청년층 인구 감소로 인해 현역 입대 인원이 부족한 까닭이다.

질환도 피해 갈 수 없다. 병역 판정 신체검사 규칙에 따라 질환의 종류만이 아니라 손상 정도나 결손 면적, 심도 등을 세세하게 분류하고 급수를 매긴다. 평가 기준이 엄격해진 탓에 후유증이 큰 질환마저 치료가 끝났다는 이유로 현역 판정을 받는 경우가 종종 발생한다.[7] 그러니까 '제대로' 아프지 않고는 현역을 피해 갈 길이 없다. 그리하여 선별된 이 4급 집단을 보자. 성소수자, 장애인, 질환자, 그리고 표준 신체의 '정상성'을 벗어난 사람들. 어딘가 익숙한 분류다.

그간 노동에 관한 글을 쓰면서 '일터에 들어가지 못하는 사람'들을 이야기하곤 했다. 사람들은 성소수자가 일터에 존재하는 줄 모르고, 장애인은 고용장려금 제도를 통해서나 취업이 가능하고, 채용 검진에서 발견된 고혈압·당뇨마저 입사 장벽으로 작동한다. 이 책 5장에서는 과체중인 사람들의 직업 선택이 어떻게 제한되는지를 말했다. 이들은 나를 붙잡고 무엇을 해야 직장이라는 곳에 들어갈 수 있는지 물었다. 어떻게 하면 '남들처럼 살 수 있는가'라는 한탄이기도 했다. 일하지 않는 사람에게 소득을 보장하는 사회가 아니었다. 남들 같은 소득이 없으면 남들처럼 살 수 없다.

현역과 보충역을 나누는 등급은 이 사회가 건강한 몸과 그렇지 않은 몸을 보는 기준과 그리 다르지 않다. 씩씩한 군인 아저씨가 될 수 없는 몸에겐 취업 문도 비좁다. 자영업 사장님들이 가장 선호하는 아르바이트 직원이 군대를 갓 제대한 청년이라는 것은 괜한 말이 아니다. 모집 공고문에는 '군필자 우대'라는 문구가 빠지지 않는다.

'군기'가 바짝 든 예비 노동자들은 그만큼 책임감과 인내심이 강하다고 했다. 한마디로 힘든 일도 군말 없이 잘한다는 것이다.

'우대'라는 말은 당사자들에게마저 양가적인 감정을 들게 한다. 군필자 스스로가 '지금 노예 뽑냐'는 말을 하게 되는 동시에 스스로 경쟁력을 가진 인력이라는 자부심을 가지게 한다. 그런데 이 '경쟁력'이 2년 가까이 통제된 곳에서 집단생활을 하며 규칙과 규율을 몸에 익히고, 불합리한 지시에 복종하는 경험을 반복한 끝에 만들어졌다는 사실은 군필자도 알고 사장도 안다. 이것을 알기에 '군대 다녀와야 사람 된다'고 말하는 사장도 자기 아들이 성년이 될 미래에는 군 입대가 의무가 아닌 선택 사항이길 바란다. 그러나 미래가 아닌 현실에선 '군인 노예'가 '편의점 노예'가 되고, '그 외' 알바 지원자들은 절망한다. '편의점 사장은 왜 군필자를 선호하는가'라는 물음으로 시작해 사회생활에 도움이 되니 군대는 다녀와야 한다는 말로 맺음을 한 어느 인터넷 게시물에 누군가 이렇게 댓글을 달았다. '미필자는 군대 가면 되지만, 면제자는요?' 그 말에 '이민을 가라'는 답글이 달렸다.

군대보다 편하다

시대가 변했다. 군 면제자를 가리켜 '신의 아들'이라 부르던 시절(80년대)은 아득히 멀어졌다. 대신 다른 신이 생겼다. '신의 직장',

공기업을 일컫는 말이다. '안정적인 직장생활'이 신의 영역이 된 세상에서, 경쟁은 극심해지고 군 가산점제는 사라진 지 오래다.

이런 취업난에서 보충역과 군 면제자들은 취업 문턱을 넘기가 더 버겁다. 이들을 '앞가림 못할' 사람들로 규정하는 것은 아니지만, 제 '앞가림'을 하는 일과 '규모 있는' 기업에 취직하는 일을 구분하지 않고 말하는 세상에서 이들의 노동 가능성은 현실이다.

그런 이들이 인생에서 '노동'을 간절히 요청받는 시기가 있다. 자신들에게 4급이라는 딱지를 붙인 병무청이 이들을 소환할 때다. 소집당한 이들은 각종 행정·복지기관으로 간다. 대체복무는 그렇게 시작된다.

일상을 배경으로 사회복무요원을 목격한 장소는 세 군데 정도다. 첫 번째는 지하철 역사. 이들은 리프트를 작동시키거나 열차 안 취객을 상대하고 있었다. 그다음은 구청이나 행정복지센터였다. 출입구 근처를 서성이거나 민원인을 응대하는 모습이 이따금 눈에 띄었다. 그리고 복지관. 이들은 짐을 나르고, 물건을 고치고, 휠체어를 밀고, 차량을 운전하곤 했다.

이들이 하는 것은 '일'이기에 그 안에서 다양한 노동 문제가 발생한다. 열차 내 유실물을 확인하던 중에 지하철 스크린도어에 상체가 끼어 전치 3주 진단을 받은 사회복무요원의 기사를 본다.[8] 평소 우울증을 앓던 중에 행정복지센터에서 대면 민원 처리 업무를 하다가 증세가 심해져 투신자살을 한 사회복무요원의 소식을 듣는다.[9]

산재 사고, 직장 내 괴롭힘, 불합리한 업무 지시까지. 대체복무자 119명을 대상으로 한 어느 실태조사에 따르면[10] 대체복무 기간 업무로 인해 기존에 있던 질환이나 장애가 악화되었다는 응답이 55퍼센트, 공식 업무 외에 사적인 일(심부름 등)에 동원된 경험이 41퍼센트, 복무 중 반말이나 하대를 당한 적이 있다는 응답이 37퍼센트였다. 다섯 명 중 한 명은 욕설과 폭언을 당했다고 답했다.

업무는 어떨까. 행정복지센터의 출입구 쪽에서 서성이던 사회복무요원을 떠올려본다. 세간에서는 그를 가리켜 '꿀 빤다'고 한다. 이들의 업무 태도를 지적하는 내용이 언론에 보도될 정도이다.[11] 이런 인식에 대해 묻자, 한 사회복무요원은 이렇게 되받아쳤다.[12] "얼마나 곤혹이겠어요." 명확히 주어진 직무 없이 민원인들의 고충을 처리하라는 애매한 지시를 받으며 하루 8시간, 주 5일을 보내야 한다. 사회복무요원들이 불만으로 토로하는 것 중 하나가 업무 지시나 책임 구분이 명확하지 않다는 것이다.[13]

"'뭐 하냐, 별일 없지? 같이 가자.' 이런 식으로 일을 주니까. 잡무나 보조라고 생각해서 편할 거라 생각들 하겠지만, 당하는 사람 입장에서는 10분 뒤에 무슨 일을 하게 될지 모르니까 애매하달까요."

월급이라도 제대로 주어져야 '월급 루팡'이라고 위안하며 시간을 보내지. 월 70만 원 받으며 주 5일 출근하는 일에 '꿀'이라는 단어가 붙는 것은 어딘가 억울하다. 그러나 이들에겐 그 모든 '문제'를 별 것 아닌 것으로 만드는 마법의 한 문장이 있다. '군대보다는 편하다.'

"'여기는 그래도 군대보다 편한데 시키면 해야 하는 거 아닌가.' 그렇게 생각하는 분들도 계시는 것 같고. 저희를 아예 군인이라고 생각하고 대하는 곳도 있어요. 저는 겪어보진 않았지만, 두발 규제를 하는 데도 있다고 들었어요."

　이들은 군대가 아닌 곳에서 군인이 아닌 상태로 일하지만, 통제와 규율을 으레 강요받기도 한다. (이들이 가지 못한) 군대에서는 그것이 당연한 일이기 때문이다.

　미셸 푸코에 의하면 군대는 '규율화된 신체'가 만들어지는 공간이다. 이 관점에서 보자면, 입대 전 신체검사는 "효율적인 배치"를 위한 "등급화를 목적으로"[14] 한다. 그렇게 선별된 신체는 사회적 우월성을 획득함과 동시에 개인으로서의 통제권을 박탈당한다. 통제권을 수령해간 (국민)국가는 화폐 · 도량형 · 도로를 규격화하듯 이들을 규율화한다. 반듯한 도로와 통일된 화폐가 효율을 불러오듯, 규율화된 몸도 통치의 효율을 가져온다.

　곰이 동굴 속에서 쑥과 마늘만 먹었던 것처럼, 개인의 몸에 규율이 안착하려면 신체의 자유를 통제하는 조건이 필요하다. 집단 · 병영 생활 없는 군인화란 없다. 다시 푸코를 소환하자. "규정의 엄밀성, 검열의 꼼꼼한 시선, 생활과 신체의 가장 사소한 부분에 대한 통제"[15]는 이동권이 박탈된 집단생활이 아니고는 가능하지 않다. 그곳에서 자유를 잃은 '태초의' 신체는 모든 것을 새로 익힌다. 그 덕에 '민간인' 시절엔 손도 안 대던 초코파이가 그렇게 맛있다.

이렇게 동굴을 나온 1~3급의 몸은 (사회적으로 인정받는 수행성을 지닌, 그리하여 '진짜'라 불리는) '남자'가 되고 '사람'이 되었다. 얻은 것은 '적장자' 시민권이었다. 그리고 가부장 남성이 될 권한을 보증하는 이 '적장자' 시민권을 통해 궁극에는 '가장'의 지위를 얻었다. 일터는 '가장'의 몸과 생애주기에 맞춰 설계된 공간이었다.[16] 국가를 지키는 군인과 가정을 지키는 가장은 그렇게 만났다. 한국 사회에서 군대는 일종의 성인식이었다.

사회복무요원 3명 중 1명이 반말이나 하대를 들으며 일한다고 답한 설문을 떠올려보자. 반말 지시가 만연한 이유를 물었을 때, 전·현직 사회복무요원인 인터뷰이들은 다양한 곳에서 이유를 찾았다. 업무 지시를 하는 사람이 자신과 나이 차이가 얼마 나지 않거나 크게 차이가 나서, 친하다고 생각해서, 다 그렇게 대하는 분위기라서…. 이런 대답들 사이에서 누군가 말했다.

"보통 군인 아저씨라 부르지, 군인 애라 부르진 않죠."

군대에 가지 않은 자신들을 '어린애'로 보는 시각이 있는 것 같다고 했다. 이들은 '군인 아저씨'는 될 수 없는 사람들이었다. '군대 가야 사람 된다'는 말은 이 사회가 군대 복무 경험이 있는 이를 '한 사람 몫을 하는(할)' 사람이라고 인정한다는 뜻이기도 했다. 그런데 그 '한 사람 몫'을 하기가 점점 어려워지는 저성장의 시대가 오자 문제가 불거졌다. 더 이상 부대 화장실에서 먹는 초코파이가 맛있지 않았다. 1년 6개월간 고립된 채 붙잡혀 있다는 불안과 억울함은 더는 '단것'으로 해소되지 않았다. "휴식할 때조차 끊임없이 생산성과 쓸모를 생각"[17]하는, 그래서 아무 일 없는 날이면 '당근'(중고 거래)이라도 해야 오늘 하루를 허투루 보내지 않았다고 느끼는 젊은 세대가 1년 반을 사회와 '단절'한다. 이 엄청난 손해를 견딘다고 예전처럼 군인에서 가장으로 자연스럽게 이행할 수 있는 것도 아니다. 보상은 줄고 불안은 커진다. 불안은 불만이 된다. 그리고 알려진 대로 이 불만은 '단절의 시간'을 겪지 않고도 '발화의 자격'을 지니려는 동시대 여성을 향한 분노로 전환된다. 남성의 세계에서 발화의 자격은 '의무'를 수행해야 획득될 수 있다. 대체복무자에게도, 면제자에게도 발화의 자격은 없다. '군대도 안 간 게…'라는 핀잔이 말할 자격을 갈랐다. 그러니 그 자신 역시 '자격 없는 자'인 사회복무요원들도 자격 있(다고 믿)는 고생하는 군인이 아닌 '자격 없는' 여자들이 군대 문제에 입장을 내는 데 분개한다.

군인에게 최저임금을

이런 시대 변화에 따라 군인의 보잘것없는 월급이 문제로 제기되었다. '호국'은 더 이상 군 복무를 감수할 충분한 명분이 되지 않았다. 2000년대 후반에는 '군인도 청년 노동자'라며 군인에게 최저임금을 지급하라는 목소리도 등장한다. 현역군의 상실된 보상을 무엇으로 채울 것인가 하는 고민 속에 나온 요구였다. 당시 한 매체에

기고된 글이 있어 가져온다.

"20~30대 병사들이 청년으로 호명당하지 못하고, 그들의 문제가 청년 문제의 하나로 포함되어 사회적으로 논의되지 않는 이유는 간단하다. 군 병사들이 한 사회의 정상적인 구성원으로 취급받지 못하고 있기 때문이다. 오죽하면 (주로 예비역들이 즐겨 쓰는) '저기 사람 한 명과 군인이 지나간다'는 말까지 있겠는가?"[18]

나 또한 대민 지원이라는 이름으로 끌려오는 무상의 노동력을 보며 마음이 불편해지곤 했다. (최근에는 판교의 고급 오피스텔 주차장 침수 현장에 군인들이 대민 지원을 나간 일이 논란이 되기도 했다.[19]) 그러나 확신을 가지고 말하지만, 윗글의 필자는 '저기 사람 한 명과 군인이 지나간다'는 말을 쓸 때 '사람 한 명'의 성별로 남성을 떠올렸을 것이다. 여성과 군인이 길을 지나갈 때, 그 모습을 보고 사람과 군인이 걸어간다고 말하는 세상이 아니다. "저기 군인이랑 여자가 지나간다."("저 여자 얼굴이…", "둘이 무슨 사이냐…", "군바리 휴가 나온 거냐…" 같은 말이 따라올지도 모른다.) 신체 손상을 지닌 이와 군인이 지나갈 때는 '사람과 군인이 간다'는 말조차 기대하기 어렵다. "저기 군인이 간다." 장애인은 보이지 않을지도 모른다.

눈에 보이지 않는 사람, 품평에 오르기 쉬운 2등 시민 들이 있다. 이들의 존재를 고려하지 않은 채 민간인 남성과 군인 사이의 상대적 박탈감에만 집중한다면, 군인의 노동자성에 대한 인정과 최저임금이라는 보상은 '정상 남성'만이 사람이라 불리는 세계의 질서 속에 머물 수밖에 없다. 일터는 그 질서를 적극적으로 활용하고 재생산하는 공간이다. 나는 그곳을 '힘의 세계이자 정상성의 세계'라 부른다. "공적 세계는 힘의 세계이자 긍정적인(가치 있는) 육체의 세계이며, 성과와 생산성의 세계이고, 젊고 성인인 비장애인의 세계"라는 수전 웬델의 말에서 따온 것이다.[20]

우리 대부분이 살기 위해 가야 할 곳이자 4급 판정자들이 발령받아 가는 곳 또한 그 세계이다.

위계 속 무상노동

'정상성의 세계'는 이들을 받아들일 준비가 되지 않았다. 그러니 갈등이 반복된다. 청년은 '건강'의 상징이다. 우리 사회는 건강하지 않은 청년을 상상하지 못한다. 이 좁은 상상력은 젊은 만성질환자들의 삶을 피로하게 만든다.

"골골한 청년들은 일터에서 아프다고 밝히면 … 만성질환은 젊은이에게 없을 것이라는 인식으로 인해, 그들의 질환이 꾀병일 것이라는 편견을 경험한다."[21]

뇌전증('간질') 등과 같이 병증이 시각적으로 드러나지 않는 질환을 겪을 경우 주변의 편견은 확신이 된다. 군대 가기 싫어 '꾀병'을 부린다는 시선이 이들에게 달라붙는다. 민원인을 상대하는 업무를 할 경우, 이런 편견은 민원인이 사회복무요원을 향한 자신의 공격을 정당화하는 요소로 작용하기도 한다.

숨겨도 드러내도 질환은 공격과 비난의 원인이 된다. 특히 사회적 낙인이 찍힌 정신질환의 병력자일 경우, 현역 복무 면제라는 기록으로 인해 이후 직장생활이 위협받기도 한다. 기업이 구인 때 '정공'(정신질환으로 4급 판정을 받은 공익요원·사회복무요원을 가리킨다)은 서류전형에서 거른다는 괴담이 있다. 건강보험 F 코드(세계보건기구에서 정한 정신질환 국제질병분류 기호) 기록도 5년이면 사라진다는데, 병역 판정 기록은 평생 남는다. 숨기고 싶어도 방도가 없다. 인사담당자가 편견이 없거나 덜렁거려 서류를 세세하게 보지 않길 바라야 할 뿐이다.

개인의 병력이 동의 없이 공개되지만 드러났다고 배려를 받는 것도 아니다. "청년의 병가는 젊은이의 나약함이나 노동자 개인의 불성실로 여겨진다."[22] 사회복무요원들을 관리하는 담당자들이 가장 많이 토로하는 불만은 '군기 없는' 이 청년들이 툭 하면 연가와 병가를 쓴다는 것이었다. 이에 대한 평가는 나약한 정신, 나태함, '요즘 청년'들의 개념 없음으로 이어졌다. 개개인의 사정과 성실도를 알 수는 없으나, 많은 수가 '군대를 못 갈' 정도의 질환을 가진 이들이다. 아픈 것이 당연하지 않나. 정작 문제는 아프면 쉬는 것이 당연하지 않은 사회다. 2022년 고용노동부가 민간·공공을 아우른 사업체 2500여 곳을 조사했을 때, 병가 제도를 운영하고 있는 사업장은 21.4퍼센트에 그쳤다. 코로나19가 확산하는 가운데 '아프면 쉴 권리'라는 말이 새롭다는 듯 유행하기도 했다.

그러나 사회복무요원이 늘 '피해자'로만 존재하는 것은 아니다. 한 사람이 언제 어디서나 소수자이기만 할 리는 없다. 이들은 사회복무 현장에서 정상성과 취약성을 오가며 혼란을 겪고 있다. 사회복무요원의 배치를 가장 선호하는 곳은 사회복지기관이다. 이유야 빤하다. 사람이 없으니까. 사람이 부족한 까닭도 빤하다. 일은 힘들고 보상(임금)은 적으니까. 예산도 적고, 인력도 적다. 그러니 무상노동 인력에 가까운 사회복무요원들의 등장을 반긴다. 사회복무요원들은 복지관, 요양센터 등으로 배정되어 와상환자를 옮기고, 복지시설 이용자에게 욕설을 듣고, 물품을 상·하차하고, 때로는 독거노인의 목욕을 돕는 생소한 일을 경험한다. 노동 강도가 높을수록 개인의 특성은 배려받지 못할 가능성이 크다. 바쁘니까. 사회복무요원들의 체력, 질환, 신체 손상 정도는 고려되지 않는다. 이들은 오롯이 '젊은' 노동력으로 기능한다.

그런 까닭에 사회복무요원들에게 복지기관은 기피 대상이다. 삶의 보람을 찾으려는 심성 고운 사람이 아니고선, 자신들이 살아온 세계와 동떨어진 '취약함'의 세계는 낯설고 불편하다. 자신에게 4급이라는 등급을 매긴 세상이지만, 이들은 그 '정상성'의 세계에서 모든 것을 배우고 익히며 살아왔다. 사회복지 영역으로 간 사회복무요원 중 사회복지 자격증이 있거나 관련 분야를 전공한 사람은 3퍼센트에 불과하다. 이들이 받는 직무 교육은 열흘간 60시간 남짓 진행

된다. 국민기초생활보장제도의 이해, 노인 및 장애인의 이해, 인권의 이해와 실천, 성 인지 감수성의 이해 및 실천 등 복지·인권과 관련된 강의들이다. 60시간 안에 이 모든 게 이해될 리 없다. 심지어 코로나19 시기에는 전부 사이버 교육으로 진행됐다.

장애인 보호작업장[23]에서 근무했다는 이와 만나는 자리에서, 나는 그가 작업장에서 근무하는 장애인을 가리켜 '애들', '남자애', '여자애'라고 지칭하는 것이 불편했다. 그가 그렇게 부르는 사람들이 모두 그보다 어린 것도 아니었다. 하지만 정상성의 세계에선 장애인은 '애'니까. 그에겐 악의 없는 표현이었을 것이다. 그는 그들과 잘 지냈고, 때로는 진심으로 그들을 염려했다. 한편으론 그와 잘 지냈다는 사회복지사들도 그에게 '반말'하는 일이 자연스러웠다. 위계의 질서가 구축된 세상에선 '군인 아저씨'가 되지 못한 그도 하대의 대상이었다.

그가 경험한 세계에서 보호작업장 근무자들은 안쓰러운 '애'이고, 여성 사회복지사들은 '싸가지가 없다'. 무거운 짐을 옮기는 등의 힘든 일은 기다렸다는 듯 시키면서 자신에 대한 존중은 없다고 했다. 그만 느끼는 고충은 아니다. 복지 영역으로 간 사회복무요원들은 업무를 버거워했다. 복지시설 특성상 힘쓰는 일이 많은데(여차하면 사람도 옮긴다), 근무지에는 대부분 여성 직원만 있다는 것이다. 힘쓰는 일은 어리고 직책이 없는 남성인 사회복무요원들 담당이 되었다. 얌체처럼 일을 미룬다는 여성 직원들 개개인의 성품을 추측하긴 어렵다. 다만 돌봄의 현장에 여성이 많은 이유는 명백하다. 여성이 타인을 돌보는 일에 더 적합한 심성을 지녀서가 아니다. (그렇다면 "싸가지가 없을" 이유도 없지 않은가.) 노동의 대가, 즉 임금이 적기 때문이다. 일반적으로 보상이 적은 곳엔 남성보다 여성이 많다. 남자는 "그 돈 받고 거기서 일하지 않는다". 더 나은 보상을 제공하는 일터를 선택할 기회가 상대적으로 더 많다. 불합리한 보상 체계는 군복무에만 있는 것이 아니다. 사회 곳곳에 포진되어 있으며 저임금을 감수하는 어떤 성별이, 최저임금조차 받을 수 없는 어떤 정체성이, 국가로부터 끌려온 청년들이 메우고 있다.

그가 일한 작업장은 아니었지만, 예전에 보호작업장을 방문했을 때 나는 사회복무요원들이 장애인 근무자들이 납품해야 할 제품을 대신 조립하는 모습을 보곤 했다. 납품 기한은 작업장에서 일하는 장애인들의 특성과 작업 방식을 헤아려 정해지는 것이 아니었다. 납품일은 번번이 지켜지지 않았다. 하나 조립하면 20~30원을 주는, '손 부업'과 다를 바 없는 일을 사회복지사부터 노년의 공공근로자, 그리고 사회복무요원까지 매달려 한다.

사회복무요원의 정해진 업무는 장애인 근무자들의 지원과 보조다. 이 업무와 관계없는 단순 노무 작업은 위법이다. 하지만 이들의 노동 없이 어떻게 납품일을 맞출까? 가능해 보이지 않는다. 보호작업장은 장애인들에게 최저임금을 주고는 운영될 수 없고, 사회복무요원들의 업무 외 무상노동이 없다면 유지될 수 없다. 야근을 밥

먹듯 하는 사회복지사들까지 합쳐, 그 안에 '노동 값'을 제대로 받는 구성원은 없다. 노동 값을 제대로 지급하면 운용될 수 없는 곳이라는 말이다. 노동에 대한 기존의 잣대를 직업 재활에 들이대는 사회 전반의 인식이 전환되지 않으면 해결될 수 없는 문제다.

복지 재단에 국한된 이야기만은 아니다. 대부분의 기업·업체가 그러하다. 카페 사장님들은 아르바이트 직원을 주 15시간 이상 고용하면 카페를 운영할 수가 없다고 한다. 주휴 수당을 주어야 해서 그렇다. 그래서 주 14시간 30분을 고용하면서도 께름칙해하지 않는다. 이것은 생존의 문제이니까. 선주들은 이주노동자들을 납치하듯 선박에 올리고도 죄책감이 없다.[24] 이 또한 사업 존폐의 문제니까. 아파트 경비 노동자들의 임금을 편법으로 줄여도 입주민들 사이에는 자성의 목소리가 없다. 최저임금이 올랐으니 어쩔 수 없는 일이라고 한다. 어디에나 '무상노동'은 필요하다. 지금의 시스템을 유지하기 위해서는.

이제 사회복무요원들의 무상노동을 이야기해보자. 노동법상으로 가당치 않은 대가를 받고, 의지와 무관하게 사업장에 존재하며, 실질적으로 사업장 이동의 자유가 없다는 점 등을 고려할 때 이들의 노동은 '강제노동'이기도 하다.

강제노동

사회복무제도는 '강제노동'이다. 국제 기준이 그러하다. 아래는 국제노동기구ILO에서 발간한 강제노동 보고서의 일부이다.

"국가 부과 강제노동이라 함은, 그것이 이뤄지는 경제활동 분야를 막론하고, 국가 당국에 의해 부과된 강제노동을 말한다. … 국가가 의무 근로를 시민에게 부과할 권한을 인정하지만, 이런 특권은 구체적 상황, 예를 들어 의무 군 복무를 위한 순수 군사적 성격의 노동 … 전쟁·화재·수해·기근·지진 등 비상사태하의 근로나 복무 등의 범위에 제한된다."[25]

군 복무를 할 수 없는 몸을 선별하고, 굳이 다시 이들을 복무시키는 것이 이치에 맞아 보이진 않는다. 군 현역 입대자들과의 '형평성'이라는 정치적 용어를 뺀다면 달리 근거가 없다. 심지어 국제법상으로도 없다.

원래 무리를 하다 보면 '위법'해지기 마련이다. 한국 정부는 '국제 노동법'으로 간주되는 ILO 핵심협약 중 강제노동 금지 항목들을 비준하지 않는 방식으로 위법을 피해가고 있었다.

그러던 2021년 4월, 한국 정부는 강제노동 금지 협약 중 하나인 29호 협약을 비준한다. 비준이 효력을 발휘하는 2022년에는 흥미로운 움직임이 있었는데, 사회복무요원 제도가 ILO 강제노동 금지 협약 위반이니 폐지되어야 한다며 헌법 소원이 청구된 것이다. 헌법 소원을 제기한 이는 현직 사회복무요원이었다. 29호 협약 비준 시기부터 보충역의 존재는 논란이 되었다. 국제법상 강제노동 예외 항목으로 명시된 의무 가운데는 '의무군 복무'가 있다.[26] 그런데 사회복무요원은 군인이 아니다. 군인복무기본법상 군인은 '현역에 복무하는 장교나 준사관, 부사관 및 병兵'이기 때문이다.

"다음과 같은 질문에 답하다 보면 이것이 굉장히 이상한 제도라는 것을 깨닫게 됩니다. 국방의 의무는 군사적 목적에 한정되어야 하는 것이 아닌가?[27] 비군사적인 목적으로 병력 자원을 동원할 수 있는가? 징집되었다는 이유로 정당한 대가 없이 노동력을 사용할 수 있는가? '노동의 강제'는 정당화될 수 있는가?"[28]

헌법 소원을 제기한 전순표 씨가 매체에 기고한 글의 일부이다. 그는 사회복무요원 노동조합도 만들었다. 이전부터 사회 문제에 관심이 있었고, ILO 협약은 시사 상식으로 알고 있었다. 그리고 자신이 사회복무요원으로 소집될 때, 그 상식을 떠올렸다. 노동에 관해 많은 것을 알려준 사회는 아니었으나 학교에서 배운 대로라면 노동조합은 2인 이상이 동의하면 설립될 수 있어야 했다. 하지만 노동조합 설립 신고서는 반려됐다.

사회복무요원은 노동자가 아니라는 이유였다. 앞서 보았듯 이들은 현행법상 군인이 아니다. 공무원도 아니다. 국가공무원법을 적용받지도 않는다. 그렇다면 이들은 무엇인가. 고용노동부는 이들이 노동자도 아니라고 한다. 특수한, 아니 편리한 지위이다.

"노동조합 만들고 신고를 하면서 당연히 이런저런 생각을 많이

하게 되잖아요. 우리를 노동자라 할 수 있을지, 노동자가 아니라고 보는 관점은 어떤 건지. 좀 알게 되니까."

알게 되니까 더 해보고 싶어졌단다. 노동에 관해 고민을 하니 노동 환경도 눈에 들어왔다. 앞서 소개한 사회복무요원 복무자 대상 실태조사는 사회복무요원 노동조합에서 진행한 것이다. 처음에는 인터넷 커뮤니티를 통해 조합원을 모집했다고 했다. 처음 설립 신고를 할 때는 다섯 명이었는데, 지금은 서너 배나 늘어났다. 그래봤자 소수지만, 사업장 이동의 자유가 없는 일터에서 노동조합이 흥하긴 어렵다. 게다가 사회복무제도의 폐지는 그리 말랑말랑한 요구도 아니다.

제도 폐지는 너무 큰 이야기이니 현실에 맞는 임금 인상이나 환경 개선 등을 이야기할 줄 알았는데, 그는 국가와 시민의 관계에 대한 이야기를 꺼냈다.

"ILO 협약이 중요한 이유 중 하나를, 저는 일본 강제징용 문제랑도 연결 지어 생각하고 있는데요."

안 그래도 강제노동하면 떠올리게 되는 것이 일본이 자행한 강제징용이다. (참고로 일본은 1932년에 강제노동에 관한 ILO 29호 협약을 비준하고 2022년에 또 다른 강제노동 관련 협약인 105호를 체결했다.) 한국도 강제노동을 중단해야 일본에 당당히 사과받을 수 있다는 말인가 싶었는데, 그는 내 생각을 읽은 듯 말했다.

"일본에게 사과받기 위해서가 아니에요. 전시와 같은 특수한 상황에서 국가가 어디까지 개인의 신체와 노동을 사용할 수 있는지의 문제는 일상의 시기에 정해놓아야 하는 게 아닐까요."

개인의 노동과 신체에 대한 국가의 개입과 통제를 어디까지 허용할 것인지, 국가와 그 구성원의 관계를 설정하는 데 있어 사회 구성원들의 합의가 필요하다는 말이었다. 그 합의를 만들어가는, 그러니까 세상의 상식선을 만들어가는 과정은 필요가 아닌 원칙에 의해서 이뤄져야 한다는 이야기이기도 했다.

2022년 일본에 이어 중국도 ILO 강제노동 관련 협약을 체결했다. 각국의 연이은 협약 체결은 ILO가 국제적인 강제노동 확산 흐름에 위기감을 느껴 각국에 협약 체결을 독려했기 때문이기도 하다. ILO 조사 보고서에선 최근 5년간 강제결혼을 포함한 강제노동자[29]가 1000만 명이나 급증해 강제노동을 하고 있는 노동자의 전체 규모가 5000만 명에 이를 것으로 발표했다. 코로나19 시기 한층 더 취약해진 이들이 있었다. 취약할수록 강제노동에 휘말리기 용이했다.

위기라는 이름 앞에 공익과 국익을 명분으로 개인의 몸과 노동이 어떻게 배치되고 활용되는가. 특히 한국은 '국민'이 국가 성장과 경제 발전이라는 이름 앞에 노동의 대가를 헌납해온 역사가 있다. 노동자가 파업을 하면 사장도, 경찰도 아닌 중앙정보원(지금의 국정원) 공무원과 만나던 시절이었다. 일한 만큼 대가를 받지 못하는 일은 무상노동의 성격을 지니며, 자신의 권리와 신념에 의해 일을 멈출 수 없으면 그 일은 강제노동에 속한다. 그리고 무상노동과 강제노동은 동전의 양면처럼 함께한다.

"사회복무제도가 유지되는 데는 국가 차원에서의 노동력 공급이라는 측면도 있다고 보거든요."

전순표 위원장의 이야기에 동의한다. 그리고 이는 사회 전반에 통용되는 이야기이다. 국가 차원에서 동의를 얻지 않고 노동력을 공급하는 방법은 강제 소집뿐만이 아니다. 사업주 또는 국가의 권리와 이익을 이유로 일을 멈추는 행위를 '중지'시키는 방식도 있다.

한국이 아직 비준하지 않은 강제노동 관련 국제 협약이 있다. 제105호.[30] ILO 핵심협약 10개 중 한국은 이 조항 하나를 남겨두고 있다. 경제협력개발기구OECD 36개 회원국 중 오직 한국만 미비준 상태이다. ILO 협약 105호가 규정하는 강제노동에는 경제 발전을 목적으로 하는 노동력 이용과 파업 참가를 이유로 한 처벌 등도 포함된다. 한국은 '영업 방해'라는 명목하에 파업 참가자들을 처벌하고, 처벌로 위협하여 (강제로) 일터로 복귀시키는 형법 체계가 유지되고 있다. 이는 국제 노동법 기준상 강제노동이다. 이 지점이 한국 정부가 협약 체결을 주저하는 이유 중 하나다.

2022년 11월 화물 운송노동자들의 파업에 정부가 '업무 개시 명령'을 내렸을 때, 이를 국제법 위반으로 본 ILO는 '긴급 개입'을 선언했다. 비준하지 않은 강제노동 관련 협약은 물론이고 문재인 정부 때 비준한 결사의 자유 원칙(87호)을 위반하는 행위라는 것이 이유였다. 이에 한국 정부는 다음과 같은 논리로 국제사회의 우려를

잠재우려 했다. "화물 운송 기사들은 노동자가 아니다." ILO 아시아·태평양 지역 총회에서 고용노동부 기획조정실장은 '이 개인 사업주들의 운송 거부가 국가 경제를 위협한다'는 내용의 기조연설을 했다.

사회복무요원들이 복지 재단 곳곳에서 무상노동을 하지 않으면 운영의 어려움이 생기듯, 화물 운송 '개인 사장'들이 노동자성을 가지고 안전운임제 등을 요구하며 노동삼권(단체행동권 등)을 행사하면 국가 운용에 위협이 된다. 그렇게 강제노동은 사라지지 않고, 파업할 권리도 통제되며, 사회복무제도는 유지된다.

ILO 아·태 지역 총회에서 정부와 노동계의 연설이 있던 그해, 국회에서는 '국제 노동 정책 포럼'이 열렸다.[31] 이날 아시아노사관계컨설턴트 윤효원 실장은 한국 정부가 비준하지 않은 핵심협약 105호를 설명하며 이렇게 덧붙였다. 한국에서 '핵심협약'으로 불리는 조항들은 '핵심'이 아닌 '기본협약'일 뿐이라고. 이어 그는 이 열 개의 기본협약 외에 ILO 협약의 대다수를 이루는 기술협약Technical Conventions에 대해서도 말했다.

"노동자가 생애 시간의 대부분을 보내는 '일의 세계the world of work'에서 일어나는 핵심 문제들인 근무 시간, 고용, 직업훈련, 임금, 안전보건, 사회보장, 이주, 모성보호와 관련된 협약들은 모두 기술협약으로 분류됩니다."[32]

기술협약 178개 중 한국이 비준한 조항은 22개이다. OECD 국가 평균 비준 수와 비교했을 때 3분의 1 수준이다. 이 중 '일의 시간'과 관련된 8개 협약 가운데 한국이 비준한 협약은 1935년에 채택된 '주 40시간' 근무를 규정하는 협약인 47호 하나뿐이다.

기술협약은 '시간, 고용, 임금, 안전, 이주' 등으로 노동권을 세분화 하고 있다. 190호(일의 세계에서의 폭력 및 괴롭힘 근절을 위한 협약), 118호(사회보장에서 내외국인의 균등 대우에 관한 협약), 제121호(업무상 재해 급여에 관한 협약) 등은 한국 정부가 국제 기준을 따르겠다고 밝힌 적 없는 내용들이다.

일의 세계를 먼저 겪는 사람들

'일의 세계' 전 영역에서 정부가 보호하지 않는 노동(값)의 후려치기가 진행되고 있다. 이는 무상노동의 다른 말이다. 이 무상노동을 유지하기 위해 일의 세계는 강제노동의 성격을 벗어나지 못한다. 손발을 묶어 데려와야만 강제인 것이 아니다. 당사자를 어떠한 노동에서 벗어나지 못하게 하는 모든 사회적·문화적 조건들 역시 강제에 속한다. 여기에 형사 처벌은 강제성을 더할 뿐이다. 그리고 우리는 강제성이 짙은 노동을 하는 이들의 사회적 지위와 계급, 정체성과 성별이 무엇인지 암묵적으로 안다.

'일의 세계'라는 단어를 처음 들은 것은 차별금지법 제정 운동에서였다. "일의 세계에서 소수자들이 겪는 문제는 '노동' 문제로 여겨지지 않는다."[33] 그러나 "소수자는 일의 세계를 먼저 겪는 사람들이다. 자본주의 사회에서 일의 세계는 차별을 통하지 않고는 굴러가지 못한다."[34] 소수자들은 노동시장에 쉽게 진입하지 못할 것이라 여겨지지만, 사실 이들은 가장 앞서 일의 세계의 작동 원리인 위계와 차별, 소외와 착취를 겪는다.

차별과 착취를 먼저 겪는 이가 있는 세계. 그 세계에서는 '정상'이라고 불리는 사람도 행복할 수 없다. 운 좋게 낙인을 피한 이들에게 주어지는 것은 불안과 짙은 혐오다. 우리는 다른 세상을 꿈꾸기에 1급을 선별하고 1등 국민을 만드는 위계의 질서를 거부한다. 그 과정에서 누군가는 말할 자격을 박탈하는 시선을 뚫고 이야기한다. 이 행위들이 '일의 세계 안에서 나다움을 지키며 타인과 함께 일할 수 있는 우리의 오롯한 권리'를 가져올 것이라 믿으면서.

　　여자들은 왜 이렇게 '싸가지'가 없을까. 취재를 가면 간혹 직급
이 낮은 젊은 남성들에게 이런 하소연을 듣는다. 지시를 내리는 여
성 하급 관리자가 '싸가지가 없다'는 것이다. 들어보면 부당한 지시
도 있고, 억울할만 하기도 하다. 그런데 보충역 관련 자료를 살피다
가, 군대 내에서도 '싸가지 없다'는 소리를 듣는 이들이 있다는 것을
알게 됐다. 여자 군인들.

　　"여자 하사관들은 사병들에게 '싸가지' 없다는 이유로 욕을 먹
는 일도 있다. 계급 사회에서 상사의 '싸가지'가 문제되는 것은 아주
독특한 일이다. … 비슷한 상황에서 남자 하사관들은 '짜증 난다'는
말 정도를 듣는다."[35]

　　군대에는 남성만 있지 않다. 1만여 명의 여성 군인이 근무 중이
다. 어디에나 여자들은 있다. (성별 이분법에 따라) '여자가 할 일'이
있다고 보는 세상 '덕분'이다. 그런 까닭에 '진짜 사나이'들의 군대
는 여자가 필요 없다면서도 여자도 입대해야 한다(여성 징병제)는 요
구가 빗발치는 공간이 된다. 이게 다 성별에 따라 각자 할 일이 있다
고 보는 세상 때문이다.

　　'남성의 공간'에 들어온 여성들의 생존 전략은 '남성성 수행'[36]

일 때도, '엄마 노릇의 확장'[37]일 때도 있다.[38] 이러한 수행은 개개인의 선택이 아니다. 모병제나 군 민영화를 추진한 국가들에서도 군대 내 성별 분업이 심화되는 현상을 볼 수 있다. 전투병은 "전문적인 전사로서 더 남성화되고 있는 반면, 전투 지원 업무에는 저임금 아시아 이주자들을 고용해서 여성화"[39]하고 있다.

이런 성별(화된) 분업은 군대에서만 일어나는 일이 아니다. 푸코가 군대와 더불어 '몸의 훈육을 통해 정신을 지배하는 기관'이라 일컬은 감옥도 상황은 비슷하다. 양심적 병역 거부를 하며 수감 생활을 한 현민이 쓴 『감옥의 몽상』에는 남성 교도소 내 위계와 노동이 잘 드러나 있는데, 소지(재소자 중 교도관의 업무를 보조하는 사동 도우미)의 역할을 언급한 부분이 흥미롭다. "소지야말로 감옥 체계를 유지하고 지탱하는 핵심"[40]이라는 논리이다.

감옥의 교화 기능을 강조할수록 재소자들의 고충 상담 등 돌봄의 문제가 부각되는데, 이 돌봄 업무를 교도관이 수행할 경우 "자칫 간수라는 지위를 흔들 수 있다"고 한다. 돌봄노동이 "문화적으로 정의된 여성성의 코드에 크게 의존"[41]하기 때문이다. 한 마디로 '계집애들이나 하는 일'이라는 것이다. 그렇기에 돌봄·가사 등 '여성화된 노동'을 대리 수행할 존재가 필요한데, 바로 이것이 소지의 역할이다. 감방 안에서도 여성을 연상시키는 노동은 막내(나이, 경제력, 그 무엇이건 위계의 아랫자리에 위치하는) 재소자가 하기 마련이다. 군대에서는 '이등병'이 그 역할을 한다.

'돌봄은 여자 일'이라는 사회적 구분은 어디에나 있다. '전쟁 없는 세상'이 발간한 「2022 병역거부운동 여성활동가 인터뷰집」에는 병역 거부 운동 안에서 지워지거나 보조적 존재로 인식될 위험을 안고 있는 여성(활동가)들의 목소리가 담겨 있다. 군 입대의 주체가 남성이듯 군대를 거부하는 주체도 남성이라 여겨져, 자칫 '감옥 가는 남성'과 '옥바라지하는 여성'(후원 활동)이라는 인식이 활동의 영역에도 '자연스럽게' 반영되기 쉬운데, 이에 저항하는 활동가들의 분투와 단체의 노력을 이 인터뷰집을 통해 엿볼 수 있다.[42]

그리고 군대에는 군인만 있는 것이 아니다. 어떤 장소도 노동 없이 꾸려질 순 없다. 군대 내에는 1만여 명의 노동자들이 존재한다. 이들은 주로 시설 관리, 환경 미화, 복지시설 운영·관리 등을 맡고 있다. 부대 내 마트 판매원, 전산 행정 직원, 조리사, 조경 관리사 등이다. 군대라는 일터 역시 세상의 질서를 고스란히 담고 있다. 군부대 내에서 골프장(체력단련장)을 운영하고, 그 골프장에서 경기 보조(캐디 역할)를 하는 직원의 성별은 '여성'인 식이다. 정규직 군인과 비정규직(또는 무기계약직) 민간인 노동자 간의 차별도 존재한다. 저임금, 직장 갑질, 군사훈련 참여 강요 등의 처우 문제는 몇 해 전부터 수면 위에 올랐다. 이들은 노동조합도 만들었다. 관련 토론회[43]에서 처우 개선의 방안으로 "사용자 노동 인권 교육"을 통해 군부대 전체의 노동 인식 변화가 필요하다"고 말하기도 했다.[44]

인식 변화의 필요성은 노동에만 국한되지 않는다. '초남성' 군대는 남성만의 공간이 아니다. 그렇다고 여성 '도' 있는 공간이 아니다. 다양한 정체성이 존재하는 곳이며, 그리하여 각자의 지위와 역할을 지닌 채 노동하는 이들이 존재하는 곳이다. 그러나 군대라는 조직은 그가 누구이건, (남성성을 성실히 수행할) 남성이 아니라면 '타자화'되는 공간이다. "근대 남성성은 타자에 의존하면서 타자를 부정하는 방식으로 구성"[45]되기에 이 공간에서 어떤 이들은 손쉽게 지워지고 필요에 의해 소환된다. 그러므로 헷갈리지 말아야겠다. 여성 군인이기에 유독 '싸가지가 없는' 것이 아니라, 군대라는 곳에 타자를 바라보는 고정불변한 방식이 있어온 것임을.

나가며

몇 년 전, '열심히 일하지 않는 청년'을 화두로 한 사람과 인터뷰했다. 그 인터뷰가 나를 불편하게 했기에 집으로 돌아와 평소에 잘하지 않는 행동을 했다. 책장 앞에 앉은 것이다.

색색의 책등 사이에서 『시스터 아웃사이더』를 꺼내 들었다. 미국의 흑인 페미니스트이자 레즈비언, 두 아이의 어머니인 시인 오드리 로드의 저서였다. 비혼의 20대 아시아인인 인터뷰이와 오드리 로드는 별로 접점이 없어 보였으나, 왠지 힌트를 얻을 수 있을 것 같았다. 로드가 세상을 바라보는 시선을 빌리고 싶었는지도 모르겠다.

"주인의 도구로는 결코 주인의 집을 무너뜨릴 수 없습니다."[1]

이 책에서 가장 널리 알려진 문장이 아닐까 하는, 이 구절을 읽고 싶었다.

내가 무너뜨려야 할 것은 주인의 도구로 지어진 나의 집이었다.

나는 노동에 대해 말하고 쓰고 옮겨적는 사람인데, 나의 언어가 세상의 것을 자꾸 빌려온다는 생각을 버릴 수 없었다. 당연한 일이었다. 나는 지금의 세상을 사는 사람이니까. 내가 노동하는 방식 또한 이 세상의 것과 크게 다르지 않았다. 세상이 노동을 구성하는 방식에 눈살을 찌푸리는 사람이지만, 내가 일하는 방식은 세상이 말하는 가치들, 즉 효율성과 성과, 열심과 경쟁에서 크게 벗어난 것이 아니었다.

그 당연한 일이 문제가 된 것은 내가 인터뷰이를 온전히 이해할 수 없게 되면서, 그의 입장을 옹호할 수만은 없게 되면서였다. 자신의 위치를 세상 바깥에 두는 사람이었다. 그를 감싸든, 옆에 머물든, 관찰자처럼 거리를 두고 지켜보든 나는 그의 편이어야 했다. 그런데 그가 세상이 정한 노동의 방식을 따르지 못하거나 거부하자 편들기가 어려워졌다. 그래서 '아웃사이더'를 찾았다.

스스로 인사이드inside에 자리한 사람이라고 생각해본 적이 없었으나, 그렇다고 내 위치를 '아웃사이드outside'에 놓지도 않았었다. 정확히는 세상 바깥에 존재하는 나의 어떤 면과 직접 마주한 적이 없었다. 하지만 나를 들여다보지 않고 '다른' 사람을 만날 순 없었다. 인과 아웃. 그 사이 어딘가 있는 나의 자리를 생각해야 했다.

나는 '좋은 노동자'가 될 수 없는 사람이었다. 그러나 '좋은 노동자가 될 수 없는 나'라는 존재를 머리에 이고 살아가기에는 너무 무거웠다. 그것은 내가 '가치 있는 시민'이 될 수 없다는 말과도 같왔다. 내가 오드리 로드로부터 빌려오고 싶었던 것은, 어쩌면 용기였는지도 모른다. 용기를 얻어 한 일은 내가 만난 인터뷰이들의 시선을 빌려오는 거였다. 시선을 빌려 '좋은 노동자'가 될 수 없는 나를 보았다.

- - - -

나의 오랜 주제는 '노동이란 무엇인가'였다. 노동에 대해 쓰고 말하는 사람이었으나, 노동이 무엇인지 도통 몰랐다. 사람들은 내게 왜 타인의 노동을 기록하냐고 물었다. 그 물음을 통해 나는 이 사회에서 노동이 갖는 지위를 알게 됐다. 노동이란, 사람들이 관심 두지 않는 영역이었다. 나는 왜 노동을 기록할까. 물론 책을 읽어 아는 모범 답안이 있긴 했다. "우리는 노동 없이 살 수 없"으므로, "노동이 인간을 인간답게" 하므로, "노동자는 생산의 주인, 변혁의 주체"이므로. 그러나 이대로 대답하긴 싫었다. 틀린 말이라서가 아니라, 내 안에서 제대로 소화되지 않은 말이었기 때문이다. 그렇게 어떤 답도 제대로 하지 못하고 돌아오는 날에는, 내가 했어야 할 대답을 곱씹었다. 처음에는 관심이라기보다 호기심이었다. 대학의 청소 노동자들이 노동조합을 통해 자신을 드러내는 것을 보며 기록을 시작했다. '저기에 가면 노동이 무엇인지 알게 되겠구나.' 처음엔 그런 생각이었다. 그러나 노동을 기록할수록 답이 주어지는 것이 아니라, 오히려 물음에 대답을 해야 했다.

기록을 통해 사람을 만나며 인터뷰이들도 질문을 품고 산다는 것을 알게 됐다. 자신의 행보를 스스로에게 납득시키고 자신의 결정을 세상에 설명하기 위해 사람들은 생각하고 더듬고 소리치고 침묵했다. 그 과정들이 모여 자신의 가치관, 동력, 정체성이 됐다.

성소수자들은 자신을 두고 '정상'이 아니라는 세상에서 스스로를 지키기 위해 무엇이 '정상'인지 되물었다. 그 생각이 꼬리에 꼬리를 물고 이어져 정상과 비정상을 가르는 세상의 경계를 보는 시야를 갖추게 되었다. 이들과 마주 앉아 이야기를 나눴다. 이번 책 작업에서 만난 '열심히 일하지 않은 청년들'도 마찬가지였다. 세상이 옳다는 길로 가지 않기에 그들은 괴로웠다. 왜 나는 이 사회의 효율과 속도에 적응할 수 없는 걸까. 괴로웠기에 자신을 설명할 언어를 찾으려 했다. 답을 찾지 않으면 스스로를 받아들일 수 없을 것 같았다.

자신을 잃어버리고 살기에 인생은 너무 길었다. 이들은 세상의 옳고 그름에 대해 의문을 품었다. 무엇을 위해 그러한 기준이 존재하는가. 왜 삶은 분류당하고 신체는 규격당하며 능력은 평가받아야 하나. 시작은 변명이자 자기합리화였을 수도 있다. 시작이 무엇이건 진지한 충돌이 쌓이고 쌓여 조금씩 세상의 통념과는 결이 다른 목소리들이 만들어졌다.

언젠가부터 나에게 인터뷰란, '왜'라는 질문에 인생의 많은 것을 걸고 답해온 이들을 만나는 일이었다. 많은 이들이 자신의 삶에서 '왜?'라는 물음에 직면해왔다. 사건으로부터 생겨난 상처와 고통,

치부와 흠집을 감당하는 것은 쉬운 일이 아니다. 그럼에도 이들은 왜 자신에게 이런 일이 벌어졌는지를 스스로 묻고 답한다.

살아가는 일은 어쩌면 세상이 정해둔 답을 좇는 일이다. 그러나 '사건'을 겪은 사람들은 더 이상 세상의 정답으로는 살아갈 수 없게 된다. 이들은 '왜?'를 묻게 된다. 그 물음의 답이 무엇이건, 그것이 변명이건 성찰이건, 세상의 답으로 살 수 없는 사람들은 자신만의 답을 찾아야 한다.

'일하는 사람'에게도 세상이 정해둔 답이 있다. 나는 이 책에서 그 답을 할 수 없는 이들을 만났다. 열정적이고 자기관리에 능통한 청춘이 될 수 없는 사람들, 정숙한 현모가 될 수 없는 여성들, 건강한 몸과 건강한 정신을 갖출 수 없는 사람들, 더는 젊음을 흉내 낼 수 없는 이들. 이들은 이 사회가 권장하는 '노동자의 자질'을 갖추지 못했다고 생각되거나 치부된다.

노동자란 단어에는 꽤 많은 괄호가 숨겨져 있었다. (성실한) (효율적인) (민첩한) (건강한) (규율적인) (규범을 따르는) (젊은) 노동자. 이것을 우리는 흔히 자질이라 불렀다. 노동자가 될 자질. 그리고 이 '자질'은 능력이나 자격이라는 말과 혼용해서 쓰였다. 취업할 능력, 일할 자격.

'능력'과 혼용해 쓰여도 어색함이 없을 정도로, '노동자의 자질'(노동자 정체성)은 인위적으로 훈련·개발되는 것들이 대부분이었다. 노력을 멈출 경우(이때의 노력은 개인의 노력만을 의미하지 않는다.

적절한 노동자상을 만들겠다는 사회적 비용과 노력까지 포함한다) 언제든 탈각될 수 있는 성질이었다. '노동자의 자질을 갖춘' 인위적인 몸으로 존재하기 위해 얼마나 꾸준하고 성실한 노력을 하고 있는지. 그 노력에 숨이 가쁘다. 이 책에서는 그 노력을 힘겨워하거나 거부하거나 그로부터 나름의 도피처를 찾으려는 사람들을 만났다. 그렇게 '노동자이지만 좋은 노동자는 아닌 이들'의 이야기를 들었다. 이들로부터 노동이 무엇인지를 발견하고 싶었다.

- - - -

'무엇이 노동인지'는 도통 모를 일이고, 앞으로 우리에게 어떤 '일의 세계'가 와야 하는지 이야기하는 것은 더욱 어려운 문제이지만, 일하는 사람들에게서 답을 구하고 싶었다. 사람을 만나는 일이 쌓여가며 노동에 관한 나름의 정의를 내리기도 했다.

"내 경험상 노동자란, 지지고 볶을 수밖에 없는 일터에서 옆 동료에게 환멸을 느끼는 존재다. 동시에 구조는 뒷짐 진 채 방관하고 일하는 사람끼리 환멸을 느끼게 만드는 노동 조건을 없애기 위해 분투하는 존재이기도 하다. 그래서 노동은 노동으로만 머물지 않고 변화와 변동을 가져온다."[2]

노동을 노동으로만 머물지 않게 하는 것이 노동자다. 동시에 노동자도 언제나 노동자로만 머물 순 없다. 신체 기능의 쇠퇴와 숙련도의 변동, 동료 관계가 그를 '성실한' 노동자로만 고정된 채 살아가

일할 자격

게 두지 않았다. 게다가 나는 이 시대의 노동이 마음에 들지 않는 사람이었다. 그 노동은 너무나 임금(화폐)노동 중심이며, 취약과 의존 같은 것은 모르는 몸들만을 주인공으로 삼으며, 수많은 '진짜' 노동을 가리며, 과잉을 불러오는 욕망을 추동하는 방식으로 유지되기 때문이다. 그래서 자꾸 노동이 무엇인지 묻게 된다.

오드리 로드는 이렇게 말했다.

"나는 내가 누구인지 스스로 정의하지 않으면, 나에 대한 다른 사람들의 환상에 산 채로 잡아먹히게 될 거란 걸 알게 됐다."[3]

이 사회가 지닌 노동의 환상에 잡아먹히고 싶지 않았다. 내 안에 자리 잡은 환상을 거울삼아, 일하는 이들을 비춰 보았다. 건강과 성실, 의지와 통제라는 환상에 촉촉이 젖은 몸으로 그 환상을 직면한다. 내가 어떤 세상에서 누구로 노동을 하고 있는지를.

주

들어가며

1. 너새니얼 호손, 조승국 옮김, 『주홍글씨』, 문예출판사, 1997, 180쪽.
2. 2020년 취업 포털 사이트 사람인에서 369개 기업의 인사 담당자를 대상으로 조사한 결과, 평판 조회가 필요하다고 응답한 사람이 76퍼센트였다. 실제 경력직 채용 때 평판 조회를 한다고 응답한 이도 33.2퍼센트이다.
3. 어맨다 레덕, 김소정 옮김, 『휠체어 탄 소녀를 위한 동화는 없다: 이야기를 통해 보는 장애에 대한 편견들』, 을유문화사, 2021, 13쪽.
4. 김초엽, 『우리가 빛의 속도로 갈 수 없다면』, 허블, 2019, 49쪽.
5. 케이시 윅스, 제현주 옮김, 『우리는 왜 이렇게 오래, 열심히 일하는가?: 페미니즘, 마르크스주의, 반노동의 정치, 그리고 탈노동의 상상』, 동녘, 2016, 22쪽.

1. 생산적으로 살아라?

1. "우리 문명은 평온의 결핍으로 인해 새로운 야만 상태로 치닫고 있다. 활동하는 자, 그러니까 부산한 자가 이렇게 높이 평가받은 시대는 일찍이 없었다." 『피로사회』(한병철, 김태환 옮김, 문학과지성사, 2012, 35쪽)에서 언급된 니체의 말을 재인용하였다.
2. 사회학자 전주희는 「취준, 자발적 감금의 반反정치」(웹진 인-무브, 2018)에서 '취준'의 시대에 더욱 중요해지는 것은 과로기 아니라 과로의 '질'이라고 했다. "주야 맞교대의 12시간 육체노동은 부끄러운 것이지만, 의사의 심야 노동은 능력과 헌신의 다름이 아니다." 얼마만큼 열심히 했냐가 아니라 어떤 위치에서, 어떤 것을 목표로 삼아, 어떤 수행을 했는지가 중요했다. 어떤 과로는 과로의 '질'로 인해 진정한 과로로 인정받을 수 없었다.
3. 곽백수, 〈가우스전자〉, 네이버웹툰, 2011~2019 연재.
4. 정지우, 『인스타그램에는 절망이 없다: 밀레니얼 세대는 세상을 어떻게 이해

하는가』, 한겨레출판, 2020, 76쪽. 원문에는 '가장 노력하는 시대'라고 쓰여 있으나, 이를 '세대'로 변환하여 인용했다.

5. 이탈리아어 '불안정한(Precario)'과 무산계급을 뜻하는 '프롤레타리아트 (Proletariat)'를 합성한 용어이다.

6. 2022년 취업 포털 사이트 잡코리아가 1~2년 차 직장인 697명을 대상으로 한 조사에서, 신입사원들이 힘들어하는 것으로 '상사 눈치를 보느라 퇴근을 못 하는 것'이라는 응답이 가장 많았다. 취업 포털 사이트 커리어가 직장인 911 명을 대상으로 갓 입사한 신입사원이 가장 궁금해하는 것을 물어본 결과로 는, '기획서·보고서 작성법'에 이어 '적당한 퇴근 시간'(13.9퍼센트)이라는 응답이 두 번째로 많았다.

7. 2019년 잡코리아와 알바몬이 진행한 '정시 퇴근 현황' 설문조사에서 정시 퇴 근을 하지 못하는 이유로 상사(42.9퍼센트)나 동료·선배(23.3퍼센트)의 눈 치를 보기 때문이라는 응답이 업무 과다(63.8퍼센트) 때문이라는 응답 다음 으로 많았다.

8. "오늘날 게으르면 안 된다고 가르치는 사람들은 광고주입니다. … 매혹적인 상품을 파는 글로벌 기업들이 근면을 강조하고 강제합니다." 이옥순,『게으름 은 왜 죄가 되었나』, 서해문집, 2012, 198쪽.

9. 미라클 모닝은 새벽 시간에 일어나 운동, 명상, 공부 등 자기 계발을 하는 일 을 말한다. 2012년 할 엘로드가 쓴 동명의 자기계발서에서 처음 등장한 개념 이다. 갓생은 신을 의미하는 'God'과 인생을 뜻하는 '생'의 합성어로, 부지런 하고 타의 모범이 되는 삶을 의미하는 신조어다. 독기는 독기를 품은 듯 지독 하게 노력하고 생활을 관리한다는 다짐을 일컫는다.

10. 희정,『퀴어는 당신 옆에서 일하고 있다: 당신이 모르는, 그러나 이미 알고 있 는 사람들』, 오월의봄, 2019, 30쪽.

11. 케이시 윅스,『우리는 왜 이렇게 오래, 열심히 일하는가?』, 22쪽.

12. 프리랜서, 특수고용직을 의미한다. 2022년 10월 정의당 장혜영 의원실이 국 세청에서 받은 자료를 분석한 바에 따르면, 비임금노동자는 2016년 515만 2000명에서 2020년 704만 4000명으로 189만 2000명 증가했다. 5년 사이 200만 명 가까이 증가한 것이다.

13. 기업들이 정규직보다 계약직 혹은 임시직으로 사람을 고용하는 경향이 커지 는 경제 상황을 일컫는 말이다.

14. 『마이너리티 코뮌』(신지영, 갈무리, 2016, 262쪽)에서 참고한 내용이다. 저자 신지영은 그날의 시위에 관해 이렇게 말한다. "왜 노동을 하는가? 무엇이 노동인가? 노동은 어떻게 노동으로 인정되는가? 이날의 메이데이는 바로 이러한 근본적인 질문을 던지게 했다. 더 나아가 '노동'에 대한 이미지의 전환, 노동에 대한 상상력의 전환이 필요하다고 느꼈다."

15. 마쓰모토 하지메, 김경원 옮김, 『가난뱅이의 역습: 무일푼 하류인생의 통쾌한 반란!』, 이루, 2009.

16. "구빈원의 주요 기능 중 하나는 구빈원에 의지할 수밖에 없는 이들을 모욕하는 것이다. 나이 든 사람, 쇠약한 사람, 아픈 사람, 버려진 사람, 신체장애가 없는 사람 모두가 각자 다른 사정으로 구빈원에 들어왔을 텐데도 똑같이 멸시 당했다." 핼리 루벤홀드, 오윤성 옮김, 『더 파이브: 잭 더 리퍼에게 희생된 다섯 여자 이야기』, 북트리거, 2022, 67쪽.

17. 전주희, 「취준, 자발적 감금의 반反정치」.

18. 홍찬숙, 『한국 사회의 압축적 개인화와 문화변동: 세대 및 젠더 갈등의 사회적 맥락』, 세창출판사, 2022, 100~103쪽.

19. 리처드 세넷, 조용 옮김, 『신자유주의와 인간성의 파괴』, 문예출판사, 2002, 33쪽.

20. 현실에서 이러한 노동의 가치와 지향을 표현하는 사업 중 하나로는 '권리중심공공일자리'가 있겠다. 장애인들의 농성과 제안으로 2020년 권리 중심 중증장애인 맞춤형 공공 일자리가 서울시 시범사업으로 마련되었다. 생산성 중심의 일이 아닌 권익 옹호, 문화 예술, 인식 개선 활동 등에 노동이란 이름을 붙이고 권리를 보장하고 노동의 대가를 지급한다.

21. 2019년 취업 포털 사이트 사람인에서 직장인 679명을 대상으로 '직장 내 처세술'에 대해 조사한 결과, 직장인 94퍼센트가 직장생활에서 처세술이 필요하다고 응답했다.

22. 이주영 감독, 〈안나〉, 쿠팡플레이, 2022.

23. 데이비드 프레인, 장상미 옮김, 『일하지 않을 권리』, 동녘, 2017.

24. 위의 책, 165쪽.

25. 당시 집회에 참가한 프리터 노조의 야마구치의 말이다. 신지영, 『마이너리티 코뮌』, 259쪽.

26. 윤정인, "과학자의 설거지와 엄마의 설거지는 다르지 않다", 베이비뉴스,

2020.9.15.

27. 하은·태린, 「자리는 대체할 수 있지만 사람은 대체할 수 없잖아요」, 소란 프로젝트, 2020.9.12.

28. 김성훈, "'그냥 쉬었음, 구직 포기' 역대 최대… 지난해 고용", 시사뉴스, 2021.2.16.

29. 이민아, "5월까지 이어진 실업률 4%대 고공 행진 … '구직 단념자·쉬었음 인구' 더 늘어", 조선비즈, 2021.6.9.

30. 이영호, "청년 니트족 43만여 명 … 1년 새 24% 급증", 한국경제TV, 2021.3.21

31. 이부형·류승희, 「국내 니트족(NEET) 현황과 시사점: 니트의 장기화 예방이 시급하다!」, 《현대경제주평》, 905권, 현대경제연구원, 2021.3.

32. 박정규, "'은둔형 외톨이, 세상 밖으로' … 무역협회, 창업 지원", 뉴시스, 2022.12.18.

33. 김규철, "경기도 고립위기 은둔·니트 청년 사회진출 프로젝트", 내일신문, 2022.6.23.

34. 박철웅, "취업 포기 '니트', 히키코모리 된다… 불공정 거래 타파가 해법", 아시아경제, 2019.6.15.

35. 임수빈, "일할 의지 없는 청년 니트족 늘어나… 연간 경제 손실 61조원 넘어", 이코노미스트, 2021.10.10.

36. 구도 게이 외, 곽유나 외 옮김, 『무업 사회: 일할 수 없는 청년들의 미래』, 펜타그램, 2015, 17쪽.

37. 금전적 지원을 보자면, 2017년부터 프랑스는 그간 26세 이상의 청년 실업자에게 제공하던 능동적 연대 소득(RSA)을 확대, 18세부터 25세의 니트 상태의 청년들에게 청년 수당(알로카시옹)을 지급하고 있다. 세르쥬 코로이쉬빌리, "프랑스 미씨옹로칼의 35년과 그 변화 과정", 〈유럽의 청년보장, 서울과 지역을 잇다〉, 청년보장포럼, 2017.

38. 김용탁·전주용 「장애인 청년 니트(NEET)의 특성 및 결정 요인」, 한국장애인고용공단 고용개발실, 2020.11.

2. 덮어놓고 낳든, 낳지 않든

1. 염상섭, 「먼저 가정을 정리하고」, 《신여성》, 3권 3호, 1925.3.

2. 희정, 『퀴어는 당신 옆에서 일하고 있다』, 75쪽.

3. 여기서는 미혼모라는 용어 대신 '비혼모'를 사용했다. 다만 인용이거나 공식 명칭일 경우에는 미혼모라는 단어를 사용했다.

4. 2019년 7월, 한국도로공사가 자회사 고용을 거부하는 톨게이트 요금수납원 1500여 명을 해고하면서 시작된 싸움이다. 이들은 서울 톨게이트 캐노피 고공 농성, 청와대 앞 노숙 농성, 김천 한국도로공사 본사 점거 등 217일의 투쟁 끝에 한국도로공사에 직고용된다.

5. 희정, 『여기, 우리, 함께: 오래도록 싸우고 곁을 지키는 사람들, 그 투쟁과 연대의 기록』, 갈마바람, 2020, 209쪽.

6. 레프 톨스토이, 윤새라 옮김, 『안나 카레니나 1』, 펭귄클래식코리아, 2011, 35쪽.

7. 물경력의 대표로는 드라마 〈막돼먹은 영애씨〉(tvN)의 주인공 영애 씨가 있겠다. "광고 디자이너지만 경리 일도, 차 심부름도, 청소도 자연스레 여직원의 몫이 되어버리는 10인 이하 영세상업장"에서 직장생활을 한 "경력 12년 차 디자이너인 영애의 월급은 203만 원에 불과했다." 최지은, "막돼먹은 영애 씨, 살아남은 영애를 위하여!", 아이즈, 2015.8.19. 『을들의 당나귀 귀: 페미니스트를 위한 대중문화 실전 가이드』(한국여성노동자회·손희정 기획, 손희정 외 지음, 후마니타스, 2019)에서 참조한 내용이다.

8. 정지우, 『인스타그램에는 절망이 없다』, 48~49쪽.

9. 「전국 출산력 및 가족보건·복지 실태조사」(이소영 외, 한국보건사회연구원, 2018) 에 따르면 2018년 결혼을 '반드시 해야 한다'라고 응답한 여성은 6.0퍼센트, '하는 편이 좋다'라고 응답한 여성은 22.8퍼센트이다.

10. "그들에게 이혼은 막연한 두려움이기보다는 실제적인 경험이었으므로, 재혼 후 갈등 상황에서 그들은 현재의 삶과 이혼 후의 삶을 구체적으로 비교하는 가운데 재혼 관계의 지속 또는 단절을 고려하고 있었다." 장현정, 「여성의 경험을 통해 본 재혼 관계의 구성 과정」, 《가족과문화》 제22집 2호, 한국가족학회, 2010.

11. 시몬 드 보부아르, 이희영 옮김, 『제2의성』, 동서문화사, 1992, 342쪽.

12. 한국에 2019년 번역되어 출간된 그래픽 노블 『당신 엄마 맞아?』(앨리슨 벡

델, 송섬별 옮김, 움직씨)의 제목에서 따왔다.

13. 양진희, 「유아기 자녀를 둔 재혼가정 어머니의 재혼 가족 생활 경험에 대한 연구」, 《유아교육연구》, 제32권 4호, 한국유아교육학회, 2012.

14. 수전 브라운밀러, 박소영 옮김, 『우리의 의지에 반하여: 남성, 여성 그리고 강간의 역사』, 오월의봄, 2018, 38쪽.

15. 이두리, "돌봄 돌려막기: 어머니도, 아내도 아닌 '난, 이주여성'", 경향신문, 2022.4.6.

16. 이선형, 「한국 결혼이주여성의 모성과 정체성」, 서울대학교 대학원 협동과정 여성학전공 박사학위논문, 2013.

17. 이언희 감독, 〈미씽: 사라진 여자〉, 2016.

18. 염상섭, 「내가 여학교를 졸업한다면」.

19. 박차민정, 『조선의 퀴어: 근대의 틈새에 숨은 변태들의 초상』, 현실문화, 2018, 98쪽.

20. 실비아 페데리치, 황성원·김민철 옮김, 『캘리번과 마녀: 여성, 신체 그리고 시초축적』, 갈무리, 2011, 199쪽.

21. 박차민정, 『조선의 퀴어』, 108쪽.

22. 박서련, 『당신 엄마가 당신보다 잘하는 게임』, 민음사, 2022, 16쪽.

23. 위의 책, 22쪽.

24. 박지영, 「'억척모성'의 21세기적 변주 양상」, 《한국문학이론과 비평》, 제93집, 25권 4호, 2021.

25. 장성규, 「노동을 쓰다」, 《에픽 #07》, 2022.4.

26. 이선형, 「한국 결혼이주여성의 모성과 정체성」.

27. 권희정, 『미혼모의 탄생: 추방된 어머니들의 역사』, 안토니아스, 2019, 51쪽.

28. 사라 아메드, 성정혜·이경란 옮김, 『행복의 약속: 불행한 자들을 위한 문화비평』, 후마니타스, 2021.

29. 위의 책, 48쪽.

30. 1931년 일제의 임금 삭감에 반대해 을밀대 지붕에 올라 여성 해방과 노동 해방을 외쳤던 평양 평원고무공장 여성 노동자.

31. 박준성, "을밀대에서 고공농성을 벌인 '체공녀' 강주룡", 노동과세계, 2022. 7.22.

32. 한인정, 『어딘가에는 싸우는 이주여성이 있다』, 포도밭출판사, 2022.

33. 2021년 9월 이낙연 의원실 발표.

34. 유엔을 비롯해 국제사회는 재생산권을 "생식기나 재생산의 기능과 발달 과정에서 단지 질병에 걸리거나 병약해지는 것으로부터의 자유로운 상태뿐만 아니라 신체적 · 정신적 · 사회적으로 완전히 안녕한 상태를 의미한다"라고 정의한다.

35. 정희진,『아주 친밀한 폭력: 여성주의와 가정 폭력』, 교양인, 2016, 249쪽.

36. 사라 아메드,『행복의 약속』, 354쪽.

37. 위의 책, 55쪽.

38. 위의 책, 392쪽.

39. 서동희 · 전복선,「한국미혼모에 대한 관점 변화와 정부 정책의 방향」,《한국 융합학회논문지》, 12권 12호, 2021.

40. 이미정,「임신기 및 출산 후 미혼모 지원 방안」, 한국여성정책연구원, 2018.

41. 허민숙,〈미혼모 · 부 지원 제도의 문제점 및 개선 과제〉, 보건복지여성팀 입법 조사처, 2019.

42. 김혜영 외,「미혼 부모의 사회 통합 방안 연구」, 한국여성정책연구원, 2009.

43. 김혜영,「미혼모에 대한 사회적 차별과 배제: 차별의 기제와 특징을 중심으로」,《젠더와 문화》, 6권 1호, 2013.6.

44. 장혜경 외,「주요 선진국의 가족 정책 비교 연구」, 한국청소년개발원 · 한국여성개발원, 2006.

45.「가족 다양성에 대한 국민 인식 조사 결과 보고서」, 여성가족부, 2021

3. 약봉지를 흔들며 걸어간 곳, 직장

1. 에리히 마리아 레마르크, 송영택 옮김,『개선문』, 문예출판사, 2014, 134쪽.

2. 2021년 8월 여성가족부가 공개한 '2021년 여성 폭력 실태조사' 결과 중. 젠더 폭력 경험자 중 배우자 또는 연인 등 친밀한 관계에서 폭력을 당했다는 여성은 46퍼센트였다. 이는 친밀한 관계에서의 폭력에 대한 정부 주관의 첫 실태조사이다.

3. 구미영 외,「직장 내 성차별적 괴롭힘 실태와 제도 개선 방안 연구」, 한국여성정책연구원, 2020.

4. '2019 경력 단절 여성들의 경제활동 실태조사', 여성가족부. 전국 만 25~54

세 기혼·미혼 여성 8000가구 표본 중 6020명을 대상으로 조사한 결과이다.

5. 불화수소를 물에 녹인 휘발성 액체로 독성이 강한 자극성 물질이다. 고농도 기체 흡입 시 폐 손상을 입기도 한다.

6. 건강보험심사평가원에 따르면, 2020년 불안장애 진단을 받은 사람은 74만 7373명이고, 2021년에는 86만 5108명이다.

7. 건강보험심사평가원에서 발표한 2017~2021년 우울증·불안장애 진료 통계 분석 결과이다. 2021년 기준으로 보자면, 20대 질환자가 전체 연령의 19.0퍼센트(17만 7166명)로 가장 많았다.

8. 연옥, 『지워지는 나를 지키는 일』, 제로페이퍼, 2022, 34쪽.

9. 근로복지공단에 따르면, 2020년 정신질환을 산재로 신청한 이는 581명이다. 이 중 396명이 산재로 승인됐다.

10. 요아힘 바우어, 전진만 옮김, 『왜 우리는 행복을 일에서 찾고, 일을 하며 병들어갈까: 번아웃 시대의 행복한 삶을 위하여』, 책세상, 2015, 147쪽.

11. 서연주, 「신소설에 나타난 여성 인물의 광기」, 《여성문학연구》, 34권 34호, 2015, 40쪽.

12. 박성호, 「신소설 속 여성 인물의 정신질환 연구」, 175쪽, 《한국문화저널》, 49호, 2020.5.

13. "유교적 이데올로기 범주 안에 갇혀 집을 떠나지 못한 채 자학적인 광기로 한의 세월을 녹이는 「혈의 누」의 옥련 모나 「은세계」의 옥순 모에서 한층 주도적이고 자기 인정 욕구에 충실하게 길을 떠나는 교육받은 여성인 박정애나 홍도영의 히스테리는 여성 인물의 광기의 다른 면모를 보여준다." 서연주, 「신소설에 나타난 여성 인물의 광기」, 55쪽.

14. 노희경 극본, 홍종찬 연출, 〈디어 마이 프렌즈〉, tvN, 2016.

15. 한병철, 김태환 옮김, 『피로사회』, 25쪽, 문학과지성사, 2012.

16. 위의 책, 28쪽

17. 심순경, '여성 청년 노동자의 노동 경험과 불안에 대한 정치적 사유', 〈90년대생 여성 노동자의 우울〉, 한국여성노동자회, 2022.10.13.

18. 박선영, '90년대생 여성 노동자의 노동실태가 우울에 미치는 영향', 〈90년대생 여성 노동자의 우울〉, 한국여성노동자회, 2022.10.13.

19. 『회사가 괜찮으면 누가 퇴사해: 청년들의 불안하고 불행한 일터에 관한 보고서』(천주희, 바틀비, 2019) 책 제목에서 따온 말이다.

20. 이병헌 감독, 〈극한직업〉, 2019.

21. 하미나, 『미쳐있고 괴상하며 오만하고 똑똑한 여성들: 이해받지 못하는 고통, 여성 우울증』, 동아시아, 2021.

22. 〈'20대 여성, 우울 너머로 가보자고' 토크 콘서트〉, 정의당 주관, 2021.11.18.

23. 하미나 "엄마를 실망시키는 게 죽을 만큼 무서웠어", 《한겨레21》, 1342호. 2020.12.21.

24. 신경다양성이란, 신경전형·정상성에 맞선 개념으로, '전형적'인 형태를 벗어난 신경 발달의 형태를 뜻한다. 그간 신경다양성은 뇌 발달 장애로 일컬어져 왔다. 신경다양성의 대표적인 예로 자폐와 읽기장애, ADHD가 있다. 신경전형성이 지배한 정상성 개념에 맞선 '신경다양성' 그룹의 주장은 아래 글을 통해 살펴보겠다.
"신경다양성 활동가들은 신경다양성이 약점만 있는 게 아니라 저마다의 장점이 있으며, 치료가 필요하지 않은 다양성이라고 말한다. 따라서 자신의 특성에 대해 긍지와 자부심(pride)을 가질 수 있는 적합한 환경을 구축하면, 행복한 삶을 살 수 있다고 주장한다. 가령 우울장애는 상황을 객관적으로 볼 수 있게 도와주는 면이 있고, 양극성 장애는 생산성이 좋으며, 조현병은 창의력을 상승시켜주는 장점도 있다. 정신장애의 프라이드(pride) 운동은 '매드 프라이드'(Mad Pride)라는 이름으로 세계 곳곳에서 싹트고 있었다." 리얼리즘, "정신장애인, '신경다양성'을 정체성으로 삼다", 일다, 2022.9.6.

25. 어맨다 레덕, 『휠체어 탄 소녀를 위한 동화는 없다』, 40쪽.

26. MTF는 Male-To-Female의 약어로 지정 성별 남성에서 여성으로 젠더 트랜지션한 트랜스젠더 여성을 일컬으며, FTM은 Female-To-Male로 지정 성별 여성에서 남성으로 트랜지션한 트랜스젠더 남성을 일컫는 단어다.

27. 신지수, 『나는 오늘 나에게 ADHD라는 이름을 주었다: 서른에야 진단받은 임상심리학자의 여성 ADHD 탐구기』, 휴머니스트, 2021.

28. 정지음, 『젊은 ADHD의 슬픔』, 민음사, 2021.

29 신지수, 『나는 오늘 나에게 ADHD라는 이름을 주었다』, 71쪽.

30. 위의 책, 26쪽.

31. 서유미, 「저건 사람도 아니다」, 《창작과 비평》, 143호(2009년 봄호), 창비, 2009.

32. 요아힘 바우어, 『왜 우리는 행복을 일에서 찾고 일을 하며 병들어갈까』, 145

쪽.

33. 요아힘 바우어, 『왜 우리는 행복을 일에서 찾고 일을 하며 병들어갈까』.

34. 김규항, 변정수 엮음, 『우리는 고독할 기회가 적기 때문에 외롭다: 김규항 아포리즘』, 알마, 2017.

35. 요아힘 바우어, 『왜 우리는 행복을 일에서 찾고 일을 하며 병들어갈까』, 111쪽.

36. 인지 기능은 우수하지만 주의력 결핍 증상 등으로 일상생활에서 사회적·정서적으로 어려움을 겪는 증상자를 지칭한다.

37. 정유진 외, 「한국 청년의 우울 증상과 관련된 생활환경, 건강상태 및 사회경제학적 요인들: 국민건강영양조사 제7기 2017년도 분석결과」, 대한가정의학, 《Korean Journal of Family Practice》, Vol. 11 No. 2, 대한가정의학회, 2021.

38. 정신질환, 정신장애, 신경다양성, 증상자 등 다양한 명칭이 있으나 여기서는 인용한 연구 보고서나 자료에서 명시하고 있는 명칭을 따랐다.

39. 전국 만 18세 이상 만 79세 이하 성인 5511명(가구당 1인)을 대상으로, 국립정신건강센터 주관하에 서울대학교와 한국갤럽조사연구소가 약 3개월간 실시한 결과이다.

40. 평생 동안 특정한 장애나 질환을 한 번이라도 경험할 비율을 말한다.

41. 2022년 건강보험심사평가원이 발표한 진료 통계에 따른다.

42. 「정신장애인 인권보고서」, 국가인권위원회, 2021.

43. 안상현, "우울증에 매년 1400조원 사라져… '제2의 팬데믹' 정신질환", 《조선일보》, 2022.10.13.

44. 애나 렘키, 김두완 옮김, 『도파민네이션: 쾌락 과잉 시대에서 균형 찾기』, 흐름출판, 2022, 81쪽.

45. 손정연 외, 「2021년 서울시 성인지 통계: 통계로 보는 서울 여성」, 서울특별시, 2022.

46. 장숙랑·백경흔, 「청년여성의 자살 문제」, 사회건강연구소, 2019.

47. 위의 글.

4. 늙은 사람을 돌보는 늙은 사람의 노동

1. 데이빗 핀처 감독, 〈벤자민 버튼의 시간은 거꾸로 간다〉, 2009.

2. 요양보호사들은 자신이 요양서비스를 제공하는 노인장기요양보험 급여 대상자를 흔히 '어르신'이라 부른다. 65세 이상 노인과 65세 미만 노인성 질환자로서 장기요양등급 판정위원회(국민건강보험공단)에서 1~5등급 및 인지지원 등급을 판정받은 이가 장기요양보험 급여 대상자에 속한다.

3. "재가 요양보호사의 경우 40대가 13.5퍼센트, 50대가 43퍼센트, 60대가 35퍼센트, 70대가 6.2퍼센트의 구성을 보인다." 최다솜, 「요양보호사의 산업재해에 대한 소고」, 《공익과인권》, 19권, 서울대학교 공익인권법센터, 2019.

4. 전경련중장년일자리희망센터가 2022년 9월, 40세 이상 중장년 구직자 1020명을 대상으로 한 '2022년 중장년 구직활동 실태조사'에 따르면, 중장년 실제 은퇴 희망연령은 69.4세였다. 중장년 구직자 10명 중 7명은 권고사직, 계약해지 등으로 비자발적으로 퇴직을 하였다고 응답했다.

5. 현재 요양보호사가 방문하는 재가 서비스 시간은 장기요양등급 3~4등급인 경우, 최대 3시간이다. 이에 따라 재가요양보호사의 33퍼센트도 하루 3시간 일하는 단시간 근로자가 된다. 단시간 근로자 지위로 인해 보호받을 수 없는 권리는 물론이고, 재가 서비스 시간의 비현실성으로 인해 요양보호사들의 무급노동시간은 더 길어진다.

6. "이러한 활동에 여성들은 스스로 주체적인 결정으로 참여한다고 생각하며 사회 구조적으로 여성에게 요구되어진 활동이라 인식하지 않는다." 허선미, 「돌봄노동의 관점에서 본 고학력 주부 자원봉사활동의 특성과 의미」, 상지대학교, 대학원 학과간협동과정 여성학과 석사학위논문, 2010.

7. 프랜시스 스콧 피츠제럴드의 소설 『벤저민 버튼의 기이한 사건(The Curious Case of Benjamin Button)』을 영화화한 작품.

8. 내 어머니보다 몇 해 앞서 노동시장의 차가움을 느낀 이가 있었다. 「실버 취준생 분투기」(이순자, 2021 매일신문 시니어문학상 논픽션 수상작)의 일부를 가져온다. "사실은 아이들 가르치는 일을 하고 싶어요. 전공이 문창과라 도서관에서 독서 지도나 글쓰기 수업도 가능하고요. 옛날에 어린이집을 몇 년 해서 아이 돌봄이나 방과 후 도우미도 할 수 있습니다. 호스피스 봉사활동을 이십 년 이상 해서 환자 돌보는 것도 가능하고 미술, 문학, 음악, 상담 치료 쪽으로 1급 자격증 다 있어서 상담 치료도 가능합니다." 하지만 그에게 주어진 일

은 세탁 공장 수건 접기, 청소, 어린이집 주방 담당, 요양보호사 등이었다.

9. 전혼잎, "노인 돌보는 요양보호사 어깨·허리 골병… 산재 신청하자 '아플 나이잖냐'",《한국일보》, 2022.7.1.

10. 2021년 요양보호 돌봄 종사자 산재 신청률은 공공 영역 6.7퍼센트, 민간 영역 9.1퍼센트다.

11. 최다솜, 「요양보호사의 산업재해에 대한 소고」.

12. 정희진, 『페미니즘의 도전: 한국 사회 일상의 성정치학』, 교양인, 2020, 216쪽.

13. 위의 책, 205쪽.

14. 류영상, "'꼬박꼬박 국민연금 낸 우린 뭔가'…기초연금 40만 원 추진에 뿔난 서민들 왜?",《매일경제》, 2022.10.9.

15. "전두환 정권(1980~1988)이 집권한 1980년대 초반은 소위 '노인 문제'에 대한 국가 차원의 대책이 집중되었던 시기인데, 1982년 유엔이 정한 '세계 노인의 해'를 즈음하여 당시 보건사회부가 추진한 정책들은 '미풍양속'으로서의 경로효친 사상을 고취시키기 위한 전 국민적 계몽과 각종 사업을 시행하는 것이었다." 전희경, 「1960~80년대 젠더-나이체제와 '여성' 범주의 생산」,《한국여성학》, 제29권 3호, 한국여성학회, 2013, 57쪽.

16. 이윤경 외, '2020년도 노인 실태조사 결과 보고서', 보건복지부. 2021.7.

17. 최재천, 「사회 고령화와 노인 인권」,《노인 인권 논문집》, 국가인권위원회, 2010.

18. 전희경, 「1960~80년대 젠더-나이체제와 '여성' 범주의 생산」, 57쪽.

19. 2021년 잡코리아와 알바몬이 직장인 534명을 대상으로 진행한 '직장인이 체감하는 정년퇴직' 시기에 대한 설문조사 결과이다.

20. 송제숙, 추선영 옮김, 『복지의 배신』, 이후, 2016.

21. 2022년 8월에 국가지표체계에서 확인한 '비정규직 근로자 비율'에 따르면, 지난 2010년부터 2021년까지 약 10년간 전체 비정규직 노동자 가운데 여성 비정규직 노동자의 비율은 평균 46.12퍼센트를 차지했다. 같은 기간 동안 남성 비정규직 노동자의 비율은 약 30퍼센트이다.

22. 2002년 방영 당시 화제가 되었던 BC카드 광고 카피이다.

23. '서울시 어르신돌봄종사자 종합지원센터'에서 2022년에 실시한 프로그램들이다.

24. 최현숙, "가족 바깥에서 추석 놀기", 《경향신문》, 2021.9.25.

25. 박서영, 『이상하고 자유로운 할머니가 되고 싶어: 무루의 어른을 위한 그림책 읽기』, 어크로스, 2020.

26. 「무사히 할머니가 될 수 있을까」, 장혜영 노래·작곡·작사.

27. 영화 〈찬실이는 복도 많지〉(김초희 감독, 2020)에 나온 말이다.

28. 「5개년(2013~2017) 전국 자살사망 분석 결과보고서」, 보건복지부·한국생명존중희망재단, 2021.

29. 이주미 외, 「우리나라 노인가구의 소득 및 자산빈곤 실태와 정책방안」, 보건복지포럼, 제212호, 한국보건사회연구원, 2014.6.

30. 「2020 5월 경제활동인구조사 고령층 부가조사 결과」, 통계청, 2020.

31. '2022 고령자 통계', 통계청, 2022.

32. 국민노후보장 패널조사, 국민연금연구원, 2021.

33. 「고령자 노후실태 및 취업현황 분석」, 전국경제인연합회, 2022.

34. 홍석우, "'정년연장해 연금 고갈 막자'… 프랑스 국민 70%가 반대 '총파업'", KBS, 2023.1.16.

35. "'사회'와 '연대'라는 가치에 기반한 '유럽식 모델'의 지속성에 대한 문제이기 때문이다. 다수의 유럽 국가는 프랑스처럼 세대 간 연대에 기반한 공적 연금 제도를 운영해왔다. 그리고 그 바탕에는 시장보다는 국가의 역할, 개인보다는 사회적 연대를 중시하는 유럽식 모델에 대한 신뢰가 깔려 있었다." 윤석준, "노학(老學) 연대의 이름으로!", 《한겨레21》, 2010.11.15.

36. 류호, "프랑스의 연금 시위가 부럽다", 《한국일보》, 2023.2.21.

5. 뚱뚱해서 게으르다고 여길까 봐

1. 박선영·유지영, 『말하는 몸 1: 몸의 기억과 마주하는 여성들』, 문학동네, 2021, 4쪽.

2. 록산 게이, 노지양 옮김, 『헝거: 몸과 허기에 관한 고백』, 사이행성, 2018, 179쪽.

3. "비만 단계를 보면, 미국 전체 인구에서 남성 34퍼센트, 여성 38퍼센트가 비만 인구였지만 상원 후보 중에는 남성(비만)은 1퍼센트였고, 여성은 전혀 없었습니다." 신현호, "정치인의 외모는 선거에 얼마나 영향을 줄까", 《한겨레》,

2017.12.24.

4. 2021년에 발표된 '정당 문화와 여성 정치 참여' 연구에 따른 결과이다. 채혜원, 「독일 여성 정치인과 정당 문화 현황」, 한국여성정책연구원 국제동향, 2021.11.30.

5. 바버라 에런라이크, 조영 옮김, 『건강의 배신: 무병장수의 꿈은 어떻게 우리의 발등을 찍는가』, 부키, 2019, 89쪽.

6. "내 의지로 바꿀 수 있는 게 딱 하나 있습니다. 바로 몸이에요." 모델 한혜진이 한 말이다. '한혜진 어록'이라고 하여 인터넷에서 회자되었다.

7. 박선영·유지영, 『말하는 몸 1』, 300쪽.

8. 김효진, "IQ와 체중은 반비례? '비만 혐오'를 멈춰라", 《한겨레》, 2017.12.18.

9. 문화체육관광부와 대한장애인체육회가 전국의 등록 장애인 1만 명을 대상으로 한 '2022년 장애인 생활체육조사' 결과, 장애인의 체육 시설 이용률은 16.7퍼센트로 나타났다. 조사 참여자들은 체육 시설을 이용하지 않는 이유를 '혼자 운동하기 어려워서' 28.6퍼센트, '시간이 부족해서' 14.2퍼센트, '체육 시설과 거리가 멀어서' 12.9퍼센트로 답했다.

10. 박선영·유지영, 『말하는 몸 1』, 4쪽

11. 이성엽, 「대형회계법인의 젠더화된 조직 구조와 여성공인회계사의 노동경험」, 한국여성학회 여름 캠프 '차이와 사이의 페미니스트 정치', 2018.8.

12. 바버라 에런라이크, 김희정 옮김, 『지지 않기 위해 쓴다: 분노는 유쾌하게 글은 치밀하게』, 부키, 2021, 353쪽.

13. 류형림, 「20~30대 여성 20명의 일 경험을 통해 본 청년 노동의 현실과 대안」, '정책 토론회: 청년 노동, 말하는 대로', 한국여성민우회, 2015.

14. 수전 웬델, 강진영 외 옮김, 『거부당한 몸: 장애와 질병에 대한 여성주의 철학』, 그린비, 2013, 160쪽.

15. 마이클 마멋, 김승진 옮김, 『건강 격차: 평등한 사회에서는 가난해도 병들지 않는다』, 동녘, 2017.

16. 2010~2015년 건강보험공단 자료와 2008~2014년 지역사회건강조사 자료 등을 분석한 결과이다. 김명희, 「포용복지와 건강 정책의 방향」, 보건복지포럼, 한국보건사회연구원, 2019.12.

17. 위의 글.

18. 마이클 마멋, 『건강 격차』, 79쪽

19. 김동진, 「우리나라 주관적 객관적 건강불평등 현황과 과제」, 한국보건사회연구원, 2017.

20. 임인숙 외, 「신자유주의적 외모 통념과 한국 여성의 외모 감시」, 《한국사회학》, 56집 1호, 한국사회학회, 2022.2.

21. 캐롤린 스틸, 홍선영 옮김, 『어떻게 먹을 것인가: 우리가 잃어버린 음식과 삶, 시간에 관하여』, 메디치미디어, 2022, 103쪽.

22. 이승엽, "이주노동자 없으면 한국 사람은 '김 없는 김밥' 먹어야 할 판", 《한국일보》, 2021.2.3.

23. 매리언 네슬·케리 트루먼, 솝희 옮김, 『우리가 음식을 먹을 때 말하지 않는 것들』, 현암사, 2022, 59쪽.

24. 「최저보다 낮은: 2018 이주노동자의 노동조건과 주거환경 실태조사」, 이주와 인권연구소, 2018.

6. 군대보다 편하니까

1. 미셸 푸코, 오생근 옮김, 『감시와 처벌: 감옥의 탄생』, 나남출판, 1994, 215쪽.

2. 양심적 병역 거부 운동에 함께하는 여성활동가들이 있다. "이 사회가 아직도 '여자는 군대도 안 가면서 왜 병역 거부 운동을 해?' 이런 이야기를 하는데 그때 저도 스스로 그런 질문을 했던 거예요. 그동안 한 번도 생각하지 않았던 군대 혹은 군사주의와 나의 연관성을 찾아봐야겠다고. 그렇게 시작을 했어요. 나름 그때는 되게 치열했어요. 그 답은 지금도 계속 찾으면서 확장해나가는 과정이라고 생각을 해요. 평생 그럴 것 같아요." 최정민 외, 「2022 병역거부운동 여성활동가 인터뷰집」, 전쟁없는세상, 2022.

3. 김은숙 극본, 이응복 연출, 〈태양의 후예〉, KBS2, 2016.

4. 조서연, 「군인, 사나이, 그리고 여자들」, 연세대학교 젠더연구소 엮음, 손희정 외, 『그런 남자는 없다: 혐오사회에서 한국 남성성 질문하기』, 오월의봄, 2018, 153쪽.

5. 키가 159센티미터 이하이거나 비만도 지수(BMI 측정값)가 17 미만 또는 33 이상이어야 한다. 키 180센티미터의 20대 초반 남성을 기준으로 보자면, 체중이 50킬로그램 미만이거나 110킬로그램 이상이어야 받을 수 있는 기준이다. 현역 병역 인력이 부족한 까닭에 BMI 지수를 통한 현역 면제 기준은 해가

갈수록 강화되고 있다.

6. '성전환'은 병무청 표현을 그대로 따른 것이나, 성전환 수술이라는 용어가 성별 정체성에 부합하는 몸을 되찾는 과정임을 드러내는 데 적합하지 않다는 의견이 있다. 그에 따르면, '성(별) 확정 · 성별 적합 · 성 재지정' 수술이라 부르는 것을 권장한다.

7. 함철민, "'뇌종양' 환자인데 병무청 신체검사서 4급 받아 '공익'으로 복무합니다", 인사이트, 2022.12.30.

8. 김동규, "사회복무요원, 지하철에 몸 끼이는 사고 당하고도…", 오마이뉴스, 2022.6.8.

9. 최재성, "'우울증 · 업무압박에 극단선택' 공익… 法 '주민센터 책임없어'", 파이낸셜뉴스, 2020.8.26.

10. 2022년 사회복무요원노동조합이 사회복무요원 복무자 119명을 대상으로 설문조사를 진행한 결과이다.

11. 장희준, "'어린 아이 달래는 것도 아니고'… 일선 경찰서 사회복무요원 관리 '골치'", 《경기일보》, 2020.6.27.

12. 전순표 사회복무요원노동조합 위원장을 제외하고, 이 글에 등장하는 사회복무요원들은 이름과 복무지, 복무 사유 등이 드러나지 않도록 재구성하였다.

13. 업무 지시의 불명확함과 더불어 문제가 되는 것은 사회복무요원들에게 보조적 업무가 아닌 개인 정보를 다루거나 회계 처리 등 공적인 책임을 요하는 업무를 지시하는 경우이다. 'N번방' 공범으로 알려진 사회복무요원 강 모 씨가 개인 정보를 유출한 일이 밝혀지자, 병무청은 '사회복무요원의 개인 정보 취급 업무 부여를 금지하는 등의 복무 관리 지침'을 전 복무 기관에서 시행한다.

14. 김현영, 「병역의무와 근대적 국민정체성의 성별정치학」, 이화여자대학교 대학원 여성학과 석사학위 논문, 2002.

15. 미셸 푸코, 『감시와 처벌』, 260쪽.

16. "'정형화'된 직장 대부분은 노동자의 생애주기를 고려해 임금과 복지를 설계했다. 대표적으로 호봉제(연공서열제)가 있다. 한국 사회에서 완전 고용에 대한 환상은 한 남성이 평생직장을 다니며, 아내와 자식으로 구성된 소규모 가정을 꾸려나가는 '가장'의 역할을 할 수 있도록 지원한다는 계획에 바탕을 두고 있다. 이때 가장이 아닌 여성의 생애주기는 계획을 세우는 데 고려 대상이 아니었다. 여성이 결혼과 임신을 하면 직장을 떠나야 하는 이유이다." 희정,

『문제를 문제로 만드는 사람들: 우리 아이는 왜 아프게 태어났을까, 그 물음의 답을 찾다』, 오월의봄, 2022.

17. 도우리, 『우리는 중독을 사랑해: 환상적 욕망과 가난한 현실 사이 달콤한 선택지』, 한겨레출판, 2022, 27쪽.

18. 조윤호, "목숨 내걸고 일하는 이들에게 최저임금도 못 주는 국가라면…", 프레시안, 2011.10.4.

19. 이정수, "'10억' 판교 오피스텔 침수 대민지원에… '군인이 왜' vs '같은 재난'", 《서울컬처》, 2022.8.22.

20. 수전 웬델, 『거부당한 몸』, 87쪽.

21. 김미영 · 김향수, 『골골한 청년들: '건강한 몸'의 세계를 살아내는 다양한 몸들의 이야기』, 오월의봄, 2022, 118쪽.

22. 위의 책, 114쪽.

23. 일반 고용이 어려운 중증장애인에게 보호 고용의 기회를 비롯해 직업 적응 훈련, 직업 상담, 직업 평가 등의 서비스를 제공하는 취지로 만들어진 직업 재활 시설의 하나이다.

24. 우정화, "'매일 20시간 일하고 60만 원 받아요…' 다시 불거진 이주 선원 실태", KBS, 2020.6.9.

25. 「현대적 노예제의 전 지구적 추정치: 강제노동과 강제결혼」(2022 ILO 보고서 "Forced Labour and Forced Marriage") 군인권센터의 번역본을 참조하였다.

26. 강제노동이라 함은 처벌의 위협 아래 강요받는 노동 또는 서비스, 임의로 제공하는 것이 아닌 모든 노무를 가리킨다. 그러나 다음의 다섯 개 항목은 포함하지 않는다. 의무군복무, 공민으로서의 특정 의무, 교도소 내의 강제근로, 비상시의 강제근로, 소규모 공동체 노무.

27. 병역과 국방의 의무에 관해 덧붙이자면, 평화학을 연구하는 정희진은 『더 나은 논쟁을 할 권리』(김은실 엮음, 휴머니스트, 2018, 60쪽)에서 이렇게 밝히고 있다. "여성은 이미 '병역을 이행'해왔다. … 병역은 곧 국방 의무의 한 부분이고, 병역에 직접 참여하지 '못하는' 국민도 국방의 의무를 다른 방식으로 수행하고 있다." 그는 이를 명확히 하기 위해 시민사회가 헌법 제39조 1항에 명시된 '모든 국민은 법률이 정하는 바에 의하여 국방의 의무를 진다'라는 조항을 '모든 국민은 법률이 정하는 바에 의하여 다양한 방식으로 국방의 의무

를 진다'로 수정하여 명시하자고 제안한 바 있다고 덧붙였다.

28. 전순표, 「노동 밖의 노동, 사회복무요원」,《질라라비》, 229호, 2022.2.9.

29. ILO는 강제노동과 강제결혼을 모두 현대판 노예제로 보고 있다. '강제결혼'으로 본인의 의사와 무관하게 한 가정과 마을에 편입된 여성들이 그 공동체의 이익을 위해 가사·임금노동·재생산 노동을 수행하고 있다.

30. 이때의 강제노동이란 아래와 같은 형태를 포함한다. 정치적 강압이나 교육의 수단, 정치적 견해를 가지거나 표현하는 것에 대한 제재, 경제 발전을 위하여 노동력을 동원하고 이용하는 수단, 노동 규율의 수단, 파업 참가에 대한 제재, 인종·사회·민족·종교적 차별 대우의 수단.

31. '2022 국제노동 정책토론회 Ⅱ : 2022년 발효한 ILO 기본협약의 이행을 위한 조치와 강제노동협약(제105호), 농업에 대한 노동감독협약(제 129호) 등 추가 비준하여야 할 협약의 검토', 한국ILO협회 등 주최, 2022.10.28.

32. 윤효원, 「ILO 협약 비준, 끝이 아니라 이제 '시작'이다」, 위의 토론회.

33. 「평등정책보고서 노동/일의 세계」, 차별금지법제정연대 평등정책TF, 2020, 12쪽.

34. 위의 글, 12쪽.

35. 김현영, 「병역의무와 근대적 국민정체성의 성별정치학」, 94쪽.

36. "여성들은 초남성 공간에서 남성들과는 다른 이질적인 존재이므로 군인으로 인정받기 위한 여성들의 전략은 복잡하고 다양하다. … 특히 남성성 수행은 군생활 초기 때 누구나 하는 전략이다." 김엘리, 「카키, 카무플라주, 하이브리드 남성성」, 『그런 남자는 없다』, 176쪽.

37. "실바(Silva, 2003)는 … 여군들이 군인의 경력을 인정받는 데 여성성을 부정적으로 인식하며, 자신의 여성성을 억압하거나 여성성을 확대하여 가족과 같은 군대를 돌보는 여성으로 간주한다고 말한다." 김엘리, 「여군의 출현과 젠더질서의 교란: 여성장교의 군인되기를 중심으로」, 이화여자대학교 대학원 여성학과 박사학위논문, 2012, 18쪽.

38. 이외에도 여성 군인들의 전략은 복잡하고 다양하다. 평화학 연구자 김엘리의 표현에 따르면 '초남성' 공간인 군대에서 여성들의 수행과 전략은 "젠더 질서를 교란시키고 그 지형을 변동시킬 수 있는 징후로 나타난다." 김엘리, 위의 글.

39. 김엘리, 「카키, 카무플라주, 하이브리드 남성성」, 『그런 남자는 없다』, 190쪽.

40. 현민, 『감옥의 몽상』, 돌베개, 2018, 164쪽.

41. 위의 책, 166쪽.

42. "병역거부자가 감옥에 가고 그에 대한 감옥 후원 활동을 누가 할 것인가를 두고 생긴 갈등이나 이를 타파하기 위해 수감 생활을 마친 병역거부자와 현재 투옥 중인 병역거부자를 짝지어서 수감 생활을 지원하는 버디 시스템을 만든 것 등 소소하게 성별 분업 관련한 문제는 전체 활동을 통틀어 심심찮게 등장했어요." 최정민 외, 「2022 병역거부운동 여성활동가 인터뷰집」.

43. '군대 제4신분 민간인 노동자 현장증언 + 토론회', 정의당 주최, 2018.4.26.

44. 최나영, "군대 내 민간인 노동자 1만명 노동법 사각지대", 매일노동뉴스, 2018.4.27.

45. 김엘리, 「카키, 카무플라주, 하이브리드 남성성」, 『그런 남자는 없다』, 188쪽.

나가며

1. 오드리 로드, 주해연·박미선 옮김, 『시스터 아웃사이더』, 후마니타스, 2018, 174쪽.

2. 희정, 『두 번째 글쓰기: 당신의 노동을 쓰는 나의 노동에 관하여』, 오월의봄, 2021, 149쪽.

3. 오드리 로드, 『시스터 아웃사이더』, 242쪽.

추천의 말

노동자의 정상성을 생각하다
이라영

희정 작가의 글을 꾸준히 읽어온 사람으로서 이번에도 역시 반가운 글이다. 노동(자)의 소외를 기록하는 동시에 소외된 노동(자)을 기록해온 그가 이번에는 더 적극적으로 '정상적인 노동자'의 자격에 문제를 제기한다. 일하는 사람은 사회가 정해놓은 성실의 기준을 따르며, 생산적인 인간임을 증명할 정도로 밝고 건강해야 한다. 여성이라면 외모도 통념적 기준에서 벗어나지 말아야 한다. 이 성실하고 건강하며 젊은 노동자들이 과로를 마다하지 않을 때 자본주의 사회에서 아름다운 노동자상이 완성된다.

그러나 누군가는 노동의 대가를 따져보기 전에 노동자로서의 자격부터 검증당한다. 당신은 '정상적인' 사람인가. 당신은 '우리'의 동료가 될 자격이 있는 사람인가. 때로 시민으로서 권리를 말하기보다 '선량한' 시민임을 증명해야 하듯이, 노동자의 권리를 주장하기보다 '정상적인' 노동자로서 자격을 갖췄는지 증명해야 한다. 이때 자격은 곧 인격이다. 희정 작가는 권장받는 노동자의 자질을 갖추지 못한, 혹은 갖추지 않는 사람들을 만났다. 자의든 타의든 '좋은 노동자'의 규범에서 벗어난 이들이다. 소위 '노오력' 하지 않는 것처럼 보이는 청년, 정상가족에서 벗어난 어머니-노동자, 정신질환이 있는 노동자, 나이 든 노동자, 과체중 노동자, 나라를 지키지 않는 '남자답지 않은' 노동자 등.

돌보는 아이가 있지만 정상가족에서 이탈한 여성은 문란한 주제에 혹까지 붙이고 있어서 거추장스러운 비정상인으로 여겨진다. 여성에게 모성을 강요하지만 그건 어디까지나 정상가족 안에서만 해당될 뿐이다. 뚱뚱하다면 이미 성실성을 보장하지 못하며 군대에 다녀오지 않았다면 여전히 사람이 덜되었다. 장애인은 제 앞가림을 할 수 없는 존재로 취급받는다. 겉으로 드러나지 않은 정신질환이 '들켰다면' "이럴 줄 알았으면 안 뽑았다"는 말을 들어야 한다. 다시 말해 일터는 이성애 가족을 꾸리는 '정상 남성'을 위한 세계이며 다른 존재는 그들보다 낮은 임금과 부당한 대우를 받아도 마땅한 신분이 된다. 정상 권력이 작동하는 세계에서 어떤 존재는 이처럼 노동자 되기만으로도 벅차다.

특히 이 정상성의 규범에서는 겉으로 보이는 몸이 중요하다. 몸은 노동의 조건이며 결과다. 몸은 자기관리를 시각적으로 확실하게 증명하는 도구로서, 개인이 관리해야 할 영토의 시작점이자 종착지가 되었다. 이 사회는 몸이 스스로 통제할 수 있는 영역이라는 착각을 키운다. 그렇기에 가장 기본적인 몸 관리가 안 되어 보이는 이는 신체적 '스펙'을 못 갖춘 불성실한 노동자의 이미지를 얻는다.

이처럼 경쟁사회에서 살아남기 위한 조건은 점점 더 섬세해졌다. 중산층의 몸 자본은 더욱 막대한 힘이 되었고, 중산층의 몸은 모두가 지향해야 할 표준이 되었다. 당연히 돈과 시간이 들어가는 몸 관리가 성실의 징표로 통한다. 자기관리라는 기만적인 언어는 노동자들을 자책감의 수렁에 빠지게 만든다. 심지어 자기돌봄이라는 개념조차 슬금슬금 자기관리와 경계가 흐릿해진다. 자기관리는 끝없이 자아를 파먹는다. "노동하는 몸, 그러니까 규율과 통제를 수락하고, 이윤의 획득을 긍정적 가치로 이해하고, 자신의 몸이 그 가치를 만들어내는 데 사용됨을 적극적으로 수락하는 몸"을 보여주며 생산적 인간임을 증명해야 한다. 그렇지만 성실하게 노동하다 열악한 환경에서 산재 노동자가 되었을 때, 그 몸은 성실을 증명하는 몸이 되는가. 노동시장은 젊고 건강한 노동자를 원하고, 젊고 건강하지 못한 사람은 노동자의 자격조차 갖추기 어려워 더 큰 경제적 곤궁을 겪는다. 그리고 이 경제적 취약함이 다시 건강을 위협한다. 악순환이다. 세상이 제시하는 정상성에 맞출 수 없다. "세상의 답으로 살 수 없는 사람들은 자신만의 답을 찾아야 한다."

정상성이 지배하는 사회에서 소수자들이 겪는 차별과 배제가 바로 그들의 노동을 위협한다. 노동자의 자격을 지배하는 정상 권력이야말로 너무도 정상적이라 드러나지 않는 인권 문제다. 이 책에 담긴 다양한 목소리를 통해 자본주의 사회에서 노동시장이 어떻게 차별을 정상화하며 굴러가는지 들어보길 바란다.

자격이 아닌 삶으로서 일터에 서기
천주희

이 책은 희정 작가가 다양한 몸들을 만나면서 수집하고 기록한 노동 이야기를 엮어 만든 작업물이다. 이 이야기에는 '좋은 노동자'를 요구하는 일터와 끊임없이 그 경계를 넘나드는 청년의 몸, 여성의 몸, 엄마의 몸, 늙은 몸, 비대한 몸, 성소수자의 몸이 담겨 있다. 작가는 이를 "사회가 요구하는 몸과 정신을 갖추지 못한 사람들의 노동"이라고 부른다. 바꿔 말하면, '좋은 노동자', '정상적인 노동자'가 되지 못한 사람들의 일 경험이다.

동료 작가로서 나는 희정 작가의 책을 읽을 때마다, 다정하면서 단단한 성찰적 태도에 매료되고는 했다. 자신과 다른 삶을 '노동'으로 만나고, 또 그들의 삶을 이해할 수 없을 때는 무지를 솔직하게 드러내기도 한다. 내가 매력적이라고 느끼는 지점은 바로 이 무지를 통해 새로운 질문을 끌어내고 자기 삶으로 들여와 이해해보려는 윤리적 태도에 있다. 이 책에도 그동안 작가가 주목했던 주변화된 삶, 비가시화된 노동이 포함되어 있지만, 여느 책과 다른 점이 있다면 그것은 잘 알지 못하는 노동자들의 몸을 "나와 연결된 정체성"으로 확장해가려고 시도한다는 점이다.

연결의 감각, 정체성의 확장은 '나'의 위치성을 파악하고 그것에서 이동할 때 가능하다. 이것은 익숙한 자신의 언어와 사고로부터의 단절을 의미하기도 한다. 희정 작가는 이 책에서 두 가지 단절에 주목한다. 하나는 사회가 만든 '좋은 노동자'의 언어들(열심, 성실, 근면, 절박함, 완벽, 인정, 증명, 평범함, 그리고 한 사람의 몫)을 찾아내고, 그것들이 일터에서 어떻게 산산이 깨어지는지 보여주는 것이다. 그러한 균열, 비정상성에 주목하며 노동을 매개로 다른 몸들의 이야기를 엮어낸다. 또 다른 단절은 노동시장의 밖에서 이야기를 듣던 이의 위치성을 벗어나, 프리랜서 노동자이자 노동의 안팎 그 어딘가에 놓인 경계인으로 자신의 자리를 찾고자 하는 것이다.

'우리는 좋은 노동자인가요?', '나는 비정상적인가요?'라는 말은 작가가 풀어낸 이야기 속에서 무력한 질문이 된다. 작가가 마주한 이야기들은 불성실하고 절박하지 않은, 한 사람의 몫을 다하지 못하는 절망적인 개인들의 서사가 아니라, 강박적으로 사람들에게 '정상 인간', '좋은 노동자' 되기를 강제하고 규율화하는 일터의 모습으로 드러나기 때문이다. 나는 하루하루 열정과 소진 그 사이에서 과로와 무기력한 현실을 살아내는 사람들에게 이 책을 권한다. 그리고 일터에서 잦은 불화와 어려움을 겪는 이들에게도 이 책을 권한다. 물론, 직장생활이 체질이라고 생각하는 사람들이 읽어도 좋다.

희정 작가가 그러했듯이, 독자들 또한 자신의 삶과 일터에서 이 이야기들을 마주하고 연결하기를 바란다. 너의 이야기가 나의 이야기와 만나고, 그것이 우리의 이야기가 될 때, 연결된 커다란 몸짓은 '비정상성'의 새로운 노동 이야기를 만들어낼 것이다. 작가의 문장으로 나의 독후감을 끝맺으려고 한다. "삶을 영위할 권리는 자격으로 만들어지는 것이 아니다." 우리는 어떤 자격으로 일터에 서는 게 아니라, 매일매일을 타인의 노동과 만나며 삶을 영위할 존재로 그렇게 살아갈 뿐이다.

일할 자격

게으르고 불안정하며 늙고 의지 없는⋯ '나쁜 노동자'들이 말하는 노동의 자격

1판 1쇄 발행 2023년 4월 19일

1판 3쇄 발행 2023년 12월 13일

지은이 희정

책임편집 김지하 | 편집부 김현지 | 표지 디자인 withtext

펴낸이 임병삼 | 펴낸곳 갈라파고스

등록 2002년 10월 29일 제2003-000147호

주소 03938 서울시 마포구 월드컵로 196 대명비첸시티오피스텔 801호

전화 02-3142-3797 | 전송 02-3142-2408

전자우편 books.galapagos@gmail.com

ISBN 979-11-87038-93-1 (03300)

갈라파고스   자연과 인간, 인간과 인간의 공존을 희망하며, 함께 읽으면 좋은 책들을 만듭니다.